本专著由内蒙古产业发展研究基地资助

中国要素市场化配置水平
测度、优化及效应研究

刘宇笛　著

中国商务出版社

·北京·

图书在版编目（CIP）数据

中国要素市场化配置水平测度、优化及效应研究/
刘宇笛著. -- 北京：中国商务出版社，2024.2
ISBN 978-7-5103-5041-2

Ⅰ. ①中… Ⅱ. ①刘… Ⅲ. ①生产要素市场－市场配
置－研究－中国 Ⅳ. ①F723.0

中国国家版本馆CIP数据核字（2024）第036759号

中国要素市场化配置水平测度、优化及效应研究

ZHONGGUO YAOSU SHICHANGHUA PEIZHI SHUIPING CEDU、YOUHUA JI XIAOYING YANJIU

刘宇笛　著

出版发行：中国商务出版社有限公司
地　　址：北京市东城区安定门外大街东后巷28号　　邮编：100710
网　　址：http://www.cctpress.com
联系电话：010-64515150（发行部）　010-64212247（总编室）
　　　　　010-64243016（事业部）　010-64248236（印制部）
策划编辑：刘文捷
责任编辑：谢　宇
排　　版：德州华朔广告有限公司
印　　刷：北京建宏印刷有限公司
开　　本：787毫米×1092毫米　1/16
印　　张：15.5
字　　数：277千字
版　　次：2024年2月第1版
印　　次：2024年2月第1次印刷
书　　号：ISBN 978-7-5103-5041-2
定　　价：58.00元

改革开放以来，中国的社会主义市场经济体制改革取得了重大进展。中国市场机制在资源配置中发挥的作用已经从辅助性作用逐步转变为基础性作用，甚至起到决定性作用。当前我国现代市场体系建设已取得显著成效，但由于要素市场的分割、配置价格的扭曲等难题没有得到彻底解决，同时现行的土地制度、户籍制度、金融制度、技术创新制度、数据管理制度等均存在体制机制障碍，制约了各要素的市场化配置，导致要素配置结构失衡、产业转型升级困难以及资源配置效率、全要素生产率、产业竞争力和国家竞争力下降等深层次问题。加快要素市场化改革已成为经济体制改革的主要突破方向。

研究政府与市场发展关系的转变、要素市场化配置的现状与问题、要素市场化配置的水平与特征、各要素市场之间的协调发展程度，以及对经济高质量发展的影响，有利于优化要素的市场化配置，明确市场化改革的重点与方向，对于总结要素市场化改革规律、完善要素市场化制度体系有着十分重要的意义。

基于此，本研究首先结合生产要素理论、市场经济理论、资源配置理论等相关理论，在了解我国政府与市场关系的历史演变过程与各要素市场发展现状的基础上，运用中国31个省区市（不含港澳台）2008—2019年的样本数据，从土地市场化、劳动市场化、资本市场化、技术市场化和数据市场化五个层面构建评价指标体系，采用主、客观赋权方法组合的形式确立指标的权重，对我国要素市场化配置水平进行动态综合评价，并对要素市场化配置水平的特征进行深入分析。其次，利用耦合协调模型探究要素市场中土地、劳动、资本、技术和数据等五大子系统的内在联系，采用随机森林算法，对外部环境中的变量进行重要性排序，选取较为重要的变量构建决策树，进一步揭示我国要素市场发展的优化路径。最后，构建面板固定效应模型、中介效应模型，多维度验证要素市场化配置对经济高质量发展的促进作用及其影响机制。

在分析过程中，存在一些可能的创新之处：

（1）构建以要素为核心的市场化配置指标体系。任何指标的选取以及指标体系的构建都应该建立在尽可能反映社会经济运行现实的基础上，市场化配置水平指标体系的构建也应该与时俱进。本书基于近年来我国市场化建设的新特点以及数据可得性和连续可比性等方面的考虑对基础指标进行筛选。从土地、劳动、资本、技术和数据五大要素市场的角度入手，选取47个基础指标，构建一套符合我国市场特点的测算要素市场化配置水平的指标体系，在此基础上，发现并总结其演化规律与时空特征。

（2）基于要素和区域视角衡量五大要素市场之间的协调发展程度。现有研究多是构建指标体系在测度要素市场化配置水平的基础上分析市场化的区域差异，极少有学者分析各要素市场之间的协调发展程度。本书从要素和区域视角出发，基于耦合协调模型和离差系数模型，测度我国五大要素市场之间的协调发展程度，深入探讨要素市场协调发展的规律和特征。

（3）准确识别影响要素市场协调发展的主要因素，并对其重要程度进行排序。现阶段关于要素市场化的研究主要集中于市场化的理论研究、市场化的测度和市场化的效应研究，关于要素市场协调发展影响因素的研究不多，也鲜有文献对影响因素的重要程度进行排序。本研究利用随机森林算法探究影响我国要素市场协调发展的主要因素，并对影响因素的重要程度进行排序，为推进要素市场化改革提供科学参考。

（4）提出并验证要素市场化配置与经济高质量发展的关系。本书不仅从理论和实证上证明了要素市场化对经济高质量发展的促进作用，还揭示了"资源错配改善与自主创新能力"的传导机制，即要素市场化程度会通过改善资源错配和提升自主创新能力来促进经济高质量发展。

　　由于作者学识、水平有限，书中势必会有错误及疏漏之处，恳请国内外相关专家学者以及读者批评指正。感谢中国商务出版社编辑为本书出版所做的辛苦工作。

刘宇笛

2023 年 10 月于呼和浩特

目 录

CONTENTS

导　论

一、研究背景和研究意义

（一）研究背景

1.现实背景

自改革开放以来，中国经济体制一直朝着社会主义市场化方向推进，国家对经济的直接干预不断减少，市场的自发调节作用愈加增强，要素市场的市场化程度已成为衡量经济体制建设的一个重要指标。

从经济发展的角度出发，自1978年改革开放以来，中国的经济和社会发展通过"中国式赶超"取得了长足进步。无论是从GDP总量还是从GDP增速来看，中国的经济发展都取得了非常瞩目的成就。从1978年到2021年，中国GDP由3 678.70亿元增长至1 149 237.0亿元，经济总量跃居世界前列。但是随着改革的渐进与深入，在资源越来越紧缺、环境约束逐渐增大和劳动力成本不断提升等各种条件制约下，近年的经济增速有所放缓。自2012年以来，经济发展出现下行趋势，国内生产总值增速一直处于下降状态，2012—2021年的经济增速依次为7.9%、7.8%、7.4%、7%、6.8%、6.9%、6.7%、6%、2.2%、8.4%[①]。当前中国经济发展开始进入新常态时期。之所以出现新常态，是因为传统经济增长方式已经遇到瓶颈，通过要素投入推动经济增长的模式已难以为继。此外，新常态下还显露出经济发展过程中存在的各方面问题，例如，粗放型发展方式造成资源浪费、产业结构失衡、自主创新能力薄弱、贸易红利消失等突出问题。

在资源和环境的双重约束下，为了实现经济的健康和可持续发展，中国需要实施要素市场化改革，提高资源配置效率。基于市场的要素配置可以调节经济中的资源错配，并在能源消耗和环境污染方面形成改善作用，从而提高经济高质量发展的潜力和效率。过去十年的经济体制改革提高了资源的有效配置，即资源重新分配给高效率的企业，从而使全要素生产率大幅提升（陈永伟、胡伟民，2011）[②]。但是，

[①] 数据来源：中经网统计数据库，https://ceidata.cei.cn。

[②] 陈永伟，胡伟民.价格扭曲、要素错配和效率损失：理论和应用[J].经济学（季刊），2011，10（4）：1401-1422.

Hsieh和Klenow（2009）[①]发现，在中国，制造业企业之间的资源错配仍然严重，低效的制造业企业占据了经济的大部分资源。而在消除经济中的资源错配之后，中国制造业的全要素生产率和产出可以增加40%。

经过40多年的发展，中国已经基本实现了商品和服务领域的市场化，但要素领域的市场化水平还比较低，导致资源配置扭曲，生产效率低下，区域发展差距越来越大，阻碍了经济高质量发展。我国要素市场化配置仍面临诸多体制机制障碍，在许多领域存在着要素资源价格被扭曲、要素使用效率不高、要素配置不公平、要素市场壁垒林立、地方保护主义屡见不鲜、行政垄断根深蒂固等体制机制性短板。价格市场决定的不完全性和自由流动的不充分性使得要素资源无法实现由低效率企业向高效率企业的自由转移。如何通过要素市场化改革提高要素资源的配置能力，以提高经济效率，促进经济高质量发展，是目前亟待解决的关键问题。

2.政策背景

新时代社会主义基本经济制度中有一项重要内容就是在坚持社会主义市场经济改革的道路上，让市场在调节资源配置中起到决定性作用。在中国经济发展的历史中，新中国成立初期经济依靠计划经济体制高速发展，为我国工业发展奠定了良好的基础。但是随着时代的变迁，计划经济体制逐渐与经济发展水平不匹配，为了解放生产力，提高生产率，在1978年党的十一届三中全会上决定实行改革开放政策。1982年召开了党的十二大，会议进一步指出要转变经济理念，不能完全排斥市场调节作用。在1992年党的十四大会议上，强调"我国经济体制改革的目标是建立社会主义市场经济体制"和"让市场在资源配置中发挥基础性作用"。明确了资源配置的两种方法，市场经济和计划经济可以并行，这并不与我国特殊的社会主义经济制度相矛盾。这是中国在社会主义市场经济制度的改革实践中的重要转折，市场经济成为助推资源配置优化的主要力量。2012年，党的十八大进一步明确要扩大、加深市场在资源配置中的基础性作用。2013年，党的十八届三中全会提出"使市场在资源配置中起决定性作用和更好发挥政府作用"。从改革开放前到社会主义市场经济的建立完善，市场机制也经历了从"几乎不起作用"到"在资源配置中起决定性作用"的转变。

当前中国市场体系发展还未健全，政府与市场双方的协同发展还未达到有序，从而导致市场经济激励不足、要素流动不自由、资源配置效率较低以及小微经济活力不够等状况。要素是最重要的经济资源，实现要素合理配置是当前我国市场化改

---

① HSIEH C T，KLENOW P J. Misallocation and manufacturing TFP in China and India[J]. The Quarterly Journal of Economics，2009，124（4）：1403-1448.

革的重点。为了推进要素市场化配置改革,《关于构建更加完善的要素市场化配置体制机制的意见》于2020年4月9日出台,以期通过"深化户籍制度改革"及"稳妥推进存贷款基准利率与市场利率并轨"等措施打破要素流动壁垒,推动市场深化改革,达到中国经济社会全面可持续发展。

加强推动要素分配机制改革,充分发挥市场经济在资源配置中的决定性作用,促进要素价格合理化、供求市场化、配置公平高效化,是我国建设开放、有序、公平合理的高水平市场经济体制的关键举措,也是促进国民经济高质量增长的基础,更是构筑"双循环"新发展格局的重要保障。随着我国加快建设社会主义市场经济体制,要素市场化配置水平已成为衡量经济体制建设水平的重要指标。为了更好地激发经济发展潜能,解决经济社会发展不平衡问题,对要素市场化配置程度的测度显得尤为重要,它将为进一步推动要素市场化改革提出有效的参考依据。

(二)研究意义

1.理论意义

党的十九届五中全会将"产权制度改革和要素市场化配置改革取得重大进展"作为"十四五"时期经济发展的主要目标之一。这次会议再次将要素市场化配置改革提升到一个新的高度。市场决定资源配置,资源配置的改善又将促进我国经济高质量发展。因此,我国的市场化配置程度如何、如何提高要素市场化改革等问题得到学者们的广泛关注。对要素市场化进行研究具有重要的理论意义,具体来说,有以下几点:

(1)本书从土地市场、劳动市场、资本市场、技术市场和数据市场等五大要素市场视角出发,对我国要素市场化配置水平进行测度,可以丰富要素市场化配置水平的相关测度方法。

(2)本书以生产要素理论、市场经济理论和资源配置理论为基础,分析要素市场化配置的作用机理与运行机制,构建要素市场化配置水平指标体系,总结要素市场的演化规律,可以丰富生产要素理论、市场经济理论和资源配置理论在市场化改革中的应用。

(3)本书基于耦合协调模型探究要素市场协调发展程度,并运用随机森林算法寻求优化要素市场协调发展的路径,揭示市场化与经济高质量发展的关系,有助于构建更加完善的社会主义市场经济体制。

2.现实意义

对要素市场化配置进行研究，不仅是对中国市场经济体制改革取得伟大成就的经验总结，也是对我国深化要素市场化改革、实现经济高质量发展具有重要的现实意义。具体来说，有以下几点：

（1）在国内外已有的测度方法前提下，结合我国实际情况，构建符合中国国情的要素市场化配置指标体系，结合实际数据，可以较为清晰地反映我国要素市场化配置的实际程度，揭示我国要素市场化配置的时空特征。

（2）分析要素市场的协调发展程度，并基于随机森林算法寻求影响市场协调发展水平的主要因素，可以确定要素市场化改革的重点，进而为我国深化要素市场化改革提供优化路径。

（3）经济高质量发展水平的提升离不开资源的合理配置，如何最大限度地提高稀缺资源的使用效率，是当前经济体制机制改革中的一个重要命题。本书提出了通过要素市场化推动稀缺资源合理配置和提升创新水平从而促进经济高质量发展的理论机制，阐明了要素市场化与经济高质量发展之间的关系，为进一步促进经济高质量发展提供了指导方向。

二、国内外研究综述

目前关于要素市场化的研究主要从以下三个方面展开：一是要素市场化配置的理论研究；二是要素市场化配置的测度研究；三是要素市场化配置的效应分析。

（一）要素市场化配置的理论研究

要素市场化配置的理论研究涉及要素市场化的内涵界定、政策演变与改革历程、改革目的与内容、发展阻碍与改革方向等四个方面。

1.内涵界定

关于要素的内涵。郭兆晖（2020）将要素定义为生产产品的资本、劳动力、土地和资源等投入品。完整的市场体系包括产品市场与要素市场。陈国文（2020）认为要素是用于生产物品与服务的投入。劳动、土地和资本是三种最重要的生产要素。范欣（2021）认为，要素市场化配置强调的是将尚未完全市场配置的要素由非市场决定转向由市场决定，这是一个动态调整过程。

关于市场化的内涵。国家计委市场与价格研究所（1996）将市场化定义为政府行政分配向市场经济的调整转变。常修泽和高明华（1998）认为，市场化问题的实质是在经济发展过程中，扮演主要角色的资源配置方式是否由市场调节。陈宗胜（1999）将市场化程度解释为在经济发展中资源配置由市场机制完成的比例。赵彦云和李静萍（2000）将市场化定义为计划经济向市场经济过渡的体制改革。洪银兴（2018）认为，所谓市场决定资源配置，就是依据市场规则、价格及其竞争来配置资源，以实现效益最大化及效率最优化的目标。樊纲等（2011）则认为，市场化是用市场经济体制代替计划经济体制的全过程，是我国在建立社会主义市场经济体制过程中所涉及的关于政治、经济、社会以及法律等方面的一系列变革。

关于市场化程度的内涵。目前对于市场化程度，国内主要存在两种认知：一方认为市场化程度主要用于分析其改革成果，也就是在计划经济向市场经济的转变过程中衡量其成效，主要指现今市场经济体制与传统市场经济体制相比是否有进步（樊纲 等，2003）；另一方则认为市场化程度测定的是当下的市场经济体制距离标准的市场经济体制是否有进步（北京师范大学经济与资源管理研究所，2003）。可见，学界尚未就市场化程度界定达成共识，这也造成国内学者测度市场化程度时采取的指标存在差异性（樊纲 等，2011；张文宏、张莉，2012），除此之外也有学者改进了现有市场化指数（曾学文 等，2010；赵文军、于津平，2014）。

2.政策演变与改革历程

随着改革的深入，我国政府与市场的关系也在不断发生变化。顾海兵（1999）将市场化程度具体划分为六个区间。洪银兴（2018）认为改革开放以来，政府和市场关系的改革和完善可分为四个阶段。韩磊（2020）根据一定阶段要素市场改革的政策指向、特征体现以及改革重心，将要素市场化改革政策演进历程划分为四个阶段：初步探索、基本形成、发展完备、深化改革。陈诗一和刘文杰（2021）认为，要素市场化改革是当前和未来我国经济向高质量发展转型的必由之路，并将要素市场与经济发展的历程分为如下五个阶段：新中国成立至改革开放前、改革探索阶段、国有企业改革阶段、重化工业化回潮和土地城镇化阶段、经济转型升级阶段。

分要素来看，谢思全等（1998）认为，我国的技术市场发展历程经历无技术市场阶段、技术市场的形成阶段、技术市场的发展阶段、技术市场的初步成熟阶段等四个阶段。崔占峰和辛德嵩（2021）将中国共产党百年土地制度的演进历程归纳为相对独立又承前启后的四个阶段：新民主主义革命时期的土地制度探索、社会主义革命和建设时期的土地制度设计、改革开放新时期的土地制度安排、中国特色社会主义进入新时代的土地制度创新。

3.改革目的与内容

洪银兴（2018）认为，完善要素市场化配置应从调节要素自由流动、统一市场公平竞争、价格市场化、建立竞争有序的要素市场、克服不完全竞争市场等五个方面入手，并认为要素市场化改革的目的有三个：一是市场决定资源在部门和企业间自由流动；二是提高全要素生产率；三是产权通过市场流转。李松龄（2021）认为，要素市场化配置改革的目的就是构建有效的产权体制机制和利益激励体制机制、完善的市场运行体制机制和健全的法治监管体制机制。

4.发展阻碍与改革方向

虽然我国要素市场化改革已取得一定成效，但仍面临一系列问题，对此大量学者对要素市场化改革的阻碍进行研究，并提出改革方向。

刘志成（2019）认为，要素市场化存在垄断行为多发阻碍市场公平竞争、资源环境要素的外部性难以内部化、要素市场二元结构双轨运行现象仍大量存在、区域性和行业性市场壁垒有待破除、政策干预影响企业经营和要素配置等障碍。刘翔峰和刘强（2019）分析了现行要素配置中存在的问题及原因，认为现行土地制度、户籍制度、金融制度、技术创新制度、数据管理制度等均存在体制障碍，制约了各要素的市场化配置。陈彦斌等（2020）在系统性回顾我国土地、劳动力、资本和技术等要素市场化配置改革历程的基础上，指出了各要素市场中存在的共性问题。张世贵（2020）发现，当前我国生产要素配置市场城乡二元化、等级化的特征明显，就土地、资本、劳动力、数据等要素而言，其利用率、收益率、利润率、工资率、普及率和应用率等仍存在较大的城乡差别。为此，需要建构统筹城乡新型要素与传统要素的叠加配置机制，通过"知识协同"，提高"数字＋"要素的配置效率、生产效率、经营效率和流通效率。孔祥智和周振（2020）提出，针对当前我国农村要素市场化配置中存在的资源资产盘活不够、要素跨城乡和跨区域流动不畅、农村产权保护力度不足等问题，建议持续做好资源要素盘活、流动与保护等工作，为建设高标准市场体系、推动经济社会高质量发展奠定坚实的制度基础。

分要素来看，荣晨（2019）认为，土地要素市场化改革存在农地征收与集体建设用地入市的价格差异、工业用地占比高与利用效率低的冲突以及城乡统一土地市场集体与国有权属的矛盾三大障碍。而推动土地要素市场化改革，一要稳妥推进农村土地制度改革；二要深化工业用地的市场化改革；三要完善土地市场化的政府调节。俞林等（2021）认为，数据这一新要素在市场化过程中还存在着共享不畅、隐私保护不够、治理水平不高等问题。完善数据制度规范体系、建立数据交易流通体系、健全数据安全支撑体系等措施是未来一段时间数据要素市场化改革的方向。

（二）要素市场化配置的测度研究

只有构建科学合理的指标评价体系，才能准确监测与评价要素市场化的时间进程及发展动态。关于要素市场化指数的构建与测度，从20世纪90年代开始就有国内学者开始积极探讨，到目前为止，已经取得了丰硕的研究成果。市场经济的发展关系到中国生产经营活动的诸多方面，因此，指标体系的构建也是多方面的。本节主要从整体及分要素两个方面对要素市场化配置的测度进行整理。

1.整体要素市场化配置的测度研究

由于自由化将减少甚至放弃政府干预，使市场机制成为主导机制，故在国外市场化进程通常用经济自由化程度表示。因连续性较强而使用较多的有加拿大弗雷泽研究所和美国传统基金会设计的指数（加拿大弗雷泽研究所，2007；美国传统基金会，2008）。国内使用较多的是由樊纲编制的"要素市场化指数"和李晓西编制的"北师大市场化指数"。其中，樊纲和王小鲁（2007）编制的指标体系涉及五个方面23个基础指标。李晓西（2005）编制的指标体系涉及五个方面33个基础指标。

除了上述较为常用的要素市场化指标体系外，卢中原和胡鞍钢（1993）选取4个单项市场化指数，并通过加权的方法得出综合市场化指数。卢中原和胡鞍钢（1993）的指标体系虽有待完善，但奠定了市场化指标体系的典型范式，具有重大意义。江晓薇和宋红旭（1995）选取了企业自主度、国内开放度、对外开放度、宏观调控度等四大指标和28项具体的测度指标，测算出我国市场经济度为37%。顾海兵（1997）从劳动力、资金、生产、价格等角度出发提出了要素市场化指标体系的新维度。陈述云和吴小钢（1995）从第三产业发展程度、农村经济市场化、对外开放程度和企业市场主体化四个方面客观地反映了地区宏观经济的市场化程度。常修泽和高明华（1998）认为，国民经济总体市场化应重点把握产品市场化、要素市场化、企业市场化、政府对市场的适应程度及经济的国际化程度。赵彦云和李静萍（2000）设计的市场化进程水平测度统计指标体系包括市场经济基本要素、市场发展、政府职能市场化三个层次，九个方面，共53个指标。鄢杰（2007）从农业、工业及服务部门三维度，设计了一套测度我国市场化程度的指标体系。邓晰隆等（2008）从劳动力市场化、土地市场化、金融资本市场化等三个方面对农村生产要素市场化程度进行了测度。结果表明，我国农村生产要素市场化程度不容乐观。董晓宇和郝灵艳（2010）构建了包含3个一级指标及9个二级指标的指标体系，对我国市场化程度进行定量评价。孙晓华和李明珊（2014）构建市场化水平评价指标体系测算了我国31个省（区、市）2001—2011年的市场化相对指数。结果表明，自2001年以来，各省（区、市）的市场化水平逐年上升，但地区间差异和地域分化现象明显。王雅莉和宋月明（2016）的市场化指标体系涵盖经济主体、生产要素、法制环境三个方面。卢现祥和王素素（2021）的研究发现，中国要素市场化配置综合指数总体表现为上升的趋势。各学者关于市场化的指标体系如表0-1所示。

表0-1　市场化指数构建的研究体系

研究者	一级指标	二级指标
樊纲等（2003）	政府与市场的关系	市场分配资源的比重、减轻农民的税费负担、减少政府对企业的干预、减轻企业的税外负担、缩小政府规模
	非国有经济的发展	非国有经济在工业总产值中的比重、非国有经济在全社会固定资产总投资中所占比重、非国有经济就业人数占城镇总就业人数的比例
	产品市场的发育程度	价格由市场决定的程度、减少商品市场上的地方保护
	要素市场的发育程度	金融业的市场化、引进外资的程度、劳动力流动性、技术成果市场化
	市场中介组织发育和法律制度环境	市场中介组织的发育、对生产者合法权益的保护、知识产权保护、消费者权益保护
李晓西（2005）	政府行为规范化	政府的财政负担、政府对经济的干预
	经济主体自由化	非国有经济的贡献、企业运营
	生产要素市场化	劳动与工资、资本与土地
	贸易环境公平化	贸易产品定价自由度、对外贸易自由度、法律对公平贸易的保护
	金融参数合理化	银行与货币、利率和汇率
卢中原、胡鞍钢（1993）	投资市场化	全社会固定资产投资总额中利用外资、自筹投资和其他投资三项所占比重
	价格市场化	农产品收购价格中非国家定价比重
	生产市场化	工业总产值中非国有经济所占比重
	商业市场化	社会商品零售额中非国有经济所占比重
江晓薇、宋红旭（1995）	企业自主度	企业十四项自主经营权
	国内开放度	农业生产、工业生产、物资流通、商业流通、价格调节、投资管理
	对外开放度	进口依存度、非关税壁垒、直接投资实际额
	宏观调控度	税负负担、政府补贴、贸易管理、社会管理、信贷管理

研究者	一级指标	二级指标
顾海兵 （1997）	劳动力市场化	乡村劳动力市场化程度、城镇劳动力市场化程度
	资金市场化	主体结构、资金结构、利率结构
	生产市场化	农业生产市场化程度、工业生产市场化程度
	价格市场化	重要商品价格市场化程度、被监控价格商品市场化程度、地产市场化程度、医疗市场化程度
陈述云、吴小钢 （1995）	第三产业发展程度	第三产业增加值占GNP比重、第三产业劳动者占全社会劳动者比重
	农村经济市场化	非农产业产值占农村社会总产值比重、乡镇企业收入占全社会总产值比重
	对外开放程度	实际利用外资额占全社会固定资产投资总额比重、出口额占GNP比重
	企业市场主体化	非国有商业从业人员占全社会商业从业人员比重、非国有工业产值占工业总产值比重、非国有商业商品零售额占全社会商品零售额比重、非国有单位固定资产投资占全社会固定资产投资比重
常修泽、高明华 （1998）	产品市场化	产品价格开放程度、流通方式变化
	要素市场化	资本、土地和劳动力的市场化
	企业市场化	企业制度自主选择度、企业经营者的市场选择率、企业经营自主权落实率、利润最大化目标位居第一的企业比重、企业产权主体到位率、企业破产法制化程度、履约率、民营经济综合比重
	政府对市场的适应程度	从所有者与社会管理者"一身二任"到政资分离、政府从微观经济活动领域逐步退出、宏观调控从以直控型为主转变到以间控型为主
	经济的国际化程度	贸易依存度、资本依存度和投资结构水平
赵彦云、李静萍 （2000）	市场经济基本要素	价格市场化、企业市场化、社会市场化
	市场发展	商品市场、劳动力市场、资本市场、技术市场
	政府职能市场化	维护市场环境、参与经济活动
鄢杰 （2007）	农业部门市场化	农业经济要素市场化、农户家庭行为市场化、农产品市场化
	工业部门市场化	所有制结构多元化程度、产品市场化程度、要素市场化程度、价格体制市场化程度、外向度
	服务部门市场化	行业角度市场化、所有制结构角度市场化、服务部门价格体制市场化
邓晰隆、陈娟、叶进（2008）	劳动力市场化	农村非农劳动力占农村劳动力总数比例、农村人均非农收入占农村人均总收入比例、农民工签订劳动合同比例、政府年均组织农村劳动力外出的数量占农村外出劳动力总数比例、农村劳动力从事非农活动的强迫系数

研究者	一级指标	二级指标
邓晰隆、陈娟、叶进（2008）	土地市场化	农地承包经营权的落实比例、年内转包耕地面积占耕地总面积比例、商业性征地面积占农地征用总面积比例、年内耕地调整面积占耕地总面积比例、公益性征地面积占农地征用总面积比例
	金融资本市场化	年内到正规金融机构融资的农户占年内发生融资行为农户总数比例、农业贷款占农村金融机构贷款总额比例、农村农户和企业固定资产投资占农村固定资产投入总额比例、年内有融资行为的农户占全部农户比例
董晓宇、郝灵艳（2010）	政府的合理规模和行为规范化	政府规模合理化、政府经济资源配置规范化、税负公平化
	企业的多元所有制和主体自由化	非国有经济的发展、所有制的多元化
	市场的完备体系和交易公平化	国际贸易自由度、金融改革深化程度、货币政策效果、定价自由度
孙晓华、李明珊（2014）	政府行为规范化	政府消费、政府规模、政府投资
	经济主体自由化	非国有经济投资、非国有经济规模、非国有经济产出贡献
	要素资源市场化	劳动力自主择业、技术成果市场化、引进外资程度
	产品市场公平化	社会消费品定价市场化、农副产品定价市场化、生产资料定价市场化
	市场制度完善化	市场中介规模、知识产权保护
王雅莉、宋月明（2016）	经济主体	非国有经济的发展
	生产要素	金融业市场化、引进外资程度、劳动力流动性、科技成果市场化、土地市场化
	法制环境	政府行为规范化、市场环境公平化
卢现祥、王素素（2021）	市场化配置程度	产权保护、要素流动、价格稳定
	市场化运作程度	创新性、协调性、效率性、开放性
	市场准入程度	政治与经济协调性、竞争中性、政府规范性

2. 分要素市场化配置的测度研究

随着市场化改革的推进，土地市场化改革、金融（包括利率）市场化改革、劳动市场化改革、技术市场化改革已成为市场化改革的热点问题，大量学者通过构建指标体系或采用替代指标的方法衡量了特定要素的市场化程度。

（1）土地市场化测度研究

关于土地市场化的测度，主要涉及两种方法，其一是用多指标的加权平均表示，其二是构建指标体系表示。第一种方法，王青等（2007）将土地市场化表示为一级市场与二级市场的加权平均。许实等（2012）将土地市场化程度表示为划拨、协议、招标、拍卖、挂牌等土地出让方式的加权平均。钱忠好和牟燕（2012）综合考虑了农地非农化市场和一级土地市场的作用，并采用加权平均的方法计算综合发展水平。

第二种方法，李娟等（2007）从土地市场化配置度、供需均衡度、价格灵敏度、市场竞争度和配套机制完善度五个方面出发，通过16个评价因子构建指标体系综合反映土地市场成熟度。吴郁玲等（2008）从土地出让市场化率、政府的干预程度、土地供求均衡度、土地价格敏感度及土地市场竞争度五个方面出发构建指标体系对江苏省开发区土地市场化程度进行考察。赵珂等（2008）构建了一套包含土地出让市场化情况、土地金融情况以及企业投资、竞争情况三个大指标和土地出让市场发育情况、土地转让市场发育情况、获取土地的金融、土地与其他商品的金融、资金来源多元化以及企业竞争环境情况等6个小指标的指标体系来衡量土地市场的发育程度。邓晰隆和陈娟（2009）选取农村承包经营权的落实比例、农村年内转包耕地面积占耕地总面积的比例、商业性征用土地在全部征用地中的比例、年内耕地调整面积占耕地总面积的比例以及公益性征用土地在全部征用土地中的比例等5个指标对农村土地要素市场化程度进行测度。李尚蒲和罗必良（2016）构建包含农地流转市场、城市土地市场化和市场受干预度3个一级指标及6个二级指标的指标体系对城乡土地市场化水平进行估算。

（2）金融市场化测度研究

关于金融工具市场化的测度中，黄金老（2001）选用8个指标衡量中国的金融市场化程度。刘毅和申洪（2002）首次使用主成分分析法建立了中国金融自由化指标体系。陶雄华和陈明珏（2013）选取实际利率水平、利率决定方式和利率浮动的范围和幅度测度了利率市场化程度。王舒军和彭建刚（2014）从货币市场利率、存贷款利率、理财产品收益率和债券市场利率四个方面建立了测度利率市场化水平的指标体系。刘金山和何炜（2014）从货币市场利率、债券发行利率、外币利率、人民币存款利率和人民币贷款利率五个方面测度我国利率市场化水平。张原和薛青梅（2016）构建了包含利率浮动范围与幅度、利率决定自主化指数和实际存款利率指数的综合评价指标体系，对我国利率市场化程度进行测度。查华超和裴平（2016）从国内金融组织与业务市场化、国内金融市场发展和金融国际化三个层面，选取16个指标构建中国金融市场化评价指标体系。测算结果表明自1978年以来，中国金融市场化指数呈逐年上升态势。赵茂等（2019）重点梳理了1978—2015年衡量金融市场化的3个一级指标及8个核心指标。

（3）劳动市场化测度研究

关于劳动市场化的测度，徐长玉（2008）通过劳动力商品化程度、劳动力市场机制、劳动力市场制度、劳动力市场组织及劳动关系等五个方面对我国劳动力市场化程度进行评估。王静（2010）选取劳动力供给、就业状况、失业状况、劳动力流动、劳动力素质、工资与成本、劳动生产率、贫困状况等8个一级指标和28个二级指标，构建指标体系对中国劳动力市场进行监测。孙文凯等（2020）从劳动力数量配置和劳动力价格两个方面选取指标构建指标体系对中国劳动力市场指数进行测度。结果显示，中国劳动力市场化程度显著提高，这主要归功于劳动力数量配置的改善。

（4）技术市场化测度研究

关于技术市场化的测度，谢思全等（1998）设计出测度我国技术市场发育程度的有关指标，并在此基础上，对我国1979—1995年技术市场化程度进行测度。张江雪（2010）基于技术市场主体发展程度、技术市场运行的完善程度、技术市场法律政策环境的保障程度和技术市场的效益构建了测度中国技术市场发展程度的指标体系。

（三）要素市场化配置的效应分析

市场化在经济增长中的作用，市场化与全要素生产率的关系，市场化对区域创新能力的影响机制，市场化过程中城乡收入不平等的变化，市场化对产业结构调整的贡献，市场化对最低工资就业效应的影响，市场化对生态环境的影响等市场化与社会经济发展关系的研究引起了学者们的广泛关注。

1.市场化在经济增长中的作用研究

市场化与社会经济发展指标关系的研究中，最多的是研究要素市场化与经济增长的关系。卢中原和胡鞍钢（1993）在测度中国市场化指数的基础上，探究了其对经济增长的影响。研究表明，市场化改革对经济增长具有明显的促进作用。周业安和赵坚毅（2005）引入金融市场化指数检验了金融发展和经济增长的关系。结果发现，市场化过程明显影响经济增长。姜巍（2019）发现市场化进程对经济增长有显著促进效应，但市场经济体制的确立使得该效应逐渐减弱。范欣和唐永（2019）的研究表明市场化是不同区域经济快速增长的主要动力。朱诗怡等（2021）通过SPCA方法计算得到2007—2019年30个省区市经济高质量得分，并发现技术市场是助推经济高质量发展的重要因素。

2. 市场化与全要素生产率的关系研究

许多研究表明，要素市场的扭曲和政府的过度干预导致了资源的无效率配置，这阻碍了全要素生产率提升。Restuccia 和 Rogerson（2008）指出，由于政策不对称造成的资金错配使美国经济的全要素生产率降低了近30%。Ziebarth（2012）发现，美国经济危机期间银行系统的功能失调加剧了资源的错误配置，对整个经济的全要素生产率产生了负面影响。Hsieh 和 Klenow（2009）认为，如果中国的资源配置效率提高到美国的水平，制造业的全要素生产率将增加30%~50%；如果资源得到充分有效的配置，制造业的全要素生产率将增加86.6%~115%。

高翔和黄建忠（2017）探究了对外开放和市场化进程对提升政府效率的影响，发现对外开放及市场化进程显著提升政府效率。杨勇和李忠民（2017）的研究结果表明，要素市场化对工业企业的全要素生产率的增长产生了较大的影响。苏明政和张庆君（2017）发现市场化进程促进了 TFP 的提高，其贡献率超过30%。孙博文等（2020）的研究发现，长江经济带技术市场通过提升劳动力市场、资本市场一体化路径从而显著性提升绿色全要素生产率水平。孙建军和孙楠（2020）运用双重差分法考察贷款利率上限放开对企业全要素生产率的影响，发现贷款利率上限的放开能够显著提升企业全要素生产率。谢贤君等（2021）通过中介效应模型实证检验了市场化对绿色全要素生产率的影响。研究表明，市场化会显著提升绿色全要素生产率水平，且这种提升主要是通过改善劳动力市场和资本市场的要素扭曲程度实现的。

3. 市场化对区域创新能力的影响机制研究

龚广祥等（2020）发现土地市场化对区域技术创新具有显著的促进作用。庄旭东和王仁曾（2022）探究了市场化进程、数字化转型与区域创新能力的内在联系。研究发现：市场化进程对区域创新能力的影响存在异质性，数字化程度较高地区的市场化进程对区域创新能力提升效果更显著。白俊红和刘宇英（2021）研究发现金融市场化进程对企业技术创新具有显著的促进作用。张宝文等（2021）实证研究金融市场化对区域创新能力的影响效应。结果表明：金融市场化对区域创新能力的影响存在"U"型关系。张峰等（2021）实证检验了市场化改革对企业创新的影响。结论表明：市场化改革广度显著促进企业创新，而市场化改革速度的主效应呈现负向影响。

4.市场化进程下城乡收入差距变化研究

钱龙和叶俊焘（2017）研究发现我国金融市场化水平提升将扩大城乡收入差距，劳动力市场化的作用不明显，土地市场化有利于缩小城乡收入差距。杜鑫（2018）研究发现市场化改革对中国城乡收入比率产生了显著的负向影响。曾卓然（2019）研究表明，市场化的发展和二元经济结构的完善削弱了中国城乡居民收入不平等的加剧趋势。钟腾等（2020）研究了农村资金外流在金融市场化影响城乡收入差距中的作用。结果发现金融市场化的推进扩大了城乡居民的收入差距，且农村资金外流显著强化了金融市场化对城乡收入差距的影响。刘精明和朱美静（2020）着重考察了中国大陆各地级区域内的收入不平等与当地经济发展水平、市场化水平之间的关系。研究发现，加快经济发展、提升市场化水平将强力抑制地区内部收入不平等，经济发展水平及市场制度建设与内部收入不平等程度呈负相关关系。

5.市场化的其他效应研究

另外，市场化还会对产业结构、最低工资、生态环境及费用黏性产生影响。

关于产业结构，孙湘湘等（2018）发现资本市场发展抑制了产业结构优化升级。李明珊等（2019）研究发现市场化改革促进了资本在三次产业内部的优化配置，提高了资本生产率。董洪梅等（2019）发现提升区域市场化水平，能够有效促进东北老工业基地产业结构升级。徐鹏杰等（2020）实证检验了要素市场化配置和政府治理体系治理能力现代化对我国产业转型升级的影响。实证结果表明，要素市场化配置改革和政府治理体系治理能力现代化对我国产业转型升级产生了显著的积极作用。李婉红和李娜（2021）以市场化配置为路径，探究了自然资源禀赋对产业结构转型的影响。研究表明，市场化配置作为中介变量可以显著促进自然资源丰裕度对产业结构转型的正向影响，同时抑制自然资源依赖度对产业结构转型的负向作用。

关于生态环境，张续（2017）实证检验了环境规制对经济增长方式的影响，发现随着市场化水平的提高，环境规制对经济增长方式转变有越发显著的积极作用。杨肃昌和范国华（2021）就农业要素市场化对农村生态环境的影响路径进行了实证分析。结果表明：农业要素市场化对农村生态环境具有显著的正向影响。

关于费用黏性，孙嘉舸和王满（2019）实证研究发现企业所在地区要素市场化水平与企业的费用黏性呈负相关关系，且该抑制作用在成本领先战略企业中更加显著。

关于最低工资，张世伟和韩笑（2019）分析了市场化程度对最低工资的影响。

一方面，市场化促进了农民工就业水平的大幅提高；另一方面，随着市场化进程的推进，最低工资对农民工就业的影响逐渐由正转负。

（四）研究述评

通过对要素市场化文献的回顾，可以发现学者们对要素市场化的研究做出了重大贡献，并取得了丰硕的研究成果，为本书的发展提供了重要参考。然而由于研究视角和出发点的不同，在一些研究问题上仍存在认识偏差或者少有涉及的情况，总结为以下四个方面，本书尝试能针对这四个方面做出相应的贡献。

（1）目前在构建要素市场化配置指标体系时，大部分学者都是从全国整体视角出发，或者单独测度某一特定要素的市场化程度。唯独没有从五大要素角度出发构建的要素市场化指标体系。因此，本书从土地、劳动、资本、技术、数据五大视角出发，构建能够反映新时期要素市场化配置水平的指标体系。该指标体系不仅能反映全国整体的要素市场化程度，还可以反映分要素市场的市场化程度。

（2）学者们普遍是将各要素市场进行单独研究，探究各要素市场之间的相互关系，但是鲜有学者对五大要素市场之间的关系进行探讨或实证研究。因此，本书综合考虑土地、劳动、资本、技术、数据五类子系统，对我国要素市场化配置内部组织的相互作用关系进行深入分析，探究要素市场的协调发展程度。

（3）从当前的文献研究来看，关于要素市场化改革的研究主要涉及要素市场化的内涵研究、测度研究与效应研究，而鲜有对于要素市场协调发展的影响因素研究。因此，本书基于省级面板数据，探究要素市场协调发展水平的主要影响因素，为推进要素市场化改革提供方向。

（4）关于要素市场化配置的效应分析中，大多是关于要素市场化配置与经济增长、全要素生产率、区域创新能力、城乡收入差距的关系研究，很少涉及要素市场化配置与经济高质量发展的关系研究。因此，本书将构建计量模型，实证考察要素市场化配置对经济高质量发展的直接影响和间接影响。

三、研究目的与思路

本书试图回答以下问题:（1）要素市场化改革的理论机制是什么？（2）改革开放以来，我国的要素市场发生何种变化？（3）如何构建要素市场化配置水平指标体系？（4）要素市场化配置水平呈现何种特征？（5）要素市场协调发展程度如何？哪些是制约要素市场协调发展的主要因素？（6）要素市场化配置与经济高质量发展呈现何种关系？

　　本书基于提出问题—分析问题—解决问题的研究思路，首先介绍了生产要素理论、市场经济理论和资源配置理论，阐述了要素市场化配置的作用机理与运行机制。其次，对改革开放以来政府与市场的关系、各要素市场的发展现状进行描述。再次，从土地、劳动、资本、技术和数据五个方面构建指标体系对我国的要素市场化配置水平进行测度，并运用多种方法揭示要素市场化配置水平的时空特征。复次，运用耦合协调模型和随机森林算法测度要素市场协调发展程度及其制约市场协调发展的关键因素。最后，运用固定效应模型及中介效应模型，揭示要素市场化配置与经济高质量发展的关系，为要素市场化改革的进一步推进提供方向。具体的技术路线如图0-1所示。

研究思路	具体研究内容	研究方法

提出问题 → 研究背景及意义 | 国内外研究综述 | 研究内容及方法 | 创新之处 ← 文献研究法

机理分析 → 内涵：市场与市场化 | 要素与要素市场 | 要素市场化配置 ‖ 相关理论：生产要素理论 | 市场经济理论 | 资源配置理论 ‖ 市场机制：价格机制 | 供求机制 | 竞争机制 ← 文献研究法 / 理论分析法

发展历程 → 政府与市场的关系：探索与过渡期 | 建立与发展期 | 深化与完善期 ‖ 要素市场发展现状：土地市场 | 劳动市场 | 资本市场 | 技术市场 | 数据市场 ← 描述分析法

实证研究 → 指标体系构建：土地市场化 | 劳动市场化 | 资本市场化 | 技术市场化 | 数据市场化 ‖ 时空特征分析：空间分异特征 | 动态演进特征 | 时空收敛特征 ← 综合评价法 / 分布动态法 / 差异测度法 / 收敛分析法

拓展研究 → 要素市场协调发展分析：协调发展测度（指标协调度 | 区域协调度） | 影响因素分析（要素子系统 | 重要性分析） ← 耦合协调模型 / 离差系数模型 / 随机森林算法

对经济高质量发展的影响分析：高质量测算（省份层面 | 地区层面） | 直接影响（回归结果 | 稳健性检验 | 内生性检验） | 间接影响（资本错配 | 自主创新） ← 固定效应模型 / 中介效应模型

对策建议 → 研究结论 | 政策建议 | 研究展望 ← 经验总结法

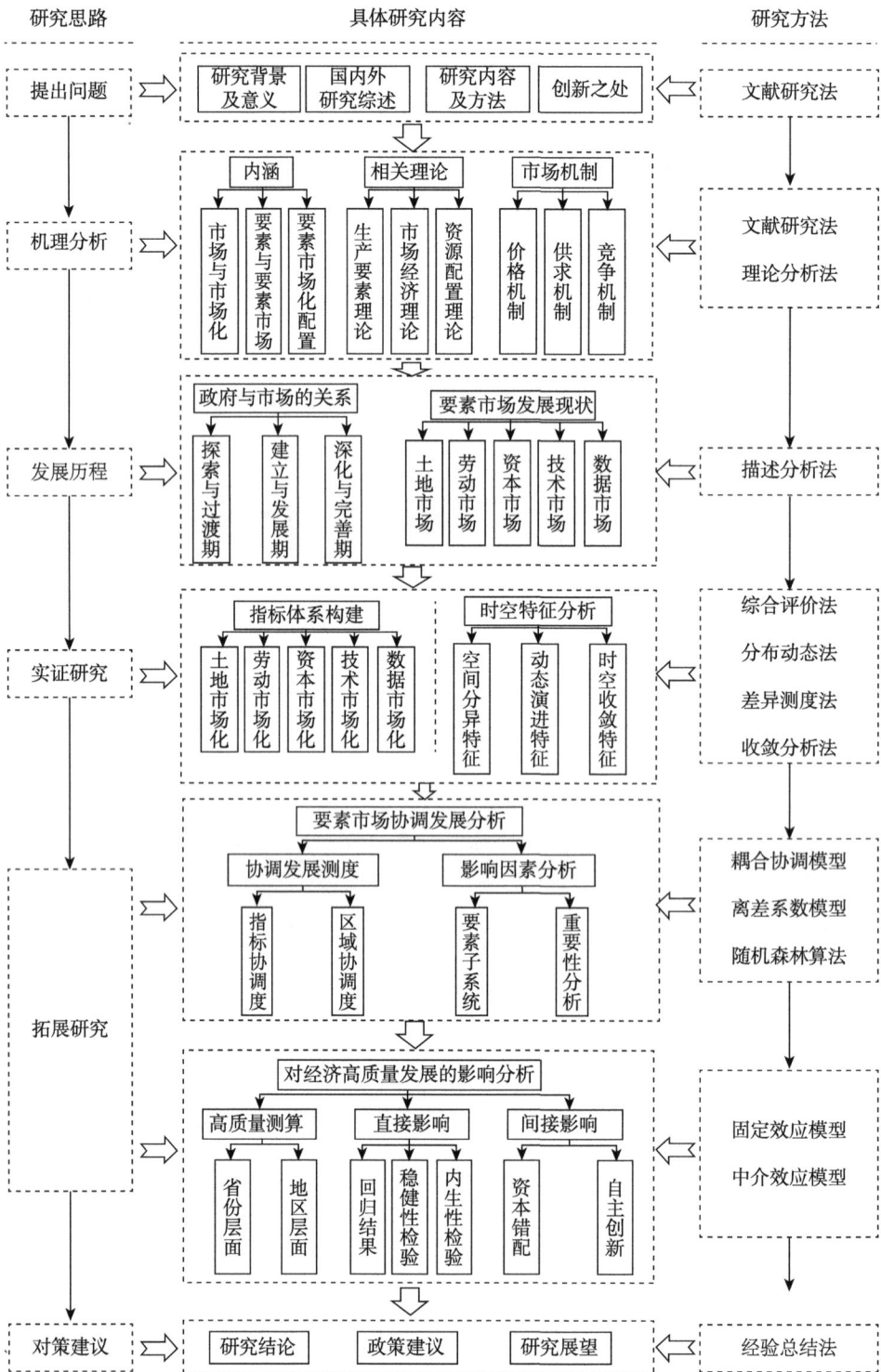

图0-1　技术路线图

四、研究内容与研究方法

（一）研究内容

从本书的具体内容来看，主要分为八个部分，结构安排如下：

导论。本章首先阐述本书的研究背景与研究意义。其次，从要素市场化配置的理论分析、测度分析和效应分析三个方面对国内外学者的研究进行梳理总结。最后，介绍文章的研究思路及研究内容，并指出在研究过程中使用的研究方法及可能存在的创新之处。

第一章为要素市场化配置的理论基础。本章首先对要素市场化配置的相关概念进行界定。其次，简述要素市场化配置的相关理论，包括生产要素理论、市场经济理论中的西方市场经济理论和社会主义市场经济理论以及资源配置理论。最后，对要素市场化配置的作用机理与运行机制进行说明。

第二章为要素市场化的发展历程与现状分析。探讨要素市场化配置水平，必定要与我国要素市场化配置体制相联系。本章首先厘清了改革开放以来政府与市场关系的转变，即市场经济体制的发展历程。其次，从土地、劳动、资本、技术和数据等五个方面对我国要素市场的配置现状进行简要分析。意在找寻我国各要素在市场配置过程中的特征、发展及不足，从而为进一步测度我国要素市场化配置水平做准备。

第三章为要素市场化配置水平的测度与分析。本章主要对要素市场化配置水平进行测度。首先，基于前文分析的要素市场化配置的作用机理与运行机制，以土地市场化、劳动市场化、资本市场化、技术市场化和数据市场化为二级指标，构建要素市场化配置水平评价指标体系。其次，利用综合评价相关方法，从全国、三大区域以及各省份等角度出发，合理测算我国要素市场化配置水平以及各分要素市场的市场化配置水平。

第四章为要素市场化配置水平的特征分析。本章首先对相关研究方法进行介绍。其次，运用Dagum基尼系数和方差分解方法探究要素市场化配置水平的地区差异来源和结构差异来源。再次，运用核密度估计和空间Markov分析要素市场化配置水平的演进特征和空间转移特征。最后，利用空间收敛模型对要素市场化配置水平的时空收敛特征进行研究。

第五章为要素市场协调发展程度及影响因素分析。要素市场化改革不仅要关注市场化配置程度，还要关注要素子系统之间的协调发展程度。本章首先基于指标层面与区域层面，运用耦合协调模型测度要素市场的协调发展程度。其次，利用随机森林算法探索我国要素市场协调发展的影响因素，寻找可以助推要素市场化改革的最优路径。

第六章为要素市场化配置与经济高质量发展的关系分析。在市场化进程中，如何寻找政府和市场之间的微妙平衡以促进经济高质量发展？特别地，市场化程度如何通过作用于资源配置效率与自主创新能力影响经济高质量发展？本章首先对我国经济高质量发展情况与资源错配情况进行测算。其次，以本书第三章测算得出的要素市场化配置水平指数来反映市场化程度，运用面板模型实证分析市场化配置程度对经济高质量发展的直接影响，运用中介效应模型考察市场化配置程度对经济高质量发展的间接影响。

第七章为研究结论与政策建议。作为本书的结论部分，本章在前面六章的基础上，首先，总结本书的基本研究结论。其次，依据要素市场化改革的最终目的，为推进要素市场化改革提供政策建议。最后，结合研究过程中存在的局限与不足，提出研究展望。

（二）研究方法

本书以全国31个省、自治区、直辖市（不含港澳台）为研究对象，采用理论分析与实证分析相结合的方法，基于2008—2019年省级面板数据，在了解我国要素市场发展历程与发展现状的基础上，构建指标体系对我国要素市场化配置水平进行测度，考察要素市场化配置的时空特征，探究要素市场协调发展程度，寻找制约要素市场协调发展的关键因素，解释要素市场化配置与经济高质量发展的关系。具体方法有：

（1）文献研究法。在研究过程中，对要素市场化改革领域的大量相关文献进行收集、整理、归纳和分析，弄清相关概念和定义，归纳和总结要素市场化改革的研究现状，发现要素市场化研究的不足，为构建要素市场化配置水平指标体系提供理论基础。

（2）比较分析法。本书在对我国改革开放以来要素市场发展历程进行梳理的基础上，对不同历史时期政府与市场的关系进行对比分析，了解政府与市场关系的转变。随后在对我国市场化程度进行全面测算的基础上，对我国东部、中部和西部的市场化程度及分布特征进行比较分析。

（3）综合评价法。基于要素市场的运行机制，构建科学合理的要素市场化配置水平评价指标体系。运用群组G1法与熵值法相结合的组合赋权法测度要素市场化配置水平，运用Dagum基尼系数及方差分解法考察要素市场的区域差异和结构差异，运用自适应核密度估计和空间马尔可夫链刻画要素市场动态演进特征，运用收敛分析方法探究要素市场的趋同与发散情况。

（4）实证分析法。基于耦合协调模型分析要素市场协调发展程度，采用随机森林算法探索要素市场协调发展的影响因素，运用固定效应模型实证分析市场化程度对经济高质量发展的直接影响，运用中介效应模型考察市场化程度对经济高质量发展的间接影响。

（5）归纳总结法。对全书的研究结论进行总结，并依据研究结论提出推进要素市场化改革的政策建议。

五、创新之处

在本书的分析过程中，存在一些可能的创新之处。

（1）构建以要素为核心的市场化配置指标体系。任何指标的选取以及指标体系的构建都应该建立在尽可能反映社会经济运行现实的基础上，市场化配置水平指标体系的构建也应该与时俱进。本书基于对近年来我国市场化建设的新特点以及数据可得性和连续可比性等方面的考虑对基础指标进行筛选。从土地、劳动、资本、技术和数据五大要素市场的角度入手，选取47个基础指标，构建一套符合我国市场特点的测算要素市场化配置水平的指标体系，在此基础上，发现并总结其演化规律与时空特征。

（2）基于要素和区域视角衡量五大要素市场之间的协调发展程度。现有研究多是构建指标体系在测度要素市场化配置水平的基础上分析市场化的区域差异，极少有学者分析各要素市场之间的协调发展程度。本书从要素和区域视角出发，基于耦合协调模型和离差系数模型，测度我国五大要素市场之间的协调发展程度，深入探讨要素市场协调发展的规律和特征。

（3）准确识别影响要素市场协调发展的主要因素，并对其重要程度进行排序。现阶段关于要素市场化的研究主要集中于市场化的理论研究、市场化的测度和市场化的效应研究，关于要素市场协调发展影响因素的研究不多，也鲜有文献对影响因素的重要程度进行排序。本书利用随机森林算法探究影响我国要素市场协调发展的主要因素，并对影响因素的重要程度进行排序，为推进要素市场化改革提供科学参考。

（4）提出并验证要素市场化配置与经济高质量发展的关系。本书不仅从理论和实证上证明了要素市场化对经济高质量发展的促进作用，还揭示了"资源错配改善与自主创新能力"的传导机制，即要素市场化程度会通过改善资源错配和提升自主创新能力来促进经济高质量发展。

第一章
要素市场化配置的理论基础

为了客观反映我国要素市场化配置水平，揭示要素市场化配置水平的特征，需要对要素市场化配置水平进行准确测度。然而，要素市场化配置的基本概念界定、要素市场化配置的运行机制等核心内容都会影响要素市场化配置水平测度的准确性，这是因为测度内容不仅受到概念限定的范围制约，而且与要素市场化配置的运行机制密切相关。因此，本章重点界定要素市场化配置的相关概念，阐述要素市场化配置的相关理论，探讨要素市场化配置的运行机制。

第一节　要素市场化配置的相关概念

一、市场与市场化

市场是实现社会资源分配和经济增长的一个重要调节器。它不仅是一个交换商品的场所，更是一整套复杂的经济关系、交易机制和贸易规则的综合体，它以价格机制和竞争手段为基础，不断调节贸易规则，促进整个社会经济的增长。市场经济通过遵守市场规则、实施合理的价格政策和促进竞争来优化资源配置。

市场化是人类在历史演进过程中的理性选择，也是人类向市场经济的演进过程。严格来说，中国对市场化的研究始于1992年，当时确定了市场经济体制的目标，而中国的研究者对市场化的定义存在一些差异。例如，1996年，国家计委市场与价格研究所课题组将市场化定义为政府行政分配向市场经济的调整转变。常修泽和高明华（1998）提出，市场化发展是一种重大的经济转型，将计划配置资源转变为市场配置资源，创造新的经济和社会关系，让市场变化来指导组织的活动、政府部门的工作等。陈宗胜（1999）指出，经济的市场化是一个持续发展的过程，不仅使资源更有效率，而且使资源从计划配置转向市场配置，使得经济更健康地发展。他认为，资源配置的不断优化和市场化的不断深化是相辅相成、共同推动的过程。樊纲等（2003）将市场化定义为一个复杂的过程，涉及一系列国家经济、社会和法律变化，使经济轨迹从计划配置变为市场配置，而不是简单的法规变化。

二、要素与要素市场

要素是生产要素的简称，生产要素作为广义上的资源，是指用于生产产品（包括商品与服务）的土地、劳动力、资本等投入品。传统经济学认为要素包括土地、劳动力和资本。然而随着经济规模的增长和数字经济的兴起，依附在劳动力上的技术要素以及与数字经济息息相关的数据要素成为现代新型生产要素。结合中国实际和研究需要，本书所指要素包括土地、劳动、资本、技术和数据五种要素。

在市场经济条件下，企业是要素的需求者，家庭是要素的供给者，两者相互交易形成要素市场，要素市场的供求决定要素价格。要素市场在现代经济中包括资本市场、劳动力市场、土地市场、科技市场、数据市场。资本市场中的要素主要指金融资本，包括汇率、利率、信用评级、信贷等；劳动力市场中的要素包括工资、社保、知识产权、中国户籍带来的隐形收益及科技创新要素；土地市场中的要素包括各种性质的土地，如工业、商业、住宅、农业用地；科技市场中的要素包括技术、创新；随着网络经济的发展，数据也逐渐成为一种重要因素，但是数据要素市场正在培育发展中[①]。

三、要素市场化配置

要素市场化配置是一种基于市场经济机理的社会活动，它以市场规律为基础，通过综合优化资源，实现资源的有效利用和最大化效益[②]。要素市场化配置旨在促进要素配置效率提高，从而使生产资源得到更加合理的分配和利用，这是进一步深化市场经济改革的必要步骤[③]。进行资源配置的优化和创新，是为了破除要素自由流动的政策障碍，从而达到依据各要素的特性、市场化发展程度以及新时代经济社会发展需求，实现市场决定要素价格，保障其流转更加自由合理，从而提高配置效率和公平性。

要素市场化配置是市场经济的基本要求，充分体现了市场是决定资源分配的核心的特性。在资源分配过程中，市场机制发挥了其选择和激励的功能，决定谁生产什么、生产多少和怎样生产，保证了资源配置的最优选择。理论和实践都表明，市

---

① 郭兆晖.以要素市场化配置改革推进供给侧结构性改革：基于机制设计理论分析浙江省海宁市实践[J].学习与探索，2020（6）：94-99.

② 洪银兴.实现要素市场化配置的改革[J].经济学家，2020（2）：5-14.

③ 范欣.新时代要素市场化配置改革：内在逻辑、基本原则与制度保障[J].马克思主义与现实，2021（1）：166-172.

场具有非常强大的资源调配能力①。只有将生产要素放在正确的位置，保障产生最大边际收益，才能发挥它最大的作用和价值。在这种市场化配置的框架内，构筑供给、市场、需求、竞争的综合体系，使生产要素能在企业范围内、行业范围内集结。此外，市场供求为要素合理定价。同时，价格变动影响生产要素的供求关系，进而调整供需平衡。通过形成最有效率的资源组合，使得资源流动自由、价格反应敏捷、竞争公平有序，让优秀企业脱颖而出，并以此实现所有资源效用的最大化，促进经济高质量发展。

第二节　要素市场化配置的相关理论

一、生产要素理论

在知识经济时代，生产要素的定义发生了巨大变化，从传统的土地、劳动力、机器设备、原材料和能源等可用于生产和服务活动的资源，扩展到现在的知识、科技。生产要素理论从产生到现在，主要经历了二元论、三元论、四元论和六元论。

生产要素二元论可以追溯到1662年威廉·配第在其《赋税论》中提出的劳动价值理论。虽然他没有明确提到生产要素的概念，但他的名言"土地是财富之母，劳动是财富之父"已表明生产要素是土地和劳动的思想②。这一思想被法国经济学家理查德·坎蒂隆认同，他在《商业性质概论》的一开始就说到土地是所有财富产生的来源或材料③。二元论思想还得到了奥地利经济学家庞巴维克的支持，他在《资本实证论》中写道："资本本身的起源、存在和随后的作用，不过是真正的生产要素——自然和劳动的作用。"④

1803年，萨伊在《政治经济学概论》中提出，生产的价值是由于三个因素的作用和合作：劳动、资本和自然力，其中耕地是最重要的但不是唯一的因素。除了这些因素之外，没有其他因素可以创造价值和增加人类的财富。因此，萨伊将土地、劳动和资本确定为生产的三个要素。根据萨伊的理论，劳动产生工资，资本产生利息，土地（自然力）产生地租⑤。英国经济学家西尼尔则提出了与萨伊不同的三个生

---

① 刘志成.要素市场化配置的主要障碍与改革对策[J].经济纵横，2019（3）：93-101.

② 威廉·配第.赋税论[M].邱霞，原磊，译.北京：华夏出版社，2017.

③ 理查德·坎蒂隆.商业性质概论[M].余永定，徐寿冠，译.北京：商务印书馆，1986.

④ 庞巴维克.资本实证论[M].北京：商务印书馆，1964：123-124.

⑤ 萨伊.政治经济学概论[M].北京：商务印书馆，1963：75-76.

产要素：劳动、自然力和节欲。他认为，劳动是生产的有意识的努力，包括体力和脑力，这种努力也是一种牺牲，在这种牺牲中，工人放弃了自己的舒适和休息。自然力是指所有不源于人类行为的生产要素，主要包括土地、矿山、河流、天然森林和生活在其中的野生动物，以及海洋、空气、光和热。节欲则是人类控制自己的行为[①]。19世纪中期，英国经济学家约翰·穆勒追随萨伊，将生产要素简化为土地、劳动和资本，但他比前人更详细、更普遍地讨论了各种生产要素的存在方式、性质和条件[②]。

1890年，英国经济学家马歇尔在《经济学原理》中讨论了生产要素，指出生产要素一般分为三类：土地、劳动和资本。土地是大自然赋予的物质和气力，包括土地、海洋、空气、光和热。劳动是指人的经济工作，无论是体力劳动还是智力劳动。资本是为生产物质产品和获取利润而积累的任何物质。同时，资本主要由知识和组织构成，由于区分知识和组织的公共和私人所有权变得越来越重要，有时将组织作为一个独立的生产要素单独计算更为合适。因此，马歇尔主张把组织分离出来，作为第四个生产要素，区别于资本要素。虽然马歇尔把组织理解为资本家对企业的管理和监督，但组织要素后来被看作是企业家的管理和治理能力，即"企业家才能"[③]。

我国学者徐寿波在20世纪80年代首次提出了劳动和生产必须同时具备的六个条件，即六种力量。这六个条件是指劳动的人力资源、劳动的物质资源、劳动的对象、劳动的环境、劳动的空间和时间；六种力量是指人力、财力、物力、交通力、自然力、时间力。其中，人力是指各种劳动者的劳动和生产过程，包括体力劳动和脑力劳动；财力是指各种资产的劳动和生产过程，主要是固定资产和活动资产；物力是指各种物资的生产过程，这里主要是指原材料、能源和其他重复材料的消耗；交通力是指完成工作和生产过程所需的运输能力；自然力是指工作和生产过程所需的各种自然资源和自然条件；时间力是指工作和生产过程所需的时间[④]。

---

① 西尼尔.政治经济学大纲[M].北京：商务印书馆，1977：91-94.

② 约翰·穆勒.政治经济学原理（上卷）[M].北京：商务印书馆，1997：43，72，123.

③ 马歇尔.经济学原理（上）[M].北京：商务印书馆，1983.

④ 徐寿波.技术经济学（上、下册）第二版[M].北京：中国科学学与科技政策研究会，1984：94-119.

二、市场经济理论

（一）西方市场经济理论

1.古典自由主义的市场经济理论

18世纪中叶，法国重农学派所提出自然秩序的思想，它是指在社会经济活动中存在着一个不以人们的意志为转移的客观规律。其代表人物布阿吉尔贝尔认为，人们的经济活动只能按自然规律进行，否则"大自然就会对违抗者施加惩罚"。他提出，自由竞争就是按自然规律办事，反对重商主义的国家干预经济政策，只有实行充分的自由竞争才会使社会经济活动趋于平衡和协调。

1776年，亚当·斯密在其巨著《国富论》中提出"看不见的手"的市场经济理论。经济自由主义是市场经济理论的核心。亚当·斯密认为，满足人类利己本性的最好途径就是实现经济自由。这样，资本才能得到最有利的使用，资源合理配置，人才合理使用，社会福利得到最大的增进。他反对国家干预经济，提倡经济上的自由放任。他认为，把资本投在哪种产业最有利，当事人比政治家、立法家的判断清楚得多。

萨伊是古典学派的代表人物之一。他从理论上说明资本主义条件下的市场经济是完美无缺的，反对国家干预，主张发挥市场机制的自动调节机制。萨伊销售论的基本思想可归结为一个简单公式：产品和产品相交换，货币只起媒介作用，供给会自行创造需求，供求是均衡的，整个社会不会发生全面过剩的经济危机，这就是萨伊定律。

马歇尔被称为新古典学派的创始人，他首次把物理学中的均衡概念和正反作用力的相关分析直接用到市场交易活动的研究上来，创立了以市场均衡为基础的理论体系。马歇尔在《经济学原理》一书中提出均衡价格论，即商品的市场价格是由市场上的供给和需求双方力量均衡来决定的。马歇尔在分析均衡价格时假定实行充分的自由竞争。他认为，在现实经济生活中出现非均衡状况，是由于市场竞争不充分而引起的，只要市场竞争是充分自由的均衡价格就一定能实现，市场均衡也一定会形成。

2.国家干预条件下的市场经济理论

李斯特是19世纪上半叶德国著名的经济学家和社会学家，其代表作《政治经济学的国民体系》以促进国内市场的形成和德国的统一，以及加快德国资本主义工商业的发展为中心思想，由国家经济学说、生产力理论、经济发展阶段论、国家干预论构成其理论体系。李斯特从德国资本主义发展的现状出发，反对古典经济学家关于经济发展存在着普遍规律的说法。他认为古典经济学派的最大缺陷，就是忽视经济发展的民族特点，并强调指出，由于各个国家和民族经济发展的道路不同，具体国情不同，经济发展水平不同，因此，不存在共同的普遍规律。李斯特认为，国家干预经济生活并对私人企业加以调节和限制，发挥国家的经济职能作用，是一个国家经济发展的重要因素。他猛烈地抨击古典经济学派忽视国家调节经济、过分推崇自由竞争的观点，认为古典经济学派关于"国家权力对个人照顾得越少，个人生产就越加能够发展"的说法是完全错误的。

1936年，凯恩斯出版了《就业、利息和货币通论》，对现有的经济理论和政策提出了全面的挑战和批判，并建立了以国家干预为中心的完整理论体系，以解决资本主义经济中的危机和失业问题。凯恩斯主义提出一套与传统经济学不同的理论观点、政策主张和研究方法，开创了资产阶级经济学发展的新阶段。凯恩斯认为，在现代资本主义条件下，市场机制已不能充分发挥自动调节经济的作用，自由放任的政策也已行不通。因此，他主张国家对经济实行全面干预和调节。摒弃传统的收支平衡的财政政策，解决资本主义危机和失业问题，实现可调节的资本主义。凯恩斯把自己的理论看作普遍适用的一般理论，而传统的经济学理论是特殊理论，是一种特例。凯恩斯经济理论的核心是就业理论，就业理论是以有效需求原理为基础的。一个国家的总就业量，取决于有效需求，失业就是有效需求不足的结果。因此，要增加就业量就必须扩大有效需求。

3.新自由主义的市场经济理论

新自由主义是指强调自由竞争，反对自由放任，主张国家适当干预经济，反对国家直接干预企业经营活动的一种理论观点和政策主张。新自由主义同古典自由主义相比，其区别就在于他们并不是笼统地反对国家干预经济，而是主张国家要适当地干预经济。新自由主义是一种把经济自由和必要的国家干预相结合的经济理论。新自由主义又因为在理论观点和政策主张上的大同小异而分为不同的派别，其中影响比较大的有西德新自由主义、货币主义和供给学派。

西德新自由主义的主要代表人物是艾哈德，其主要内容是社会市场经济理论。在他们看来，理念经济的典型包括自由市场经济和中央管理经济。自由市场经济由市场价格机制来调节经济；中央管理经济则是通过政府计划和行政命令来调节经济。他们认为自由市场经济优越于中央管理经济，但这两种理念经济典型在任何时候任何地方都不可能单一地存在，某一国家某一时期的具体经济制度，都是这两种理念经济典型的特定组合。应当寻求一种以自由市场经济为基础的两种理念经济典型最好的结合方式，这种最好的结合方式就是社会市场经济。

货币主义的代表人物是弗里德曼，他反对凯恩斯主义的财政政策对经济的干预，而是旨在控制货币供应量，强调货币供应量的变化是一般价格水平和经济变化的基本因素。弗里德曼认为，当货币量的增长速度大大超过生产的增长速度时，通货膨胀就会发生，货币量增长速度越快，通货膨胀率就越高。因此，通货膨胀始终是由于货币量的增长速度大大超过生产的增长速度而产生的一种货币现象。为防止通货膨胀的发生，实现经济稳定增长，就必须实行单一规则的货币政策，即货币供应量的增长率要与经济增长率相适应。

供给学派的代表人物是马丁·费尔德斯坦和阿瑟·拉弗。他们认为，当前资本主义世界所面临的滞胀，完全是推行需求管理政策造成的恶果，而病症的根源就是凯恩斯主义。所以，必须放弃凯恩斯主义的需求管理，恢复萨伊定律。他们坚信萨伊定律，认为供给创造自己的需求。只要国家不干预私人经济活动，让市场机制完美运作，就不会有经济危机。主张经济学应该研究如何促进生产和扩大生产的手段，强调刺激经济的供给。

（二）社会主义市场经济理论

1.马克思恩格斯对未来社会主义的设想

马克思和恩格斯反复强调以公有制取代私有制的基本原则，作为无产阶级取得政权后改变生产资料所有权的基础。他们设想了社会主义公有制的一般规则：所有生产资料将由所有社会成员分享，工人将为共同利益而生产，等等。最初，他们认为，社会主义革命将首先在资本主义社会最发达的国家取得胜利，无产阶级通过获得政权并利用其政治优势，可以逐步剥夺资产阶级的所有资本，将所有生产资料集中在国家手中，实行单一的全民所有制。后来，他们意识到，在许多资本主义国家，由于城乡经济和政治发展的不平衡，农业领域仍然存在着大量的小农经济，所以他们提出了农业合作社的集体所有制思想。马克思和恩格斯认为，在未来的公有制社会中，商品和货币之间的关系将不存在。因此，马克思主义的创始人坚信，未来社会的经济体系将是计划经济。

2.列宁斯大林对社会主义经济的认识

列宁认为，社会主义需要将所有生产资料转为全体人民所有，并实行计划经济的中央集权制度。这一思想的主要表现是禁止一切私人交易，废除商品货币关系，依赖国家的政治力量，并试图对所有生产资料甚至是生活资料实行公有制和供给制。内战结束后，列宁的新经济政策允许私营工业和贸易，用粮食税取代余粮征集，只要公有制保留国民经济的关键要素，就可以发展国家资本主义。其本质和目标是利用市场、商品经济和货币流通促进农业恢复和工业发展，增加国家积累，逐步加强社会主义国家经济，巩固工人和农民联盟，限制和缩小资本主义私人经济。

列宁去世后，斯大林实施了全面打击资本主义的政策，其主要特点是在城市实行国有制，在农村实行集体所有制，国家控制整个国民经济。

3.中国社会主义市场经济理论的发展

中国特色社会主义市场经济理论凝练形成了许多重要的理论原则和基本观点，大致分为孕育、繁荣、深化三个阶段[①]。

孕育发展阶段（1978—1991年）。党的十一届三中全会后的改革开放，打破了社会主义只能是计划经济的僵化教条，将社会主义与市场经济联系起来，把市场经济理论引入国内，并将计划与市场的关系作为这一时期经济理论和实践的探索重心。1984年，党的十二届三中全会通过了《中共中央关于经济体制改革的决定》，将社会主义经济定义为以公有制为基础的有计划的商品经济。在1987年党的十三大会议上，将新体制界定为计划与市场内在统一的体制，即国家调控市场、市场引导企业的新的经济运行机制。

繁荣发展阶段（1992—2012年）。在1992年南方谈话中，邓小平指出："计划经济不等于社会主义，资本主义也有计划；市场经济不等于资本主义，社会主义也有市场。计划和市场都是经济手段。"同年10月，党的十四大明确提出"我国经济体制改革的目标是建立社会主义市场经济体制"，标志着中国特色社会主义市场经济理论的正式提出和初步形成。1993年11月，中国共产党十四届三中全会确定了中国社会主义市场经济的基本框架、改革方向和建设蓝图。在研究社会主义与市场经济结合的过程中，所有制的作用和市场机制的探索是两条清晰可辨的主线，它们从基本经济制度和资源配置方式两个方面决定了中国社会主义市场经济的理论走向。其一是基本经济制度问题上的理论突破。党的十五大报告明确指出："公有制为主体、

---

① 程霖，陈旭东.改革开放40年中国特色社会主义市场经济理论的发展与创新[J].经济学动态，2018（12）：37-47.

多种所有制经济共同发展，是我国社会主义初级阶段的一项基本经济制度。"其二是对市场机制的作用进行了理论上的突破。党的十四大报告明确提出："我们要建立的社会主义市场经济体制，就是要使市场在社会主义国家宏观调控下对资源配置起基础性作用。"党的十五大提出要"进一步发挥市场对资源配置的基础性作用"。通过上述理论和实践的双重突破，我国社会主义市场经济体制的基本框架已经逐步完善。

深化阶段（2013年至今）。党的十八届三中全会开启了中国现代化历史的新征程，提出了"使市场在资源配置中起决定性作用和更好发挥政府作用"。2017年，党的十九大召开，标志着中国特色社会主义进入了新时代，指出"经济体制改革必须以完善产权制度和要素市场化配置为重点"。

三、资源配置理论

资源的稀缺性提出了资源的有效配置问题。稀缺资源的配置问题是经济学中的一个核心问题，由于资源的无限需求和有限供给之间的矛盾，资源配置逐渐成为解决这一矛盾的有效途径。合理配置资源的基本目标是根据经济和技术条件，在时间和空间上合理安排资源，充分利用资源，使资源的总体使用效率最大化，以满足社会各种日益增长的需求。

资源配置的概念起源于古典经济学，古典经济学家亚当·斯密在其1776年出版的《国富论》中讨论了这个问题。亚当·斯密强调，第一，在完全自由的市场下，市场是一只"看不见的手"，这只手可以优化资源配置，而政府只是一个"守夜人"。这一理论也构成了古典经济学中资源配置理论的基石。第二，亚当·斯密强调法律制度在资源配置中的作用，同时指出完全自由的经济条件要求，即"每个人都应该是完全的自由，以自己的方式追求自己的利益，在不违反法律的情况下用自己的劳动和资本进行竞争"。第三，亚当·斯密还提出，财富应该由有用劳动者和无用劳动者的比例决定。一个国家的财政应该依靠有用的劳动，有用劳动者和无用劳动者的比例反映了国家的财富程度和资源分配程度。第四，亚当·斯密强调了发展教育对提高人口素质和增加国家财富的重要性。因此，古典经济学的资源配置基本理论认为，自由市场是实现资源配置的唯一途径，而资源配置的优化是通过利益的激励实现的。

随后，新古典经济学将注意力转向了资源的自由配置。此时资源配置理论的含义如下：第一，基于资源稀缺的基本前提，新古典经济学认为人类面临着资源稀缺和人类无限欲望的矛盾，因此，新古典经济学的资源配置理论应考虑如何以最小的投入满足人类最大的欲望，这已经成为一个重大问题。第二，新古典经济学关注的是边际价值，提出以价格作为衡量资源是否合理配置的基本手段。换句话说，均衡价格理论为资源的合理配置提供了一个理论基础。根据这一理论，资源的配置是通过需求和供给价格的变动来实现的，当需求和供给价格处于平衡状态时，资源就得到了合理的配置。第三，新古典经济学认为资源的最佳配置是通过市场均衡实现的。新古典主义经济学家马歇尔认为，只有在完全竞争的市场环境下，市场机制才会在资源配置中发挥主导作用，社会资源的最优配置才能实现。

在单一配置之后，新古典综合派经济学家提出了资源配置的二元论：通过市场机制进行资源配置和通过政府干预进行资源配置，并认为政府干预和市场调节可以相互协调，实现"混合经济"，即"最佳资源配置"。此时，资源配置的主要内容有以下四点：第一，市场经济是人类社会经济发展过程中资源配置的重要手段，因为它可以通过供求关系的互动解决生产什么、生产多少、为谁生产的根本问题。第二，在现实经济中，完全竞争很少存在，这影响了资源配置的效率，导致资源配置效率低下，许多资源配置问题无法通过市场机制解决。第三，由于资源配置中存在市场失灵，有人提出政府对资源配置进行干预。新古典综合派经济学家认为，避免市场失灵的有效方法是由政府在资源配置中发挥"看得见的手"的作用。第四，政府可能会像理性人一样，试图使自己的利益最大化，最终导致资源的错误配置。总之，新古典综合派的观点是，市场应该在资源的优化配置中发挥基本作用，同时政府采取措施干预市场，弥补市场失灵的缺陷，实现资源的优化配置。

第三节　要素市场的内在机制

市场经济条件下，拥有各种生产要素的市场主体在市场信号的刺激下会产生各种相应的调节功能，从而自发地使资源得到合理配置并促使效率不断提高。简言之，市场机制就是指市场通过其内部价格、供求、竞争等诸因素的相互联系和相互制约，使资源得到合理配置和效率不断提高的经济运行过程[①]。市场机制是市场经济最重要的机制，是价值规律作用的基本实现形式。市场机制主要包括价格机制、供求机制和竞争机制等。

---

① 周志太，段学慧，周玉梅，等.社会主义市场经济概论[M].北京：清华大学出版社，2016：57.

一、市场机制的作用机理

构成市场机制的诸多要素中，供求状况、价格水平和各市场主体的行为是三个最基本的因素，正是这三个基本因素之间相互制约、相互影响的关系构成了市场机制的作用机理，如图1-1所示[①]。

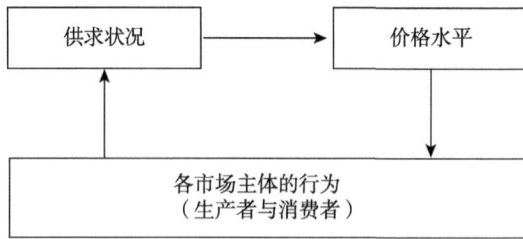

```
┌──────────────┐         ┌──────────────┐
│   供求状况    │ ──────→ │   价格水平    │
└──────────────┘         └──────────────┘
        ↑                        │
        │                        ↓
┌──────────────────────────────────────┐
│           各市场主体的行为              │
│         （生产者与消费者）             │
└──────────────────────────────────────┘
```

图1-1　市场机制的作用机理

首先，市场供求状况导致一定的价格水平。供小于求时价格上升，供大于求时价格下降。由于市场上商品和劳务的供给者（生产者）和需求者（消费者）都是独立地进行生产与需求选择，因此，市场上的供求状况是经常发生变动的，市场供求状况的变动必然导致价格水平的相应变动。其次，价格水平变动又会导致市场主体的行为发生相应的变化。市场主体的行为有两个重要特点：一是市场主体的行为从属于各自的目标，企业以追求利润最大化为目标，消费者以追求效用最大化为目标。在其他条件不变时，市场主体的行为必然随价格的变动而发生变动。当价格上升时，生产者愿意增加生产以获得更多的收益，而消费者则必然减少其对该种商品或劳务的需求。二是在完全竞争的市场条件下，由于存在着无数生产者和消费者，其中每一个市场主体由于自身占有的市场份额（供给量或需求量）极其有限，因此他们只能按照市场价格变动的方向调整自身的行为。也就是说，市场价格对他们来说是既定的。最后，各市场主体按照价格变动的方向调整自身行为的结果又会导致供求关系的变化。即价格上升，生产者增加供给，消费者减少需求；价格下降，生产者减少供给，消费者增加需求，又会使市场上的供求状况发生相应的变动，供求关系的变化又会引致价格水平发生变化，循环往复，最终产生最优的资源配置效果。

总之，市场供求状况及其变动影响价格水平，价格水平的变动引起各市场主体行为的相应变动，而各市场主体行为作用的结果又会导致原有的市场供求状况发生

[①] 苏晓红.社会主义市场经济概论（第二版）[M].北京：科学出版社，2011：32-33.

变化，并再次引起价格的变动，如此循环往复，使供求状况趋于平衡，使价格趋于均衡价格，这就是市场机制调节作用的基本机理和实现过程。

二、要素市场的运行机制

（一）价格机制

价格机制是市场机制的核心，它具有通过价格变动调节供求、引导生产、影响消费行为的作用。市场的导向作用主要是通过价格机制来实现的[①]。价格机制是指市场竞争中与供求相联系的市场价格的决定、形成及其调节作用的技能。价格机制包括价格决定机制、价格形成机制和价格调节机制。价格决定机制是指商品的价值是商品价格的基础，商品价格的高低取决于商品本身价值量的大小。价格形成机制是指商品的市场价格是在市场供求关系的矛盾运动中形成的。价格调节机制是指商品价格的升降必然会引起供求关系的变化。

价格机制作为市场机制的核心，在市场经济运行过程中的功能，包括如下四个方面：（1）增强改进技术的动力，促进社会生产力的发展。对于生产同种商品的生产者来说，价格竞争是他们最终实力的较量。商品生产者为在市场上获得较大的占有率和销售额，必须降低商品的价格，以低廉价格赢得顾客。要降低商品的价格，就必须降低商品成本。这要求商品生产者不断地改进技术，提高劳动生产率，加强经营管理，从而推动社会生产力的发展。（2）提供投资方向和生产规模调整的信号。某一种商品的价格下降，使企业盈利减少或无利可图，它们就会在价格信号的引导下将投资转移到盈利较多的部门中。当某种商品价格上升、企业盈利增多时，说明社会对这种商品的需求增大，商品生产者就会扩大生产规模以获得更多的经济利益。可见，价格机制调节社会资源的有效配置，调节生产资料和劳动力在社会各部门之间的分配，从而使社会生产按一定的比例向前发展。（3）提供需求导向。价格机制对消费者来说，是改变需求方向和需求规模的信息。价格水平的上升和下降，影响消费者的购买力，从而调节消费者的需求结构和规模。由于某些商品之间具有替代性，一种商品价格上涨，一些消费者就会放弃购买，转而去购买价格比较低的其他替代品，以满足自己相同的需要，这样就会调节市场的需求方向和需求结构。（4）提供宏观调控信息。价格的升降不仅影响生产者和消费者的经济行为，同时也为国家的宏观调控提供信息，成为宏观调控的基本依据。对于那些依靠市场机制难

---

① 周志太，段学慧，周玉梅，等.社会主义市场经济概论[M].北京：清华大学出版社，2016：59-60.

以实现供求平衡的商品，如能源、交通等，国家可以依据市场价格的信号，通过政府行为来加以调节，逐步实现供求的大体平衡，避免价格的较大波动。

价格机制功能和作用的充分发挥，必须具备如下三个方面的条件：（1）企业具有独立的经济利益，依法成为自主经营、自负盈亏、自我发展、自我约束的商品生产者和经营者。只有这样企业才能对市场价格信号作出灵敏的反应，适时地调整自己的市场经济行为，使市场机制的作用得到正常的发挥。（2）市场体系完善。形成一个完整的市场体系，既有一般的商品市场，又有各种生产要素市场，市场才能提供准确的价格信号，价格机制的作用才能得到正常的发挥。（3）物价基本稳定，这是价格机制发挥作用的重要条件。较高的通货膨胀率会使价格信号失真，造成生产者和消费者对市场的错误判断，影响市场机制作用的发挥。

（二）供求机制

供求机制是市场经济运行中的一种重要机制。供求机制是指在竞争过程中供求决定价格，价格又调节和平衡供求的自行调节的机能[①]。供求机制是供求规律在市场运动中发挥作用的具体形式。供求机制和价格机制是密不可分的，二者在同一过程中发挥作用。

供求机制包括供求决定价格机制和价格调节供求机制。供求决定价格机制的运作机理是：价格是商品价值的货币表现，所以价格要以价值为基础。由竞争所形成的市场价格虽然也要以价值为基础，但市场价格是由供求关系直接决定的。供过于求，形成买方市场，价格下跌。供不应求，形成卖方市场，价格上升。价格调节供求机制运作机理是：供不应求的商品，其价格相对较高，生产企业可以获得更多的利润。在这种情况下，原有生产该种商品的企业就会扩大生产规模，以增加该商品的供给；同时，其他部门的企业也会将生产要素转移投入该商品的生产经营活动中，导致该种商品的市场供给增加。此时该种较高的价格将会导致消费者对该商品的需求量减少。这样，在现有的价格水平上，该商品的市场供给量相对增加，而市场需求量则相对减少，最终达到供求相对均衡。供过于求的商品，其价格必然下跌，而价格的下跌则会导致市场供给量的减少。此时该种较低的价格将会导致消费者对该商品的需求量增加。这样，在现有价格水平上，该商品的市场供给量相对减少，而市场需求量则相对增加，最终达到供求的相对平衡。

---

① 周志太，段学慧，周玉梅，等.社会主义市场经济概论[M].北京：清华大学出版社，2016：60-61.

供求机制的运行具有如下几种功能:(1)调节市场价格的升降。在市场经济中,若某种商品的供给超过当时的社会需要,生产这些商品的社会劳动时间中有一部分就不会被社会所承认,这些商品必然要按低于价值的价格出售。如果某种商品的供给不能满足社会需要,那么这些商品的价格就会上升。供求关系变动决定价格波动的状况。因此,供求机制良性运行的结果,必然使市场价格趋于合理。(2)实现资源的优化配置。供求机制可以及时提供信号,引导生产者的生产行为,并与其他市场机制相互作用,实现社会资源的有效配置。在市场经济条件下,商品生产者必须根据市场供求关系的变化不断调整生产规模和经营策略,才能获得更多的利润。商品生产者在追求利润的过程中自然地满足社会的需求,同时也实现社会资源的优化配置。(3)调节需求总量和需求结构。供求机制可以及时为消费者的消费行为提供信号,指导消费,并通过其他市场机制相互作用,调节某种商品的需求量乃至社会需求总量并实现需求结构的合理化。例如,在收入水平不断提高的情况下,不同收入水平的消费者对各类商品有着不同的消费需求。当某一商品供不应求、价格上涨时,高收入者往往不会减少对该种商品的需求,中等和低收入者则会退出或推迟对该商品的需求。这样,不但调节社会对该种商品的需求量,同时也实现需求结构的合理化。

供求机制作用的发挥需要具备下列三个市场条件:(1)价格信号准确。供求关系的变化是由价格的变化所引起的,若价格信号失真,不能反映真正的市场供给与需求,供求机制也就失去它应有的功能和作用。(2)市场体系完善。市场经济条件下,不仅要有一般的商品市场,还要有各种各样的生产要素市场。这是因为某种商品市场供给的增减,往往意味着生产该商品的部门所使用的生产要素的进出量也要发生变化。若没有生产要素市场,生产要素不能自由流动,供求机制调节资源配置的作用就不可能得到发挥。(3)竞争自由充分。若某种商品的市场供给被某一或几个企业所控制,其他企业不能参与竞争,那么这种商品的价格就不是由供求机制所决定的,商品价格的升降只能调节需求而不能调节供给。因此,供求机制以及市场中的其他机制作用的发挥,必须以自由充分的市场竞争为基础。

(三)竞争机制

竞争机制是市场经济运行的关键机制。竞争机制是竞争规律的实现形式。竞争规律的要求要通过竞争机制来贯彻[①]。竞争机制是市场机制得以形成的基础。离开竞

---

① 周志太,段学慧,周玉梅,等.社会主义市场经济概论[M].北京:清华大学出版社,2016:61-62.

争机制，就不能形成市场机制，以及价格机制、供求机制等，也就谈不上市场经济的运行方式。

商品经济条件下的竞争，包括买者与卖者的竞争、买者之间的竞争和卖者之间的竞争。竞争的主要手段，在同一生产部门内主要是价格竞争，以较低廉的价格战胜对手；在部门之间主要是资金的流入或流出的竞争，资金由利润率低的部门流向利润率高的部门。竞争的内容包括争夺销售市场、争夺资金来源、争夺先进技术、争夺技术人才等。同时，竞争机制的作用不是孤立的，它同价格机制、供求机制等结合在一起共同发挥作用。

竞争机制对市场经济运行和经济发展起着极为重要的作用：（1）竞争机制是价格机制、供求机制等市场机制充分发挥作用的保证，它使价格机制在市场机制中发挥核心作用，也使供求机制成为现实运动，没有竞争机制的作用，其他市场机制的功能就难以发挥。（2）竞争促进企业加强经营管理，改进生产技术，提高劳动生产率，增强企业活力，为消费者提供更优质的服务。（3）竞争促进生产要素流动，促使有限的资源达到优化配置。部门内部的竞争促使生产要素向劳动生产率高、经济效益好的企业流动；部门之间的竞争，促使生产要素向短缺的生产部门转移。这样，通过竞争调节生产要素的流动，从而实现资源的优化配置。（4）市场竞争机制作用的结果将不断导致少数经济效益差的商品生产者被淘汰，从而促进整个社会生产力的不断提高。

竞争机制的作用能否充分发挥，关键是必须具备竞争机制在经济运行中所需要的条件。一般说来，主要有以下四个方面条件：（1）企业成为真正的商品生产者和经营者。这是竞争机制展开的先决条件，企业若没有权力根据市场状况来决定生产方向和生产规模，竞争就根本无法展开。所以，要充分发挥竞争的作用，就必须给予企业作为商品生产者和经营者应有的权力和地位。（2）企业在竞争中获得相应的经济利益。这是竞争充分展开的动力，因为竞争的实质是经济利益的竞争。若企业不能在竞争中获得相应的经济利益，就必然失去参与竞争的主动性和积极性。发挥竞争这个市场机制的作用，就必须保证企业在竞争中所获得的经济利益不受侵犯。（3）公平竞争，防止垄断。垄断是竞争的直接对立物。对于竞争机制的反应，决定于企业是否处于垄断地位。处于垄断地位的企业即使不努力竞争也能获得较高利润。为使竞争机制充分发挥作用，必须消除垄断现象。（4）市场体系完善，为市场竞争创造良好的环境。要使竞争机制充分发挥作用，必须建立开放和完善的市场体系，为竞争作用的充分发挥提供广阔的活动场所和领域。作为市场机制的一个重要组成部分，竞争发挥作用的程度是由市场的完善程度决定的。在市场体系不完善的条件下，竞争规律是难以充分发挥作用的，因此，必须建立起一个开放和完善的市场体系。

本章小结

本章主要对要素市场化配置的理论基础进行了详细的阐述。首先，对市场与市场化、要素与要素市场、要素市场化配置等相关概念进行界定。其次，对生产要素理论、市场经济理论、资源配置理论进行了论述，从而为本书测度要素市场化配置水平、探究要素市场之间的内在联系奠定了坚实的理论基础。最后，介绍了要素市场的作用机理与运行机制。综上所述，通过对相关概念的界定、相关理论的梳理和内在机制的分析，为下文要素市场化配置的测度、分析和实证研究打下了坚实的基础。

第二章
要素市场化的发展历程与现状分析

探讨要素市场化配置水平，必定与我国要素市场化配置体制相联系。自改革开放以来，我国成功地从高度集中的计划经济体制转变为充满活力的社会主义市场经济体制。政府与市场是经济发展运行过程中不可缺少的核心要素，我国在认识政府与市场关系的道路上从未停止探索。改革开放以前，我国认为只有实行社会主义计划经济，通过国家统一调控恢复和发展经济，才能提高生产力水平，转变当时落后的状况。在此期间计划经济方式确实给中国的经济发展带来了希望和推动力，但是随着经济的复苏，计划经济无法适应生产力的发展，开始阻碍中国经济的持续前进。因此，改革开放以后在已取得的成功经验基础上，进一步联系国家的实际情况开始探索政府与市场的关系：从初步认识市场机制，到尝试市场机制调节经济到发挥市场的基础性作用再到市场发挥决定性作用，政府与市场的关系正是在经济发展过程中为化解经济社会矛盾的实践选择，其演化过程正是我们对政府与市场关系的认识的深化过程。本章主要回顾我国政府与市场关系的历史演变过程，分析我国各要素在配置过程中的特征，从而为进一步测度我国要素市场化配置水平做准备。

第一节 要素市场化的发展历程

政府与市场的关系，是我国经济体制改革的核心问题，纵观我国经济体制改革的历程，无疑是以市场化改革为方向、从政府主导到市场主导过渡的、渐进式的历史过程。改革开放以前，一般认为社会主义经济是计划经济，不存在市场调节，劳动力、资本和土地等生产要素均由政府进行计划配置。工资水平由国家统一规定，虽然有所差异，但也仅仅是由政府规定的地区差异、工种差异和工龄差异，与劳动力的供求状况没有关系。全国实施统一的利率水平，信贷资金实行统收统支的管理制度。由于土地使用权不可以转让，土地租金就不会随之产生。这类高度集中的要素计划配置体制，不可避免地导致了较低的要素配置效率。改革开放以后，国家开始探索政府与市场的关系，且随着社会的不断发展和国内国际环境的不断变化，政府与市场的关系时刻都在发生细微的变化，每到一个新的阶段，对于二者关系的认识就会更近一步。本节分阶段对改革开放以来政府和市场的关系进行论述，主要划分如下：探索阶段（1978—1987年）、过渡阶段（1987—1992年）、建立阶段（1992—2002年）、发展阶段（2002—2013年）、深化阶段（2013—2020年）、完善阶段（2020年至今）。

一、探索阶段：1978—1987年

探索阶段起始于1978年，该阶段的主要特征为计划经济为主，市场调节为辅。这一阶段虽然对市场调节的范围有限，但效果非常明显，经济因市场而搞活，效率因市场而提高，改变了原有的僵化体制，为确认社会主义市场经济、全面推进市场化改革打下了基础。

在1978年12月召开的第十一届三中全会为中国改革开放开启了大门，将全党的工作重点转移到社会主义现代化建设上[①]。会议对计划经济体制的缺陷进行了总结和反思，并且开始逐步抛弃"资本主义才采用市场经济，社会主义的基本特质必须包含计划经济"的观念，以更加积极的态度推动我国经济社会灵活发展。随着我国经济体制改革的启动，理论与实践的结合变成探讨政府与市场联系的基础，这标志着我国经济发展迈出了坚实的一步。

1979年，邓小平会见外宾时关于"社会主义也可以搞市场经济"的论断，肯定了社会主义可以利用市场经济激发社会焕发活力、推进生产力发展的观念。

1980年8月，第五届全国人民代表大会第三次会议上阐明："生产资料除了一部分重要的和短缺的物资实行计划分配和由物资部门优先订购以外，其他都可以进入市场，自由流通。"[②]

1981年6月，党的十一届六中全会强调应当继续以公有制为主要基础，推行计划经济建设，并充分发挥金融市场调控的作用。市场经济出现在党和国家重要的会议文件中，进一步明确了市场经济对于社会主义的必要性[③]。

1982年9月，党的十二大召开。会议更进一步强调："正确贯彻计划经济为主、市场调节为辅的原则，是经济体制改革中的一个根本性问题。"此次大会对市场在

---

① 中共十一届三中全会（1978年）[A/OL].（2012-06-18）. https://fuwu.12371.cn/2012/06/11/ARTI1339400277677166.shtml.

② 1980年国务院政府工作报告[A/OL].（2006-02-16）. http://www.gov.cn/premier/2006-02/16/content_200778.htm?uc_biz_str=S: custom|C: smrobot.

③ 关于建国以来党的若干历史问题的决议[A/OL].（2008-06-23）. http://www.gov.cn/test/2008-06/23/content_1024934.htm.

资源配置中的地位和作用给予了明确肯定①。

1984年10月，党的十二届三中全会在回顾我国社会主义建设过程中，总结了正反两方面成功经验，并强调当前发展应该打破传统观念，认识到社会主义计划经济是构建在公有制基石上的市场经济，应该有意识地遵循和利用价值规律②。这些新论断是社会主义经济理论上的一大突破，为经济体制改革和社会主义经济发展开辟了广阔的道路，实现了巨大跨越。

1985年9月，党的十二届四中全会明确提出了继续发展社会主义商品经济，逐渐完善商品市场的重要思想。通过经济体制改革，建立一整套有效的管理机制和技术手段，使计划与市场、微观与宏观紧密联系，以促进经济发展和市场稳定。

二、过渡阶段：1987—1992年

过渡阶段起始于1987年，该阶段的主要特征为计划与市场的内在统一。这一阶段是传统计划经济体制向市场经济体制转轨的时期，尽管还存在"要素不是商品"的理论桎梏，但随着经济体制改革的推进和市场力量的不断增强，产品价格市场化及市场主体多元化对计划配置体制造成冲击，要素市场开始初步发育。

1987年10月，党的十三大提出"社会主义有计划商品经济的体制"③。由此，计划（政府）与市场的关系实现了基于"内在统一"的新突破。

1989年6月，党的十三届四中全会提出"建立适应有计划商品经济发展的计划经济与市场调节相结合的经济体制和运行机制"④。

1989年11月，党的十三届五中全会提出将"进一步深化和完善各项改革措施，逐步建立符合计划经济与市场调节相结合原则的，经济、行政、法律手段综合运用的宏观调控体系"作为治理整顿的主要目标之一⑤。

1990年1月，全国经济体制改革工作会议指出："经济体制改革的基本原则是计划经济与市场调节相结合。"比较适合我国国情的是计划经济与市场调节相结合

---

① 中国共产党第十二次全国代表大会[A/OL].（1982-09-01）. http://www.beijingreview.com.cn/jd90zn/txt/2011-05/12/content_357377_5.htm.

② 第十二届中央委员会第三次全体会议公报[A/OL].（1984-10-20）. https://news.12371.cn/2013/10/25/ARTI1382683376424264.shtml.

③ 赵紫阳在中国共产党第十三次全国代表大会上的报告[A/OL].（1987-10-25）. https://www.gov.cn/test/2008-07/01/content_1032279.htm.

④ 中国共产党第十三届中央委员会第四次全体会议公报[A/OL].（1989-06-24）. https://fuwu.12371.cn/2012/09/25/ARTI1348566259214577.shtml.

⑤ 中共中央关于进一步治理整顿和深化改革的决定（摘要）[A/OL].（2007-06-14）. http://www.ce.cn/xwzx/gnsz/szyw/200706/14/t20070614_11754920.shtml.

发展[1]。

1990年12月，党的十三届七中全会指出"初步建立适应以公有制为基础的社会主义有计划商品经济发展的、计划经济与市场调节相结合的经济体制和运行机制"是实现现代化建设的基本要求。同时还要正确认识和把握"属于总量控制、经济结构和经济布局的调整以及关系全局的重大经济活动，主要发挥计划的作用；企业日常的生产经营、一般性技术改造和小型建设等经济活动，主要由市场调节"[2]。

1991年初，邓小平进一步指出："不要以为，一说计划经济就是社会主义，一说市场经济就是资本主义，不是那么回事，两者都是手段，市场也可以为社会主义服务。"

1991年7月，江泽民在中国共产党成立七十周年大会上指出："必须建立适应社会主义有计划商品经济发展的、计划经济与市场调节相结合的经济体制和运行机制，在国家法律法规和计划的指导下发挥市场调节的积极作用。"[3]

1992年，邓小平南方谈话时指出："计划多一点还是市场多一点，不是社会主义与资本主义的本质区别。计划经济不等于社会主义，资本主义也有计划；市场经济不等于资本主义，社会主义也有市场。计划和市场都是经济手段。"[4]此番讲话深刻地阐述了计划经济和市场经济结合的重要性，也彻底回答了长期以来困惑我们如何建立适应当时世界经济发展格局又保留中国特色的重大理论问题，使我们能够更好地理解计划经济和市场经济之间的关系，并且在经济建设方面取得了新的重大突破。

三、建立阶段：1992—2002年

建立阶段起始于1992年，该阶段的主要特征为使市场在社会主义国家宏观调控下对资源配置起基础性作用。这一阶段，"要素不是商品"的桎梏被打破，确立了要素的商品属性和要素市场的基础地位，要素市场化改革正式开始并不断推进。资本、劳动力、土地等生产要素市场规模不断扩大，各类市场规则逐步建立健全，已基本形成以商品市场为基础、生产要素市场为支柱的市场体系格局。

1992年10月，党的十四大提出："我国经济体制改革的目标是建立社会主义市

---

① 改革开放要沿着健康的轨道前进[A/OL].（2007-06-15）. http://www.ce.cn/xwzx/gnsz/szyw/200706/15/t20070615_11770050.shtml.

② 中国共产党第十三届中央委员会第七次全体会议公报[A/OL].（1989-06-24）. https://fuwu.12371.cn/2012/09/25/ARTI1348566532251699.shtml.

③ 在庆祝中国共产党成立七十周年大会上的讲话[A/OL].（2019-10-01）. http://www.qstheory.cn/yaowen/2019-10/01/c_1125066112.htm.

④ 邓小平视察南方谈话[A/OL].（2013-09-06）. https://fuwu.12371.cn/2012/06/06/ARTI1338947190959537.shtml.

场经济体制，使市场在社会主义国家宏观调控下对资源配置起基础性作用。"①这一改革的实施，使计划经济和市场经济不再被视为社会基本制度的两个矛盾，而是被紧密结合起来，协同促进社会经济健康发展，为社会主义现代化经济结构打下了坚实的理论根基。中国经济体制改革取得了历史性飞跃，结束了我国经济体制改革方向的争论，这标志着中国特色社会主义步入了一个新的阶段，有着里程碑式的意义。

1993年3月，党的十四届二中全会指出："要加快价格改革的步伐，逐步建立以市场形成价格为主的价格机制。要坚持政企分开，应该由企业决策的事情，要坚决地放给企业；应该而又有条件通过市场调节的事情，要交给市场，充分发挥市场的作用。"②

1993年11月，党的十四届三中全会审议批准了《中共中央关于建立社会主义市场经济体制若干问题的决定》（以下简称《决定》），明确了市场经济体制的基本框架和经济体制改革的基本路线，标志着市场化改革开始全面推进。《决定》强调，要加强要素交易市场的发展，规范市场行为，破除地区和各部门之间的限制，杜绝无序竞争，努力营建平等、公开、规范的市场环境。这是中共中央文件第一次在社会主义市场体系中正式引入资本市场和劳动力市场，是对传统经济理论的重大突破③。

1994年12月，江泽民总书记在天津市的考察中强调，社会主义市场经济的基础是"社会主义"，这是中国市场经济的基本性质，不可丢失。"社会主义"是"画龙点睛"的"睛"而非"画蛇添足"中的"足"。

1995年9月，党的十四届五中全会认为"逐步实现主要由市场形成要素价格，是发挥市场对资源配置基础性作用的关键"。

1997年9月，党的十五大指出政府应当强化对企业的灵活运行，确保企业不受政策的不合理干涉，保障经营者利益。同时，要积极利用市场机制，完善宏观调控体系，加速社会经济市场化步伐。

1998年10月，党的十五届三中全会认为农村改革二十年的基本经验之一就是"在国家宏观调控下发挥市场对资源配置的基础性作用"④。

---

① 江泽民在中国共产党第十四次全国代表大会上的报告[A/OL].（1992-10-12）. https://fuwu.12371. cn/2012/09/26/ARTI1348641194361954_all.shtml.

② 中共中央关于调整"八五"计划若干指标的建议[A/OL].（2007-06-01）. http://www.ce.cn/xwzx/gnsz/ szyw/200706/01/t20070601_11569747.shtml.

③ 中国共产党第十四届中央委员会第三次全体会议公报[A/OL].（2012-09-26）. https://news.12371. cn/2013/10/25/ARTI1382683489011307.shtml.

④ 中共中央关于农业和农村工作若干重大问题的决定[A/OL].（1998-10-14）. https://code.fabao365.com/ law_84597.html.

2000年10月，党的十五届五中全会提出："打破部门、行业垄断和地区封锁，进一步放开价格，发挥市场在资源配置和结构调整中的基础性作用。继续发展商品市场，重点培育和发展要素市场，促进生产要素合理流动。"[①]

四、发展阶段：2002—2013年

发展阶段起始于2002年，该阶段的主要特征为市场基础性作用不断强化，政府职能不断完善。这一阶段我国社会主义市场经济体制已经初步建立，但受到地方政府干预要素市场的掣肘，要素市场分割和要素价格扭曲并没有消除，要素市场化改革还需进一步深入。

2002年11月，党的十六大宣告我国社会主义市场经济体制初步建立，提出"发展产权、土地、劳动力和技术等市场。创造各类市场主体平等使用生产要素的环境。整顿和规范市场经济秩序，健全现代市场经济的社会信用体系，打破行业垄断和地区封锁，促进商品和生产要素在全国市场自由流动"[②]。

2003年10月，党的十六届三中全会指出："按照统筹城乡发展、统筹区域发展、统筹经济社会发展、统筹人与自然和谐发展、统筹国内发展和对外开放的要求，更大程度地发挥市场在资源配置中的基础性作用。"[③]

2004年9月，党的十六届四中全会指出："正确处理市场机制和宏观调控的关系，坚持按市场经济规律办事，更大程度地发挥市场在资源配置中的基础性作用。"[④]

2005年10月，党的十六届五中全会指出："要坚持社会主义市场经济的改革方向，完善现代企业制度和现代产权制度，建立反映市场供求状况和资源稀缺程度的价格形成机制，更大程度地发挥市场在资源配置中的基础性作用，提高资源配置效率，切实转变政府职能，健全国家宏观调控体系。"[⑤]

2007年10月，党的十七大明确要求"加快形成统一开放竞争有序的现代市场体系，发展各类生产要素市场，完善反映市场供求关系、资源稀缺程度、环境损害成

---

① 中共中央关于制定国民经济和社会发展第十个五年计划的建议[A/OL].（2016-09-17）. https://www.waizi.org.cn/law/13056.html.

② 在中国共产党第十六次全国代表大会上的报告[A/OL].（2012-09-07）. http://news.cntv.cn/china/20120907/105290.shtml.

③ 中国共产党第十六届中央委员会第三次全体会议公报[A/OL].（2013-08-30）. https://news.12371.cn/2013/08/30/ARTI1377832218074209.shtml.

④ 中共中央关于加强党的执政能力建设的决定[A/OL].（2004-09-27）. http://cpc.people.com.cn/GB/64162/64168/64569/65412/6348330.html.

⑤ 中共中央关于制定"十一五"规划的建议（全文）[A/OL].（2007-10-10）. http://www.bejingreview.com.cn/zhuanti/2007-10/10/content_79508.htm.

本的生产要素和资源价格形成机制""加快行政管理体制改革，建设服务型政府。减少政府对微观经济运行的干预"。

2008年2月，党的十七届二中全会通过《关于深化行政管理体制改革的意见》（以下简称《意见》），《意见》指出："加快推进政企分开、政资分开、政事分开、政府与市场中介组织分开，把不该由政府管理的事项转移出去，把该由政府管理的事项切实管好，从制度上更好地发挥市场在资源配置中的基础性作用，更好地发挥公民和社会组织在社会公共事务管理中的作用，更加有效地提供公共产品。"[①]

2012年11月，党的十八大报告明确提出："经济体制改革的核心问题是处理好政府和市场的关系，必须更加尊重市场规律，更好发挥政府作用。"这反映了我们党对社会主义市场经济中政府与市场关系认识的逐步深化[②]。

2013年2月，党的十八届二中全会通过《国务院机构改革和职能转变方案》（以下简称《方案》），《方案》提出："转变国务院机构职能，必须处理好政府与市场、政府与社会、中央与地方的关系，深化行政审批制度改革，减少微观事务管理，该取消的取消、该下放的下放、该整合的整合……切实提高政府管理科学化水平。"

五、深化阶段：2013—2020年

深化阶段起始于2013年，该阶段的主要特征为使市场在资源配置中起决定性作用和更好发挥政府作用。这一阶段是资源配置在市场和政府作用中的新定位，为我国经济体制改革提供新方向。

2013年11月，党的十八届三中全会指出"经济体制改革是全面深化改革的重点，核心问题是处理好政府和市场的关系，使市场在资源配置中起决定性作用和更好发挥政府作用"这个重大理论观点，又是一次有关政府与市场关系的划时代的重大创新与突破[③]。

2014年10月，党的十八届四中全会提出："使市场在资源配置中起决定性作用和更好发挥政府作用，必须以保护产权、维护契约、统一市场、平等交换、公平竞

---

① 关于深化行政管理体制改革的意见[A/OL].（2008-03-05）. http://cpc.people.com.cn/GB/64162/64168/106155/116856/6958568.html.

② 胡锦涛在中国共产党第十八次全国代表大会上的报告[A/OL].（2012-11-18）. http://cpc.people.com.cn/n/2012/1118/c64094-19612151.html.

③ 中国共产党第十八届中央委员会第三次全体会议公报[A/OL].（2013-11-12）. https://news.12371.cn/2013/11/12/ARTI1384256994216543.shtml.

争、有效监管为基本导向，完善社会主义市场经济法律制度。"①

2015年10月，党的十八届五中全会提出："必须按照完善和发展中国特色社会主义制度、推进国家治理体系和治理能力现代化的总目标，健全使市场在资源配置中起决定性作用和更好发挥政府作用的制度体系。"②

2017年10月，党的十九大提出"中国特色社会主义进入新时代""我国社会主要矛盾已经转化为人民日益增长的美好生活需要和不平衡不充分的发展之间的矛盾"③。

2018年2月，党的十九届三中全会提出"转变政府职能……要坚决破除制约使市场在资源配置中起决定性作用、更好发挥政府作用的体制机制弊端""深入推进简政放权。减少微观管理事务和具体审批事项，最大限度减少政府对市场资源的直接配置，最大限度减少政府对市场活动的直接干预，提高资源配置效率和公平性，激发各类市场主体活力"。

2019年10月，党的十九届四中全会强调指出："必须坚持社会主义基本经济制度，充分发挥市场在资源配置中的决定性作用，更好发挥政府作用，全面贯彻新发展理念，坚持以供给侧结构性改革为主线，加快建设现代化经济体系。"④

2020年2月，召开中央全面深化改革委员会第十二次会议，会议为适应新时代的新形势新要求，就"在更高起点、更高层次、更高目标上推进经济体制改革及其他各方面体制改革，构建更加系统完备、更加成熟定型的高水平社会主义市场经济体制"作出了全面部署，将"坚持正确处理政府和市场关系"作为一项基本原则，提出"坚持社会主义市场经济改革方向，更加尊重市场经济一般规律，最大限度减少政府对市场资源的直接配置和对微观经济活动的直接干预，充分发挥市场在资源配置中的决定性作用，更好发挥政府作用，有效弥补市场失灵"⑤。

六、完善阶段：2020年至今

完善阶段起始于2020年，截至目前仍在继续。该阶段的主要特征为建设全国统

① 中共中央关于全面推进依法治国若干重大问题的决定[A/OL].（2014-10-29）. http://cpc.people.com.cn/n/2014/1029/c64387-25927606.html.
② 中国共产党第十八届中央委员会第五次全体会议公报[A/OL].（2015-10-29）. https://news.12371.cn/2015/10/29/ARTI1446118588896178.shtml.
③ 习近平：决胜全面建成小康社会 夺取新时代中国特色社会主义伟大胜利——在中国共产党第十九次全国代表大会上的报告[A/OL].（2017-10-27）. https://www.12371.cn/2017/10/27/ARTI1509103656574313.shtml.
④ 中国共产党第十九届中央委员会第四次全体会议公报[A/OL].（2019-10-31）. https://www.12371.cn/2019/10/31/ARTI1572515554956816.shtml.
⑤ 中共中央 国务院关于新时代加快完善社会主义市场经济体制的意见[A/OL].（2020-05-18）. http://www.gov.cn/gongbao/content/2020/content_5515273.htm.

一大市场。自2020年以来，国家为深化要素市场化配置改革，促进要素自主有序流动，提高要素配置效率，进一步激发全社会创造力和市场活力，推动经济发展质量变革、效率变革、动力变革出台了一系列改革方案。

2020年4月，中共中央、国务院出台了《关于构建更加完善的要素市场化配置体制机制的意见》（以下简称《意见》）。《意见》指出："完善要素市场化配置是建设统一开放、竞争有序市场体系的内在要求，是坚持和完善社会主义基本经济制度、加快完善社会主义市场经济体制的重要内容。"

2020年5月，中共中央、国务院出台《关于新时代加快完善社会主义市场经济体制的意见》（以下简称《意见》）。《意见》指出通过"建立健全统一开放的要素市场""推进要素价格市场化改革""创新要素市场化配置方式""推进商品和服务市场提质增效"等方式构建更加完善的要素市场化配置体制机制，进一步激发全社会创造力和市场活力。

2020年10月，党的十九届五中全会通过了《中共中央关于制定国民经济和社会发展第十四个五年规划和二〇三五年远景目标的建议》。将"产权制度改革和要素市场化配置改革取得重大进展"作为"十四五"时期经济社会发展主要目标之一。强调"坚持和完善社会主义基本经济制度，充分发挥市场在资源配置中的决定性作用，更好发挥政府作用，推动有效市场和有为政府更好结合"。

2021年12月，国务院办公厅印发《要素市场化配置综合改革试点总体方案》，提出："到2023年，试点工作取得阶段性成效，力争在土地、劳动力、资本、技术等要素市场化配置关键环节上实现重要突破，在数据要素市场化配置基础制度建设探索上取得积极进展。"

2022年4月，中共中央、国务院出台《中共中央 国务院关于加快建设全国统一大市场的意见》。加快建立全国统一的市场制度规则，打破地方保护和市场分割，打通制约经济循环的关键堵点，促进商品要素资源在更大范围内畅通流动，加快建设高效规范、公平竞争、充分开放的全国统一大市场，全面推动我国市场由大到强转变，这是构建高水平社会主义市场经济体制的又一大突破。

由此可知，随着我国改革开放与经济社会发展，政府越来越强调市场在资源配置中的作用，从"辅助地位"到"与计划相结合"，从"起基础性作用"到"基础性作用不断强化"，从"起决定性作用"到"建设统一大市场"。

第二节　要素市场化的配置现状

本节主要从土地、劳动、资本、技术和数据等五个方面对我国要素市场的配置现状进行简要分析。

一、土地市场化配置现状

（一）国有建设用地供应情况

1.按供地方式分类

图2-1将国有建设用地按照供地方式分为划拨用地、出让用地、租赁用地和其他供地。从总量上看，划拨用地和出让用地最高，且2009—2011年出让用地大于划拨用地，2013年后划拨用地大于出让用地，两者占比之和达到国有建设用地的99%；租赁用地和其他供地的建设用地较少，不足1%。从变化趋势上看，划拨用地和出让用地均呈现上升—下降—上升的变化趋势。其中，划拨用地由2009年的122 287.53公顷上升至2012年的377 133.53公顷，随后下降至2016年的313 212.79公顷，最后上升至2017年的386 976.62公顷，整体上增加2.16倍；出让用地由2009年的220 813.90公顷上升至2013年的374 804.03公顷，随后下降至2016年的211 850.82公顷，最后上升至2017年的230 898.62公顷，整体增加10 084.72公顷；租赁用地和其他供地的建设用地呈急剧下降趋势。由此可见，国有建设用地仍以划拨和出让为主，且近年来划拨用地占比已超过出让用地占比。

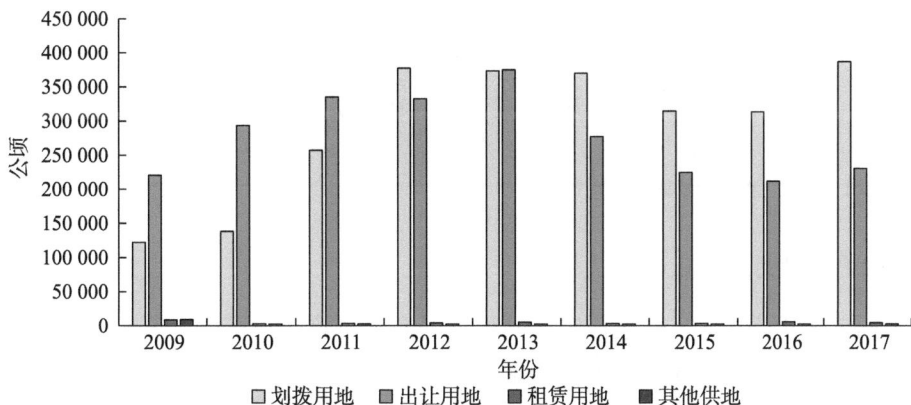

图2-1　2009—2017年国有建设用地供应情况（按供地方式分类）

2.按用地类型分类

图2-2将国有建设用地按照用地类型分为工矿仓储用地、商服用地、住宅用地和其他用地。从总量上看，工矿仓储用地和其他用地最高，且2009—2010年工矿仓储用地大于其他用地，2011年后其他用地大于工矿仓储用地，两者占比之和达到国有建设用地的75%左右；住宅用地次之，占比约18%；商服用地最少，占比不超过10%。从变化趋势上看，工矿仓储用地、商服用地和住宅用地均呈现先升后降的变化趋势。其中，三类用地分别由2009年的141 486.49公顷、27 570.86公顷和81 548.17公顷上升至2013年的最大值213 520.95公顷、67 042.26公顷和141 966.60公顷，随后下降至2017年的125 196.94公顷、32 094.49公顷和87 087.28公顷，整体上工矿仓储用地减少16 289.55公顷，商服用地和住宅用地分别减少4 523.63公顷和5 539.11公顷；其他用地呈现上升趋势，由2009年的111 043.23公顷上升至2017年的375 867.21公顷，增长了2.38倍。由此可见，国家对于国有建设用地中其他用地的需求呈上升趋势。

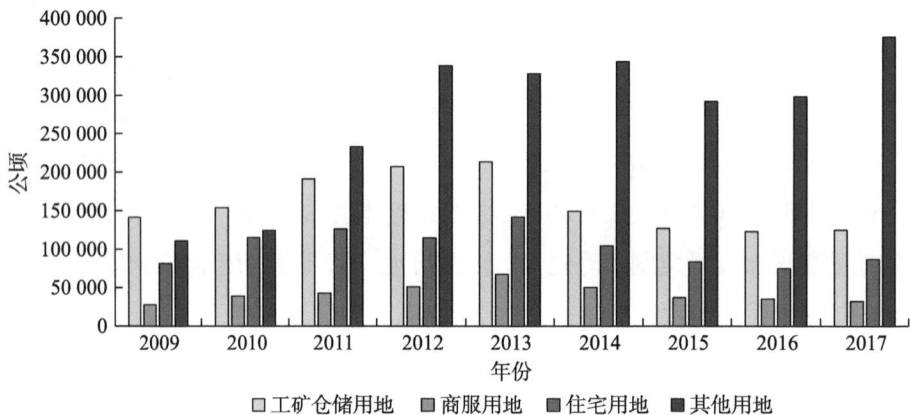

图2-2　2009—2017年国有建设用地供应情况（按用地类型分类）

（二）国有建设用地出让情况

1.国有建设用地出让面积

由图2-3可以发现，招拍挂出让面积远远高于协议出让面积。其中，招拍挂出让面积由2009年的187 219.64公顷增加至2013年的346 184.62公顷，再减至2017年的213 366.73公顷，占全部国有建设用地出让面积的比重由2009年的84.79%稳步上升至2017年的92.41%；协议出让面积由2009年的33 594.25公顷逐步下降至2017年的17 531.89公顷，占全部国有建设用地出让面积的比重由2009年的15.21%急速下降至2013年的7.64%后保持稳定。由此可见，我国土地要素市场逐步发育成长，招拍挂出让面积占国有建设用地出让面积的比重稳步提高。

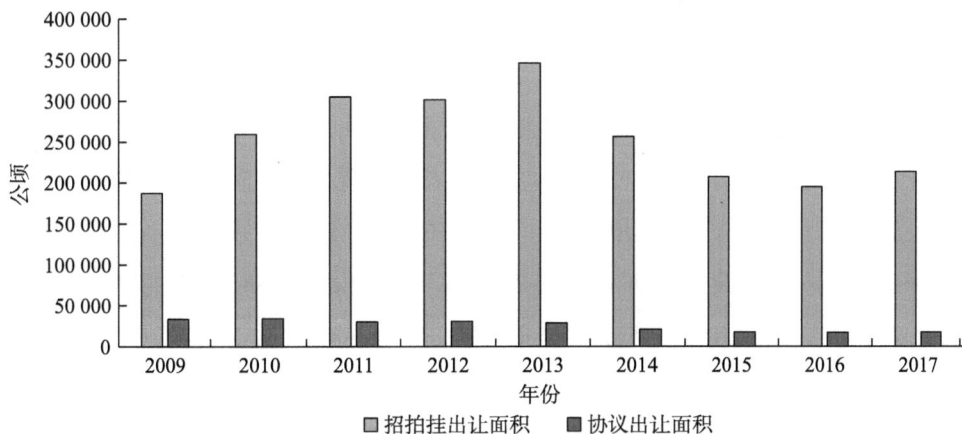

图2-3 2009—2017年国有建设用地出让面积

2.国有建设用地出让成交价款

图2-4反映了2009—2017年国有建设用地出让成交价款。其中，招拍挂出让成交价款由2009年的16 295.59亿元波动增加至2017年的50 507.45亿元，占全部国有建设用地出让成交价款的比重由2009年的94.85%上升至2017年的97.16%；协议出让成交价款由2007年的883.94亿元上升至2013年的1 635.79亿元，随后下降至2019年的1 477.03亿元，占全部国有建设用地出让成交价款的比重由2009年的5.42%波动下降至2017年的2.92%。

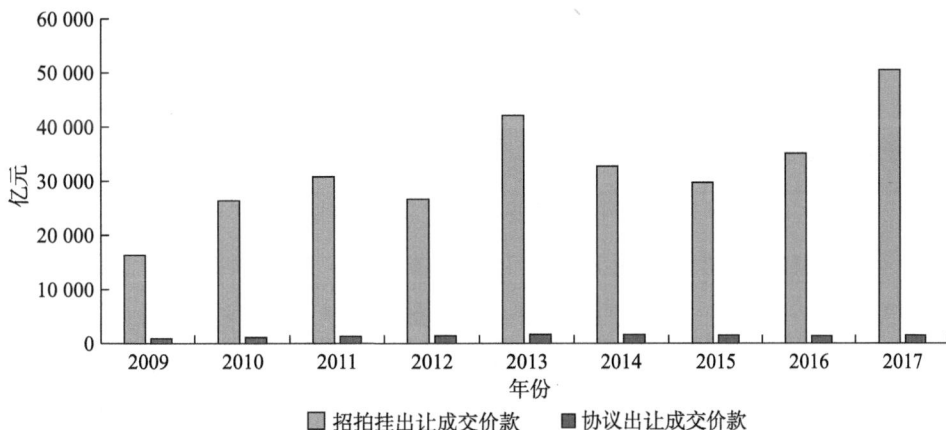

图2-4 2009—2017年国有建设用地出让成交价款

二、劳动市场化配置现状

（一）劳动市场化配置规模

1.就业人员规模

由图2-5可知，近年来我国就业人员总量呈现"先升后降"的两阶段变化趋势。具体来看，第一阶段为2008—2014年，就业人员呈现持续上升趋势，2008年我国就业人员为75 564万人，占全国总人口数的56.90%，随后持续增加至2014年的最大值76 349万人，占全国总人口数的55.47%，此阶段增加785万人；第二阶段为2014—2019年，就业人员呈现持续下降态势，由76 349万人下降至75 447万人，此时就业人员占全国总人口数的53.51%，下降902万人。从就业人员增速来看，我国就业人员增速在小幅提升后开始大幅下降，并且在2015年首次出现负增长。从就业人员占全国总人口数的比重看，其比重也呈现持续下降趋势。

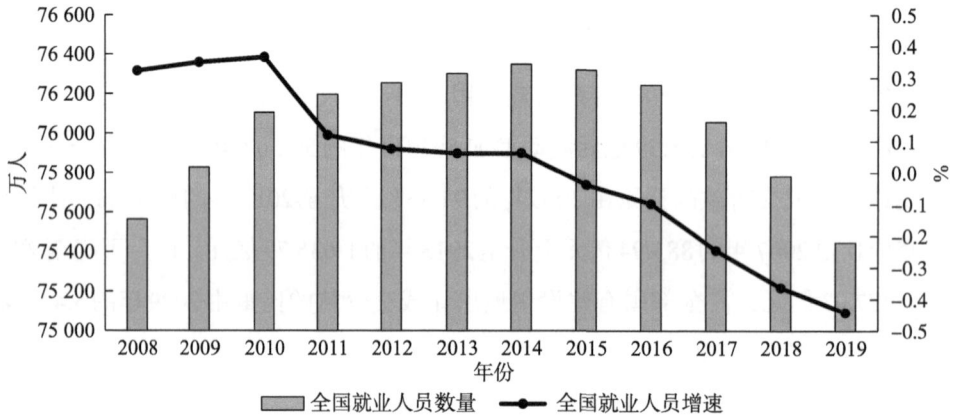

图2-5　2008—2019年全国就业人员数量及增速

2.就业人员划分

图2-6展示了2008—2019年全国就业人员的年龄划分情况，可以发现，考察期内，年龄在16～19岁、20～24岁、35～39岁、40～44岁和55～59岁的就业人员呈下降趋势。其中，35～39岁和40～44岁的就业人员下降幅度最大，分别从2008年的10 845万人和11 304万人下降至2019年的8 827万人和8 676万人，占全国就业人口的比重由14.35%和14.96%下降至11.70%和11.50%，分别下降2 018万人和2 628万人。16～19岁就业人员的年均下降率最高，为10.73%。年龄在25～29岁、30～34岁、45～49岁、50～54岁、60～64岁和65岁及以上的就业人员呈上升趋

势。其中，30～34岁和45～49岁的就业人员上升幅度最大，分别从2008年的8 066万人和8 145万人上升至2019年的10 487万人和10 336万人，占全国就业人口的比重由10.67%和10.78%上升至13.90%和13.70%，分别增长2 421万人和2 191万人。这个年龄阶段就业人员的年均增长率也最高，分别为2.42%和2.19%。由此可知，44～49岁就业人员成为劳动要素市场的主力军，且逐渐向老龄化发展。

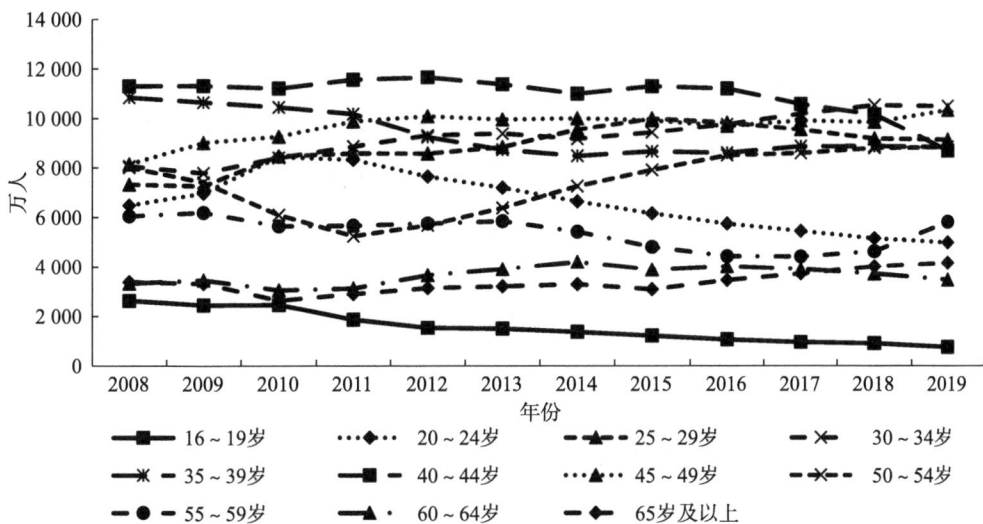

图2-6　2008—2019年全国就业人员数量（按年龄划分）

就业人员的受教育状况不但是其素质的体现，也是影响劳动力市场发展的重要因素。如图2-7所示，从我国就业人员文化程度的分布上看，2008—2019年全国就业人员所受的教育还是以初中文化程度为主，占比为45.88%；其次是小学文化程度，占比为19.77%；再次是高中文化程度，占比为16.81%；大学专科与大学本科文化程度占比较低，分别是8.21%和5.98%；未上过学和研究生两个文化程度占比最低，分别为2.78%和0.58%。从就业人员受教育程度的变化趋势看，受教育程度为未上过学、小学和初中的就业人员呈下降趋势。其中，受教育程度为小学和初中的就业人员下降幅度较大，由2008年的20 704.54万人和36 044.03万人下降至2019年的11 845.18万人和30 631.48万人，分别下降8 859.36万人和5 412.55万人，年均下降4.95%和1.47%。另外，受教育程度为未上过学的就业人员年均下降率最高，达到7.70%。受教育程度为大学专科、大学本科和研究生的就业人员呈上升趋势。其中，受教育程度为大学专科和大学本科的就业人员上升幅度较大，由2008年的3 324.82万人和1 737.97万人上升至2019年的9 053.64万人和7 318.36万人，分别增加 5 728.82 万人和 5 580.39 万人，年均上升 9.53% 和 13.96%。另外，受教育程度为研究生的就业人员年均增长率最高，达到 16.75%。由此可知，我国就业人员的文化水平在不断提升，这更加有利于劳动要素市场的发展。

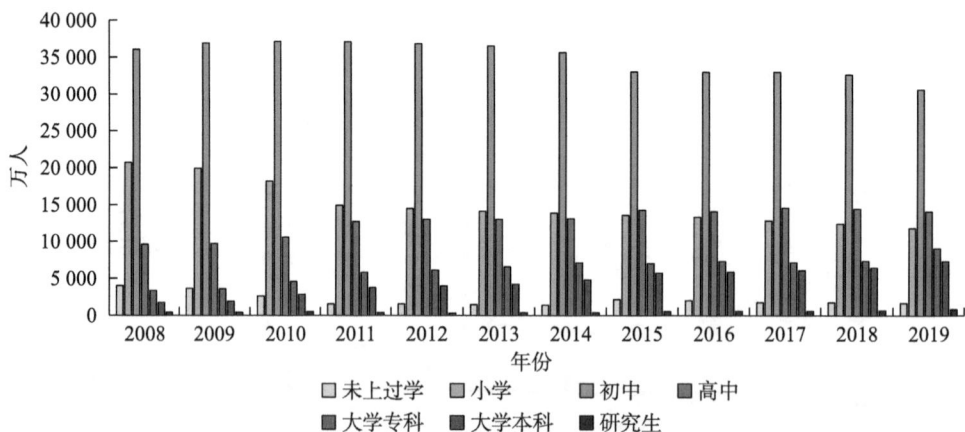

图 2-7　2008—2019 年全国就业人员数量（按受教育程度划分）

（二）劳动市场化配置结构

1. 就业人员城乡结构

图 2-8 展示了 2008—2019 年全国就业人员的城乡结构分布情况，可以发现，考察期内，城镇就业人员呈上升趋势，乡村就业人员呈下降趋势，且两者的变化幅度较大。2008—2012 年乡村就业人员大于城镇就业人员，2013 年城镇就业人员超过乡村就业人员，占主要地位。具体来说，城镇就业人员由 2008 年的 32 103 万人增加至 2019 年的 45 249 万人，增加 13 146 万人，占全国就业人口的比重由 42.48% 上升至

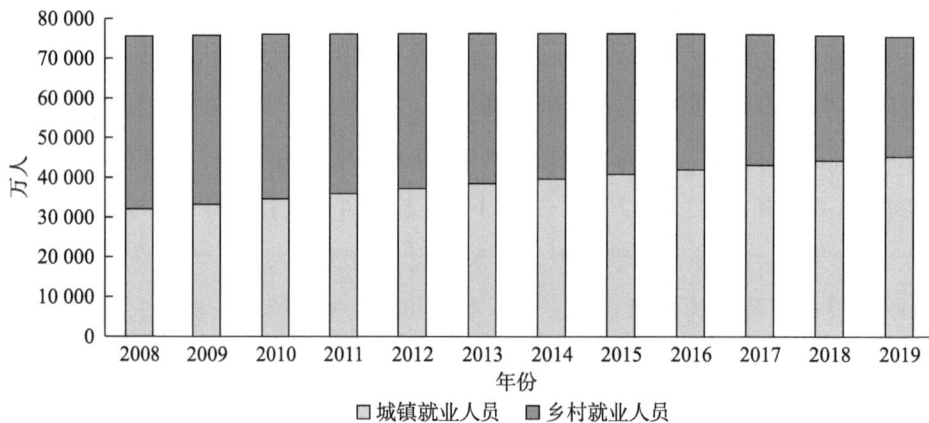

图 2-8　2008—2019 年全国就业人员城乡结构分布

59.97%，年均增长率为3.17%；乡村就业人员由2008年的43 461万人下降至2019年的30 198万人，减少13 263万人，占全国就业人口的比重由57.52%下降至40.03%，年均下降率为3.26%。由此可知，我国劳动力正逐步由农村向城镇转移。

2.就业人员产业结构

就业人员产业结构反映了劳动力在三次产业之间的分布情况，图2-9给出了2008—2019年全国就业人员产业结构分布情况。可以发现：考察期内三次产业就业人员占比经历了三次调整，2008—2010年，第一产业就业人员占比最高，第三产业就业人员占比次之，第二产业就业人员占比最低；2011—2013年，第三产业就业人员占比最高，第一产业就业人员占比次之，第二产业就业人员占比最低；2014—2019年，第三产业就业人员占比最高，第二产业就业人员占比次之，第一产业就业人员占比最低。具体来说，第一产业就业人员呈持续下降趋势，由2008年的29 923万人下降至2019年的18 652万人，减少11 271万人，占全国就业人口的比重由39.60%下降至24.72%，年均下降率为4.21%；第二产业就业人员呈现先升后降的变化趋势，首先由2008年的20 553万人增加至2012年的23 226万人，最后下降至2019年的21 234万人，占全国就业人口的比重由27.20%上升至30.46%后又下降至28.14%，年均增长率为0.30%；第三产业就业人员呈持续上升趋势，由2008年的25 087万人上升至2019年的35 561万人，增幅10 474万人，占全国就业人口的比重由33.20%上升至47.13%，年均增长率为3.22%。由此可知，我国劳动力正逐步从第一、二产业向第三产业转移。

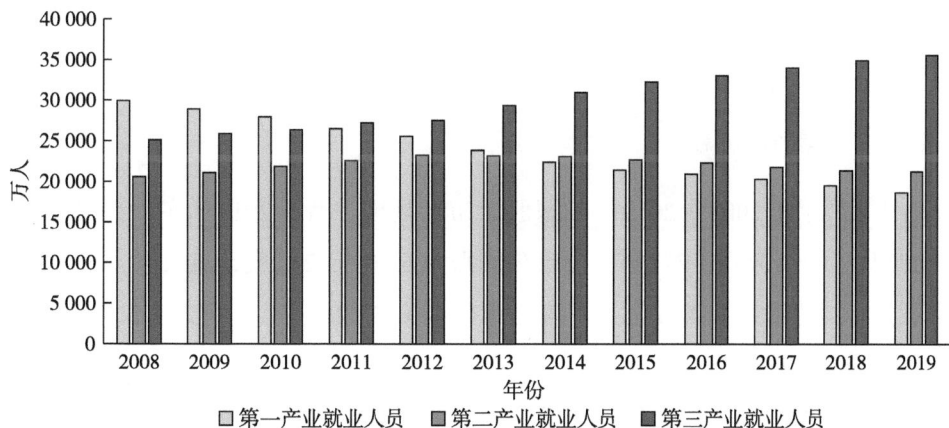

图2-9　2008—2019年全国就业人员产业结构分布

三、资本市场化配置现状

（一）社会融资规模

自2008年以来，我国社会融资规模不断扩大。如图2-10所示，总量上，社会融资规模从2008年的68 305亿元上升至2019年的186 804亿元，累计增加118 499亿元，年均增长率为12.57%，说明金融支持实体经济的力度在不断加大。其中，直接融资规模从2008年的8 847亿元增长至2019年的36 863亿元，累计增长28 016亿元，年均增长率为13.85%。间接融资规模从2008年的59 458亿元增长至2019年的149 941亿元，累计增长90 483亿元，年均增长率为8.77%。间接融资在规模上领先于直接融资，但是在增速上落后于直接融资。由此可知，我国社会融资规模逐步上升，且以人民币贷款、委托贷款等为代表的间接融资为主。

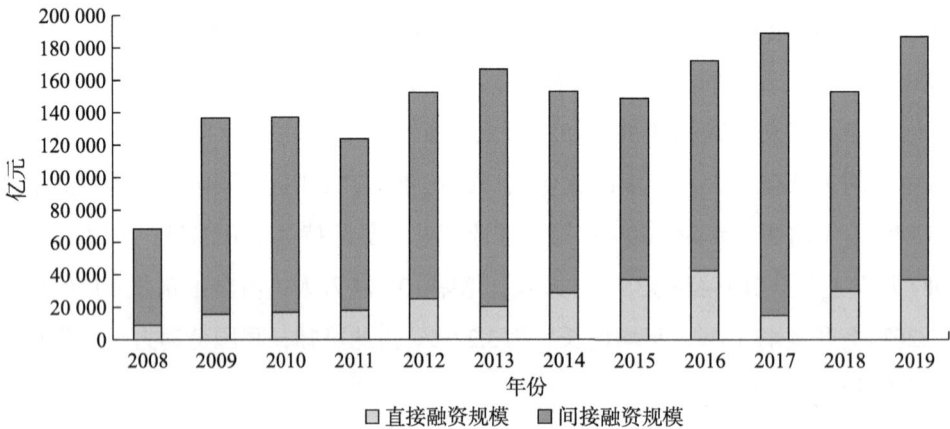

图2-10　2008—2019年社会融资规模

（二）股票市场规模

表2-1展示了2008—2019年我国股票市场规模。截至2019年底，我国共有股票3 857只，上市公司3 777家，上市公司股本61 719.92亿股，流通股本52 487.62亿股，股票市值592 934.57亿元，流通市值483 461.26亿元，成交量126 624.29亿股，成交金额1 274 158.80亿元。

按照交易所分类看，截至2019年底，上交所共有股票1 615只，上市公司1 572家，上市公司股本40 199.42亿股，流通股本35 170.22亿股，股票市值355 519.70亿元，流通市值301 254.52亿元，成交量53 792.15亿股，成交金额543 844.01亿元。深交所共有股票2 242只，上市公司2 205家，上市公司股本21 520.50亿股，流通股本17 317.40亿股，股票市值237 414.87亿元，流通市值182 206.74亿元，成交量72 832.14亿股，成交金额730 314.79亿元。

按照股份类型分类看，截至2019年底，A股共有股票3 760只，上市公司股本61 427.79亿股，流通股本52 196.79亿股，股票市值591 623.19亿元，流通市值482 157.73亿元，成交量126 509亿股，成交金额1 273 572亿元。B股共有股票97只，上市公司股本292.13亿股，流通股本290.83亿股，股票市值1 311.38亿元，流通市值1 303.53亿元，成交量116亿股，成交金额587亿元。

表2-1　2008—2019年股票市场规模

年份	股票数/只	上市公司数/家	上市公司股本/亿股	流通股本/亿股	股票市值/亿元	流通市值/亿元	成交量/亿股	成交金额/亿元
2008	1 711	1 625	18 900.13	6 964.97	121 541.05	45 303.02	24 131.39	267 112.66
2009	1 804	1 718	20 606.26	14 200.19	244 103.91	151 342.07	51 107.00	535 986.77
2010	2 149	2 063	26 984.49	19 442.15	265 422.59	193 110.41	42 151.98	545 633.54
2011	2 428	2 342	29 745.11	22 499.86	214 758.09	164 921.30	33 956.57	421 644.58
2012	2 579	2 494	31 833.62	24 778.22	230 357.62	181 658.26	32 860.54	314 583.27
2013	2 574	2 489	33 822.04	29 997.12	239 077.19	199 579.54	48 372.68	468 728.61
2014	2 696	2 613	36 795.10	32 289.25	372 546.96	315 624.31	73 383.09	742 385.26
2015	2 909	2 827	43 024.14	37 043.37	531 462.70	417 880.76	171 039.47	2 550 541.31
2016	3 134	3 052	48 750.29	41 136.05	507 685.88	393 401.68	95 525.43	1 277 680.32
2017	3 567	3 485	53 746.67	45 044.87	567 086.08	449 298.15	87 780.84	1 124 625.11
2018	3 666	3 584	57 581.03	49 047.57	434 924.03	353 794.20	82 037.25	901 739.40
2019	3 857	3 777	61 719.92	52 487.62	592 934.57	483 461.26	126 624.29	1 274 158.80

数据来源：根据《中国金融年鉴》整理得到。

（三）基金市场规模

表2-2展示了2008—2019年我国基金市场规模。从总量上看，基金账户数由2008年的16 846万户增加至2019年的294 432.51万户，累计增加277 586.51万户；基金数由2008年的439只增加至2019年的6 111只，累计增加5 672只；基金份额由2008年的25 741.78亿份增加至2019年的136 937.42亿份，累计增加111 195.64亿份；基金资产规模由2008年的19 403.25亿元增加至2019年的147 672.51亿元，累计增加128 269.26亿元。从变化趋势上看，基金账户数、基金份额与基金资产规模等指标均表现出平稳—上升的变化趋势，即2008—2013年趋势较为平稳，年均增

长率分别为11.30%、3.90%和9.11%，2013年后呈现大幅度上升趋势，年均增长率分别为47.34%、27.98%和30.42%。基金只数呈现持续上升的变化趋势，年均增长率为27.05%。

表2-2　2008—2019年基金市场规模

年份	基金账户数/万户	基金只数/只	基金份额/亿份	基金资产规模/亿元
2008	16 846	439	25 741.78	19 403.25
2009	17 480	547	23 518.55	26 024.8
2010	19 672	704	23 955.33	25 040.86
2011	22 987	914	26 510.37	21 918.55
2012	22 948	1 173	31 708.41	28 661.81
2013	28 773.46	1 551	31 167.18	30 011.54
2014	46 409.34	1 899	42 032.72	45 374.3
2015	67 917.87	2 723	76 674.13	83 971.83
2016	94 303.67	3 873	88 428.32	91 595.16
2017	134 903.95	4 848	110 182.12	115 989.13
2018	212 638.47	5 580	128 961.33	130 339.08
2019	294 432.51	6 111	136 937.42	147 672.51

数据来源：根据《中国金融年鉴》整理得到。

（四）保险市场规模

图2-11展示了2008—2019年我国保险市场规模。全国保费收入整体上呈现持续上升趋势，由2008年的9 784.10亿元增长至2019年的42 644.80亿元，累计增长32 860.70亿元，年均增长率为14.32%。从分类别来看，寿险保费收入最高，其次为财产险保费收入，两者之和超过全国保费收入的80%；健康险和意外险保费收入较低。从变化趋势上看，四类险种的保费收入均呈现上升趋势，但是占全国保费收入的比重存在较大差异。其中，财产险保费收入占全国保费收入的比重呈现先升后降的变化趋势，2008—2013年为上升阶段，占比由23.88%上升至36.07%，2013—2019年为下降阶段，占比由36.07%下降至27.32%，历年占比平均值为30.03%；寿险保费收入占全国保费收入的比重呈现先降后升的变化趋势，即先由2008年的68.05%下降至2014年的53.88%，随后又上升至2019年的55.52%。虽然健康险与意外险保费收入占比较少，但两者均表现出波动上升的变化趋势。由此可知，近年来我国的保费收入主要来源于寿险，且占比不断扩大。

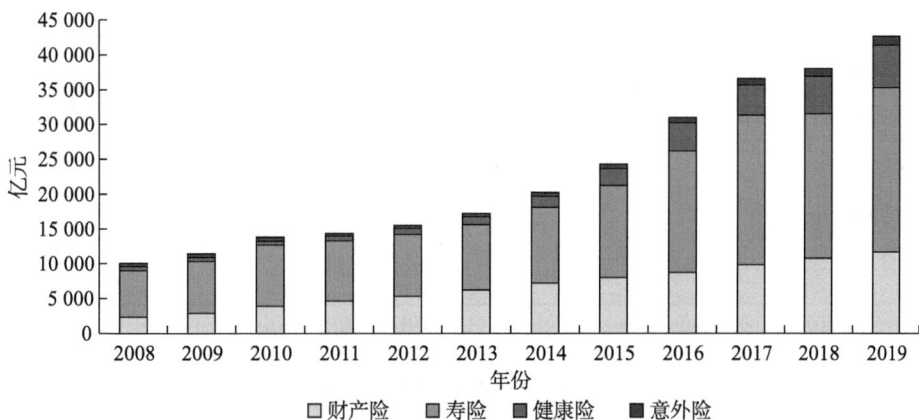

图2-11 2008—2019年保费收入（按保险类别划分）

四、技术市场化配置现状

（一）技术要素市场投入规模

由图2-12可知，2008—2019年基础研究、应用研究和试验发展的R&D人员全时当量表现出不同的趋势特征。基础研究R&D人员全时当量占比与应用研究R&D人员全时当量占比的变化情况相同，均呈现先下降后上升的"U"型趋势。基础研究R&D人员全时当量占比由2008年的7.83%下降至2013年的最低值6.32%，然后又持续上升至2019年的8.16%；应用研究R&D人员全时当量占比由2008年的14.72%下降至2014年的最低值为10.97%，后又上升至2019年的12.82%。试验发展R&D人员全时当量占比的变化趋势与基础研究R&D人员全时当量占比和应用研究R&D人员全时当量占比相反，呈现先升后降的倒"U"型趋势。2008—2014年试验发展R&D人员全时当量占比一路走高，从77.44%上升到82.69%，随后又下降至2019年的79.02%，年均结构占比为80.69%，其占比远远高于基础研究R&D人员全时当量占比和应用研究R&D人员全时当量占比之和。综合上述分析可知，R&D人员全时当量的结构存在极为不合理的情况，试验发展人员过多，而基础研究与应用研究人员不足，虽近年来有所改善，但改善程度较小。

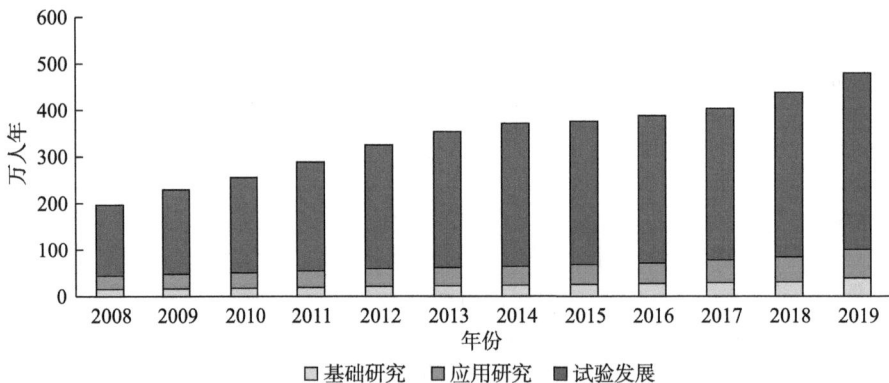

图2-12　2008—2019年分类型R&D人员全时当量

　　随着R&D经费内部支出总量的增加，基础研究、应用研究与试验发展的经费内部支出也呈现出不断扩大的趋势。由图2-13可知，三种类别中试验发展R&D经费内部支出最高，其次是应用研究R&D经费内部支出，基础研究R&D经费内部支出最低。具体来说，试验发展R&D经费内部支出由2008年的3 820.04亿元增加至2019年的18 310.55亿元，年均增长率为15.31%；应用研究R&D经费内部支出由2008年的575.16亿元增加至2019年的2 498.46亿元，年均增长率为14.29%；基础研究R&D经费内部支出由2008年的220.82亿元增加至2019年的1 335.57亿元，年均增长率为17.78%。基础研究、应用研究与试验发展的R&D经费内部支出占比也在不断变化。其中，基础研究R&D经费内部支出占比呈现平稳—上升的变化趋势，应用研究R&D经费内部支出占比呈现上升—下降—上升的"N"型趋势，试验发展R&D经费内部支出结构占比的变化趋势与应用研究R&D经费内部支出占比相反，呈现下降—上升—下降的变化趋势。

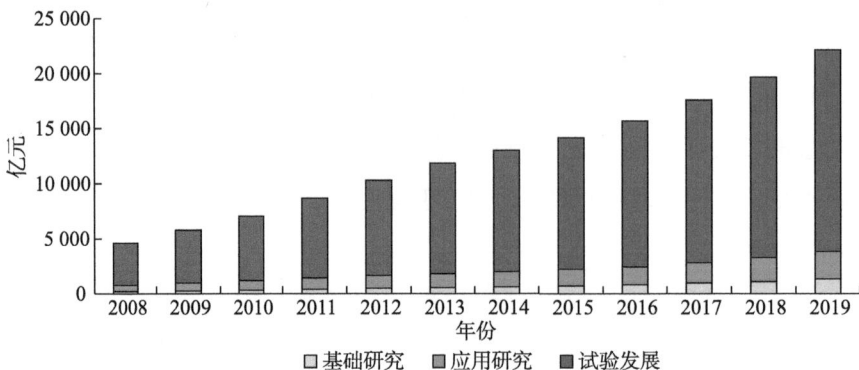

图2-13　2008—2019年分类型R&D经费内部支出

（二）技术要素市场产出成果

技术要素市场中最为重要的指标是专利申请数和发明专利申请数。企业、研发机构和高校的专利申请数和发明专利申请数都呈现逐年上升的发展趋势。由表2-3可知，在专利申请方面，2019年规模以上企业的专利申请数为2008年的6.11倍，研发机构的为5.37倍，高校的为8.39倍，由此可见，高校在专利申请方面具有较快的增长速度。在发明专利申请方面，2019年规模以上企业的发明专利申请数为2008年的6.73倍，研发机构的为5.29倍，高校的为7.19倍，因此高校在发明专利申请方面也具有较快的增长速度。企业、研发机构和高校无论是在专利申请还是在发明专利申请方面都存在较大的差异，其中，规模以上企业在专利申请和发明专利申请方面都远高于研发机构和高校。此外，发明专利申请数与专利申请数之间存在较为稳定的比例关系，规模以上企业发明专利申请数与专利申请数的比例大约在37%，研发机构发明专利申请数与专利申请数的比例大约在77%，而高校发明专利申请数与专利申请数的比例大约在61%。

表2-3 2008—2019年专利申请数和发明专利申请数

单位：件

年份	企业		研发机构		高校	
	专利申请数	发明专利申请数	专利申请数	发明专利申请数	专利申请数	发明专利申请数
2008	173 573	59 254	12 536	9 864	40 610	29 337
2009	265 808	92 450	15 773	12 361	56 641	36 241
2010	325 942	113 647	19 192	14 979	72 744	44 132
2011	386 075	134 843	24 059	18 227	95 592	54 362
2012	489 945	176 167	30 418	23 406	113 430	66 755
2013	560 918	205 146	37 040	28 628	133 865	81 251
2014	630 561	239 925	41 966	32 265	149 961	93 415
2015	638 513	245 688	46 559	35 092	190 351	109 911
2016	715 397	286 987	52 331	39 854	236 665	137 755
2017	817 037	320 626	56 267	43 426	277 524	157 131
2018	957 298	371 569	61 404	47 740	320 790	191 964
2019	1 059 808	398 802	67 302	52 185	340 685	210 885

数据来源：根据《中国科技统计年鉴》整理得到。

新产品开发项目是根据基础研究成果和市场需要开展创造性活动，反映了技术要素市场的主体参与科技创新活动的程度。依托新产品开发项目能够实现各种技术要素资源的调配，所以新产品开发项目是技术要素市场的重要表征。由图2-14可知，2019年我国新产品开发项目数是2008年的2.35倍，新产品开发项目具有较快的增长速度，并且可以划分成两个阶段，2008—2015年新产品开发项目增长较为缓慢，在2015年到达谷底为326 286项；2015—2019年新产品开发项目呈现直线上升趋势，2019年达到671 799项。由此可知，我国技术要素市场的发展态势良好，新产品开发项目数呈现上升趋势。

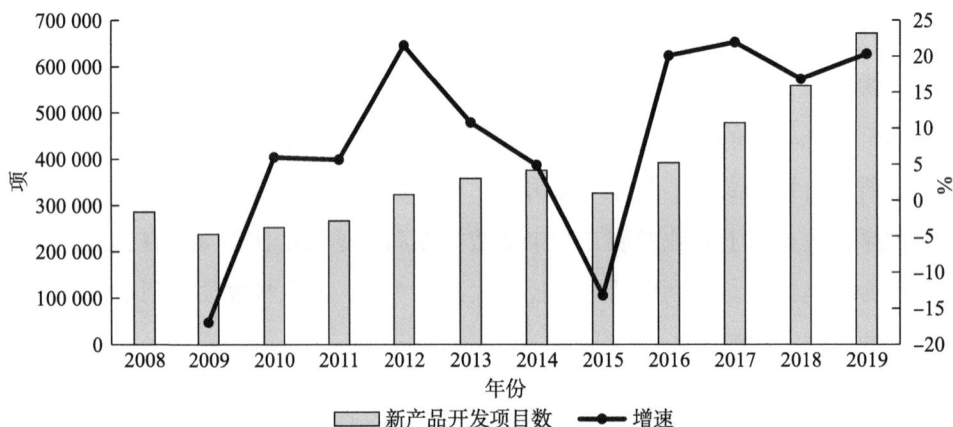

图2-14　2008—2019年新产品开发项目数及增速

通过图2-15可以发现，2008—2019年新产品销售收入呈现直线上升的趋势，2008年我国新产品销售收入为57 027.10亿元，2019年达到212 060.26亿元，是2008年的3.72倍。新产品销售收入增速呈现波动下降的态势，由2009年的15.45%下降至2019年的7.59%。

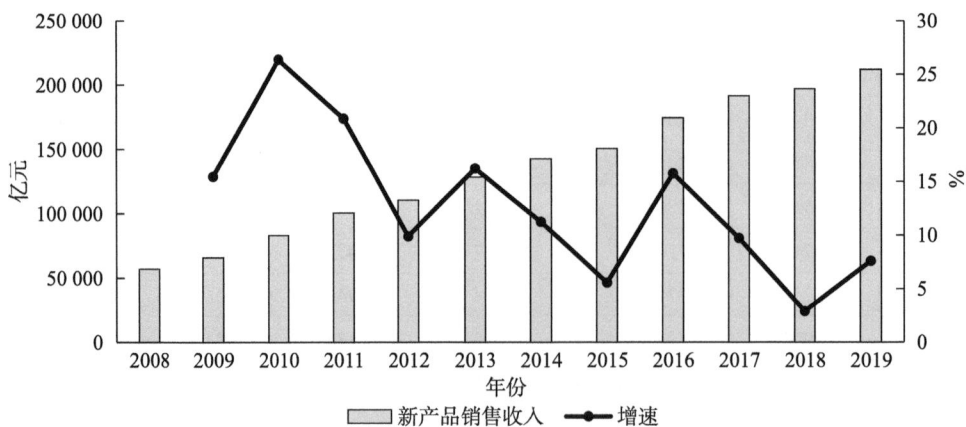

图2-15　2008—2019年新产品销售收入及增速

五、数据市场化配置现状

（一）基础设施建设

互联网宽带接入端口数、移动电话基站数和光缆线路长度反映了我国数据要素市场的基础设施建设情况，具体如表2-4所示。互联网宽带接入端口数、移动电话基站数和光缆线路长度等均呈现持续上升的变化趋势。其中，互联网宽带接入端口数由2008年的10 890.41万个增加至2019年的91 577.98万个，增加80 687.57万个，年均增长率为21.36%；移动电话基站数由2008年的59.73万个增加至2019年的841.03万个，增加781.30万个，年均增长率为27.18%；光缆线路长度由2008年的677.85万千米增加至2019年的4 741.24万千米，增加4 063.39万千米，年均增长率为19.34%。互联网与移动电话基站等信息化设备的建设，有利于数据市场化的快速发展。

表2-4　基础设施建设情况

年份	互联网宽带接入端口数/万个	移动电话基站数/万个	光缆线路长度/千米
2008	10 890.41	59.73	6 778 495.61
2009	13 835.66	111.86	8 294 565.33
2010	18 781.13	139.83	9 962 466.50
2011	23 239.40	175.23	12 119 302.90
2012	32 108.45	206.60	14 793 300.43
2013	35 945.30	240.96	17 453 709.20
2014	40 546.13	350.77	20 612 529.22
2015	57 709.38	465.59	24 863 348.24
2016	71 276.90	559.38	30 420 755.06
2017	77 599.09	618.71	37 801 073.37
2018	86 752.30	667.23	43 167 888.41
2019	91 577.98	841.03	47 412 442.31

数据来源：根据《中国统计年鉴》整理得到。

（二）数据普及程度

移动电话普及率和互联网普及率反映了我国数据要素市场的数据普及程度，其中，移动电话普及率较高，而互联网普及率略显不足，具体如图2-16所示。移动电话普及率呈现波动上升的变化趋势，即由2008年的48.53部/百人增加至2013年的94.03部/百人，紧接着下降至2014年的92.49部/百人后，持续增加至2019年的114.38部/百人，12年间移动电话普及率提高了1.36倍；互联网普及率呈现持续上升的变化趋势，即互联网普及率由2008年的22.6%提升至2019年的64.5%，2019年的互联网普及率是2008年的2.85倍。

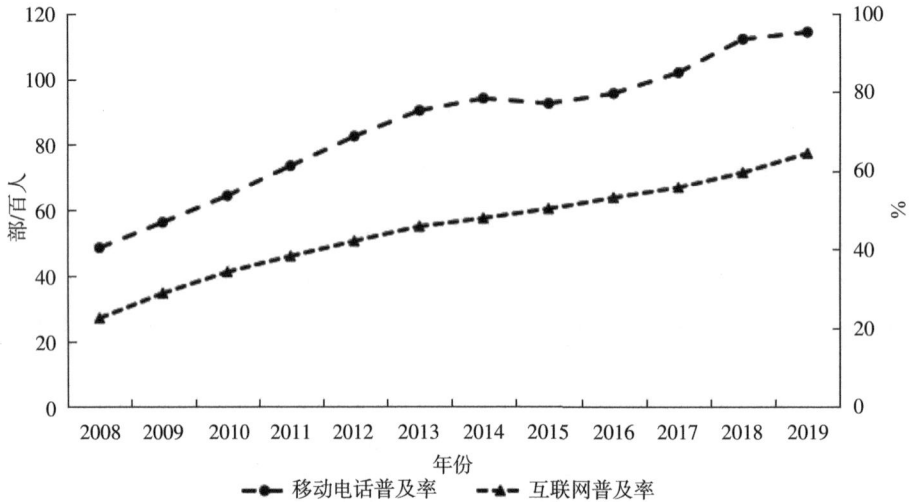

图2-16　2008—2019年数据普及程度

本章小结

本章首先探讨了中国政府与市场关系的历史发展。党的十一届三中全会以来，随着改革开放和社会主义现代化建设的推进，政府与市场关系问题得到了更好的认识，形成了在马克思主义指导下的中国特色社会主义市场经济体制。市场化发展逐步经历了探索阶段（1978—1987年）、过渡阶段（1987—1992年）、建立阶段（1992—2002年）、发展阶段（2002—2013年）、深化阶段（2013—2020年）与完善阶段（2020年至今）。最后针对各要素市场的发展现状进行了分析。

第三章
要素市场化配置水平的测度与分析

要素市场化改革是建设高标准市场体系的关键举措，也是当前和未来我国经济高质量发展的重要着力点。随着对要素市场化改革的深入研究，难免会产生我国要素市场化改革总体发展水平如何？土地、劳动、资本、技术和数据等分要素的市场化配置达到何种程度？通过何种方式进行测度？呈现何种变化？是否存在显著的区域差异性等疑问。在研究区域要素市场化配置水平的特征之前，需要对要素市场化配置水平进行统计测度。本章基于中国31个省（区、市）（不包含港澳台地区）2008—2019年的样本数据，从土地市场化、劳动市场化、资本市场化、技术市场化和数据市场化五个层面构建评价指标体系，采用群组G1法与熵值法相结合的组合赋权法确立指标的权重，从而对我国要素市场化配置水平进行动态综合评价。通过本章的测度和分析，可以呈现出我国要素市场化配置水平的时序变化和空间分布特征，在一定程度上能够对以上疑问进行解答，同时也为下文的研究提供相应的数据支撑。

第一节　综合评价理论

一、综合评价方法

综合评价方法是指针对被评价对象的不同方面的多个量纲不同的统计指标，将其转化为无量纲的相对评价值，并采用某种方法综合这些评价值，用以对该被评价对象进行整体评价的方法系统。

综合评价是一项系统工程，一个完整的综合评价过程需要包括：（1）理论准备。这是综合评价的首要前提，需要设计者不仅对相关领域的基础理论有相当程度的把握，也需要设计者对统计指标理论以及统计指标体系的理论具备较扎实的基础。（2）指标体系的构建。评价指标是进行综合评价的基本工具，因此在进行综合评价前需要构建指标体系，这是综合评价的基础。指标体系建立时首先要进行必要的定性研究，对所研究问题进行深入的分析，综合考虑评价的目的，指标的充分性、可行性、稳定性以及必要性等因素，借助一定的逻辑推理，确定指标体系的层次结构与具体参与评价的指标，构成指标体系。（3）指标的预处理。构建指标体系后，需将评价指标运用数理模型进行一致化处理和无量纲处理，评价问题中所运用的指标数据只有经过上述处理，再运用于评价模型中，才能得到更加科学精确的结果。

（4）指标权重的确定。评价指标在完成一致化处理和无量纲处理后，就需要选择评价方法，包括综合评价指数的构造方法、指标的赋权方法以及各种评价方法的比较与选择等。其中，指标的赋权方法对综合评价的结果具有重大的影响。指标权重是指被研究对象的各个指标的相对重要程度以及在总体评价系统中所占比重的量化值，是将多个指标综合成一个指数的关键。

二、基本步骤介绍

（一）指标构建原则

1.系统性原则

指标体系的构建要有层次、有重点，这样才能全面、系统地反映被评价对象的整体水平，从不同维度反映被评价对象的不同特点，保证整体评价的可靠性。

2.简洁性原则

指标选择宜少不宜多，宜简不宜繁，在全面系统反映被评价对象综合水平的同时，指标应尽可能少。

3.独立性原则

构建指标体系时各个维度的含义要明确，并且要相互独立，同一维度的指标应不存在因果关系。

4.代表性原则

所选择的指标必须尽可能地反映被研究对象的特点，并在反映其特点的众多指标中具有代表性。

5.可行性原则

如果一个指标在实践中不容易获得或不可用，这就意味着所选指标在实践中是不可行的，不应列入指标体系中。

（二）一致化处理

在对备选方案进行综合评价之前，需要对评价指标进行一致化处理，使指标保持相同趋势化，从而保证指标之间的可比性。

1. 正向型指标

正向型指标，是指该指标的取值越大越好，通常为效益型指标，例如GDP、受教育年限等。由于对正向指标的评价更接近人们的思维方式，因此，其他类型的指标需转化为正向型指标后再进行分析。

2. 逆向型指标

逆向型指标，是指该指标的取值越小越好，通常为成本型指标，例如CO_2排放、三废排放等。将逆向型指标x转化为正向型指标的公式如下：

$$x^* = M - x \text{ 或 } x^* = \frac{1}{x}(x > 0) \tag{3-1}$$

其中，M为指标的一个允许上界。

3. 居中型指标

居中型指标，是指该指标既不是越大越好，也不是越小越好，而是越集中越好。将居中型指标x转化为正向型指标的公式如下：

$$x^* = \begin{cases} 2(x - m), & m \leq x \leq \frac{M+m}{2} \\ 2(M - x), & \frac{M+m}{2} \leq x \leq M \end{cases} \tag{3-2}$$

4. 区间型指标

区间型指标不同于上述三类指标，其最优值处于某一区间，当指标处于该区间时最优。将区间型指标x转化为正向型指标的公式如下：

$$x^* = \begin{cases} 1 - \dfrac{q_1 - x}{\max\{q_1 - m, M - q_2\}}, & x < q_1 \\ 1, & q_1 \leq x \leq q_2 \\ 1 - \dfrac{x - q_2}{\max\{q_1 - m, M - q_2\}}, & x > q_2 \end{cases} \tag{3-3}$$

（三）无量纲处理

一般来说，一个评价指标体系中各指标间会存在不同的量纲，这会使得评价指标存在不可公度性。为确保评价指标体系中各指标的评价具有可比性与评价结果的一致性，需要进行无量纲处理。本书主要使用极值处理法。

极值处理法在对指标进行无量纲处理时，正向型指标和逆向型指标都有相应的计算公式。对于正向型指标，其计算公式为：

$$x_{ij}^* = \frac{x_{ij} - m_j}{M_j - m_j} \tag{3-4}$$

而对于逆向型指标，计算公式则为：

$$x_{ij}^* = \frac{M_j - x_{ij}}{M_j - m_j} \qquad （3-5）$$

上述两个公式中的 $M_j = \max\limits_{i}\{x_{ij}\}$，$m_j = \min\limits_{i}\{x_{ij}\}$。

（四）权重系数的确定

权重系数的确定是综合评价中的一个核心问题。由于权重系数确定的准确与否直接关系到综合评价结果的科学性和合理性，因此，权重系数的确定一直是综合评价研究者重点关注的问题。本书主要使用群组G1法和熵值法相结合的组合赋权法。

1.群组G1法

群组G1法也被称为序关系分析法，它是一种主观赋权方法。该方法的优点在于能够充分体现专家的意愿，无须构造判断矩阵，过程清晰明确[①]，具体过程如下：

首先，邀请专家对评价指标集 $\{x_1, x_2, \cdots, x_m\}$ 确定序关系，即在某种评价准则下，专家在指标集 $\{x_1, x_2, \cdots, x_m\}$ 中挑选出最重要的一个指标，记为 x_1^*，再请专家将剩下的 $m-1$ 个指标集中，再次选出认为最重要的一个指标，记为 x_2^*，以此类推，从而确定了所选指标集中所有指标之间的序关系，记为 $x_1^* \succ x_2^* \succ \cdots \succ x_m^*$，序关系表达了专家对指标重要程度的判断，重要系数 r_g 的数值可参考表3-1。然而在实际运用中，由于评价问题的复杂多样，评价信息的不足等原因，专家若无法给予 x_{g-1}^* 和 x_g^* 的重要程度之比 r_g 为一个准确的数值，但可以确定 r_g 的取值区间，则可以给出一种区间赋权的G1赋权法（程砚秋，2015）。设专家关于指标 x_{g-1}^* 和 x_g^* 给予的重要程度之比为 $\tilde{r}_g=[r_g^D, r_g^U]$。其中，$r_g^D$ 和 r_g^U 分别为重要程度 r_g 的下限和上限，将指标 x_{g-1}^* 和 x_g^* 的重要程度之比的区间范围转换为点赋值的公式为：

$$r_g=(r_g^D+r_g^U)/2 \qquad （3-6）$$

其次，通过式（3-6），则可将指标 x_{g-1}^* 和 x_g^* 的重要程度之比的区间范围转换为点赋值。

表3-1　r_g 赋值表

r_g	说明
1.8	x_{g-1}^* 比 x_g^* 极端重要
1.6	x_{g-1}^* 比 x_g^* 强烈重要

[①] 易平涛，李伟伟，郭亚军.综合评价理论与方法（第二版）[M].北京：经济管理出版社，2019：50-56.

r_g	说明
1.4	x_{g-1}^* 比 x_g^* 明显重要
1.2	x_{g-1}^* 比 x_g^* 稍微重要
1.0	x_{g-1}^* 比 x_g^* 同等重要

注：资料来源于参考文献，由作者整理得到。

最后，根据式（3-7）可以得到评价指标 x_m^* 的权重系数 w_m，其计算公式如下：

$$w_m = \left(1 + \sum_{g=2}^{m} \prod_{l=f}^{m} r_l\right)^{-1} \qquad （3-7）$$

按照式（3-7）得到权重系数 w_m 之后，可以计算第 $m-1$，$m-2$，…，3，2 个指标的权重系数，其公式为：

$$w_g - 1 = w_g r_g \qquad （3-8）$$

将 x_g^* 与 x_g 依次对应后，最终将得到的评价指标集 $\{x_1, x_2, \cdots, x_m\}$ 的 G1 法的权重系数 $w_j^G = (w_1, w_2, \cdots, w_m)$。

以上是基于单一专家 G1 法的具体步骤。在实际问题中，仅依靠一位专家的学识和经验进行评价，易造成评价结果的不稳定性，同时也难以令人信服。故本书邀请多位专家并采用程砚秋（2015）的群组 G1 法对本书的评价问题进行主观赋权。由于邀请了多位专家，各专家的主观判断的一致性与差异性将可能同时存在，因此邀请多位专家进行主观赋权可能衍生出多种情形，该方法的基本思想为对群组中专家赋予序关系完全一致、完全不一致和不完全一致的三种情况进行分类讨论。

（1）各专家序关系完全一致

当邀请的专家针对某一评价目标所赋予的序关系完全一致时，可根据计算区间数的相似度从而确定各专家权重。设 S_{fg} 为第 f 位专家关于指标 x_{g-1}^* 和 x_g^* 重要程度之比的赋值区间 $\tilde{r}_{fg}$ 与其他专家的相似度，I_g 为 L 位专家关于评价指标 x_{g-1}^* 与 x_g^* 重要程度之比的赋值区间的交集，U_g 为 L 位专家关于评价指标 x_{g-1}^* 与 x_g^* 重要程度之比的赋值区间的并集，则：

$$\begin{cases} \left(u^U - u^D\right) - \max\left[\min\left(\left|d^U - r_{fg}^U\right|, \left|d^D - r_{fg}^U\right|\right), \min\left(\left|d^U - r_{fg}^D\right|, \left|d^D - r_{fg}^D\right|\right)\right] & if \ I_g \neq 0 \\ 0 & if \ I_g = 0 \end{cases} \qquad （3-9）$$

$$I_g = \bigcap_{f=1}^{L} \tilde{r}_k = \left[d^D, d^U\right] = \left[\max r_{fg}^D, \min r_{fg}^U\right] \qquad （3-10）$$

$$U_f = \bigcup_{f=1}^{L} \tilde{r}_g = \left[d^D, d^U\right] = \left[\max r_{fg}^D, \min r_{fg}^U\right] \qquad （3-11）$$

其中，$u^U - u^D$ 表示 L 位专家关于指标 $x_{g-1}{}^*$ 和 $x_g{}^*$ 重要程度之比的区间赋值 $\tilde{r}_{fg}$ 的协商范围；而 $\max\left[\min\left(\left|d^U - r_{fg}{}^U\right|, \left|d^D - r_{fg}{}^U\right|\right), \min\left(\left|d^U - r_{fg}{}^D\right|, \left|d^D - r_{fg}{}^D\right|\right)\right]$ 表示第 f 位专家关于指标 $x_{g-1}{}^*$ 和 $x_g{}^*$ 重要程度之比的赋值区间 $\tilde{r}_g = \left[r_{fg}{}^D, r_{fg}{}^U\right]$ 与专家意见统一区域 $I_g = \left[\max r_{fg}{}^D, \min r_{fg}{}^U\right]$ 的接近程度。S_{fg} 表示第 f 位专家偏离意见统一区域 I_g 的程度，反映了专家在知识和经验上的差异，同时也刻画了专家们特定意见和群组意见的接近程度。在计算出 S_{fg} 后，通过对 S_{fg} 归一化即可求得根据指标重要程度之比赋值区间的相似度计算的各专家权重：

$$\alpha_f = \sum_{g=2}^{m} s_{fg} \bigg/ \sum_{f=1}^{L} \sum_{g=2}^{m} s_{fg} \tag{3-12}$$

其中 α_f 为第 f 位专家的权重。式（3-12）的基本思想是：对能够体现专家组群体意见的单个专家赋予更大的权重，从而实现集中反映多数专家意见的目的。将 L 位专家的权重系数进行综合，即可得到各评价指标的权重系数 $w_j{}^G (j=1, 2, \cdots, m)$，计算公式为：

$$w_j = \sum_{f=1}^{L} \alpha_f \times w_{fj} \tag{3-13}$$

其中 w_j 为第 j 项评价指标的权重，w_{fj} 为第 f 位专家赋予的第 j 项指标的权重。

（2）各专家序关系完全不一致

在特定准则下，若 L 位专家关于评价指标集 $\{x_1, x_2, \cdots, x_m\}$ 所赋予的序关系完全不一致时，设第 f 位专家给定的评价指标重要性序关系为 $x_{f_1}{}^* \succ x_{f_2}{}^* \succ \cdots \succ x_{f_m}{}^*$，指标 $x_{g-1}{}^*$ 和 $x_g{}^*$ 被赋予的重要程度之比为 $\tilde{r}_g = \left[r_{fg}{}^D, r_{fg}{}^U\right]$，由上文中的式（3-11）至式（3-13）即可求出第 f 位专家赋予关于评价指标 x_j 相对应的权重系数 w_{fj}。例如，三位专家对 4 个评价指标进行评价。设第 $f(f=1, 2, 3)$ 位专家基于特定的评判标准做出关于评价指标 x_1, x_2, x_3, x_4 重要程度的序关系分别为：

$$x_2 \succ x_3 \succ x_1 \succ x_4 \tag{3-14}$$

$$x_3 \succ x_2 \succ x_1 \succ x_4 \tag{3-15}$$

$$x_3 \succ x_2 \succ x_4 \succ x_1 \tag{3-16}$$

首先，根据序等价原则[①]，上面 3 个式子可等价为：

$$x_2 \succ x_3, x_2 \succ x_1, x_2 \succ x_4, x_3 \succ x_1, x_3 \succ x_4, x_1 \succ x_4 \tag{3-17}$$

$$x_3 \succ x_2, x_3 \succ x_1, x_3 \succ x_4, x_2 \succ x_1, x_2 \succ x_4, x_1 \succ x_4 \tag{3-18}$$

---

①由指标序关系导出其等价序列时，其子序列的排序应首先列出最重要指标的所有子序列，以式（3-17）为例，应首先列出 $x_2 \succ x_3, x_2 \succ x_1, x_2 \succ x_4$，再给出次重要指标所有子序列 $x_3 \succ x_1, x_3 \succ x_4$，依次推出 $x_1 \succ x_4$。

$$x_3 \succ x_2, \ x_3 \succ x_4, \ x_3 \succ x_1, \ x_2 \succ x_4, \ x_2 \succ x_1, \ x_4 \succ x_1 \tag{3-19}$$

其次，借鉴序列比对原理计算各子序列的相似度、等价序列的相似度。设 e_{ab} 为等价序列 A_1 中第 a 个子序列和等价序列 A_2 中第 b 个子序列的相似度，c 为序列 A_1，A_2 包含的子序列个数，则

$$e_{ab} = \begin{cases} 0 & \text{子序列不同} \\ 1 - \dfrac{|a-b|}{c} & \text{子序列相同} \end{cases} \tag{3-20}$$

其中，$1 \leq a, \ b \leq c = m \ (m-1) \ /2$，式（3-20）不仅反映了子序列是否相同，而且反映了子序列所处位置之间的关系。其中，通过1和0反映了子序列是否相同，子序列相同为1，子序列不同为0。当子序列相同时，通过 $|a-b|/c$ 反映了子序列所处的位置对其相似度的影响。设 $E_{A_1A_2}$ 为等价序列 A_1，A_2 的相似度，则：

$$E_{A_1A_2} = \sum_{a=1}^{c} \sum_{b=1}^{c} e_{ab} \tag{3-21}$$

再次，根据等价序列的相似度，计算不同专家之间序关系的相似度：

$$o_{f_1 f_2} = \sum_{\substack{f_2=1 \\ f_1 \neq f_2}}^{L} E_{A_1^{f_1} A_2^{f_2}} \tag{3-22}$$

其中，$o_{f_1 f_2}$ 为第 f_1 位专家序关系与第 f_2 位专家序关系的相似度，$A_1^{f_1}$ 为第 f_1 位专家指标序关系的等价序列 A_1，$A_2^{f_2}$ 为第 f_2 位专家指标序关系的等价序列 A_2，L 为专家总数。

最后，根据指标序关系的相似度计算各专家的权重：

$$\alpha_f = \sum_{\substack{f_2=1 \\ f_1=f_2}}^{L} o_{f_1 f_2} \Bigg/ \sum_{f=1}^{L} \sum_{\substack{f_2=1 \\ f_1=f_2}}^{L} o_{f_1 f_2} \tag{3-23}$$

其中 α_f 为第 f 位专家的权重，通过式（3-23）即可计算出各指标权重。

（3）各专家序关系不完全一致

上文所描述的两种情形在实际运用中较为特殊，更为一般的情况为 L 位专家中有 $L_h (1 \leq L_h \leq L)$ 位专家给出的指标序关系判断是相同的，而其余 $L-L_h$ 位专家的指标序关系判断则完全不同。这种情况下，首先，计算每一位专家所赋予的各项指标权重。与 L 位专家的序关系完全一致、完全不一致的情形类似，采用上文的式（3-6）至式（3-8）即可求出 f 位专家赋予关于评价指标 x_j 相对应的权重系数 w_{fj}。其次，根据式（3-23）可求出序关系相同的 $L_h (1 \leq L_h \leq L)$ 位专家的平均权重和其余 $L-L_h$ 位专家各自的权重。再次，根据式（3-12）对 $L_h (1 \leq L_h \leq L)$ 位专家的总权重按其与意见统一区间的解决程度重新分配，得到各专家的最终权重。最后，根据专家权重、各专家相应的指标权重进行加权平均，即可得到各评价指标的权重系数 $w_j^G (j=1,$

$2，\cdots，m$）。

2.熵值法

熵值法是一种客观赋值方法，这种方法的优点是避免了人为因素带来的偏差。如果一个指标的离散度大，其熵值也大，反映出该系列指标提供了大量的有效信息，那么它对该指标的总体评价的影响就会增加，权重值就表示为高；反之，如果离散度低，熵值就会降低，权重值就表示为低。熵值法的基本思想是使用信息熵计算熵权从而确定指标权重，以达到客观准确的目的。计算步骤如下：

（1）对指标进行标准化处理：

$$正向型指标：x_{ij}^{'}=\frac{x_{ij}-\min\{x_j\}}{\max\{x_j\}-\min\{x_j\}} \tag{3-24}$$

$$逆向型指标：x_{ij}^{'}=\frac{\max\{x_j\}-x_{ij}}{\max\{x_j\}-\min\{x_j\}} \tag{3-25}$$

其中，$\max\{x_j\}$ 为各年份中指标最大值，$\min\{x_j\}$ 为各年份中指标最小值，$x_{ij}^{'}$ 为无量纲化的结果。

（2）计算第 i 年第 j 项指标所占比重，使用 p_{ij} 表示：

$$p_{ij}=\frac{x_{ij}^{'}}{\sum_{i=1}^{n}x_{ij}^{'}},\ i=1,\cdots,n;\ j=1,\cdots,m \tag{3-26}$$

（3）计算第 j 项指标的信息熵，使用 e_j 表示：

$$e_j=-\frac{1}{\ln(nm)}\sum_{i=1}^{n}p_{ij}\ln(p_{ij}) \tag{3-27}$$

（4）计算信息熵冗余度，使用 d_j 表示：

$$d_j=1-e_j \tag{3-28}$$

（5）计算各项指标的权重，使用 w_j 表示：

$$w_j=\frac{d_j}{\sum_{j=1}^{m}d_j} \tag{3-29}$$

本书借鉴张友国等（2020）[1]使用的时空极差熵值法，用于为要素市场化配置水平的各级评价指标赋权。这种方法的主要优点是，克服了传统熵值法只允许使用每个指标在特定时间点上的信息的局限性，更全面地反映了指标在空间和时间维度上与被评价对象的差异。此外，随着每个指标的相对重要性随时间变化，时空极差熵

---

①张友国，窦若愚，白羽洁.中国绿色低碳循环发展经济体系建设水平测度[J].数量经济技术经济研究，2020，37（8）：83-102.

值法可以相应地动态更新指标的权重。

假设指标体系包含 k 个指标，涉及的评价对象有 n 个，时间跨度为 m 个时期，则指标体系可表示为 x_i（$i=1$，2，…，k），其中指标 X_i 在第 t 期的取值可表示为 x_{ijt}（$j=1$，2，…，n），令 x_{ijt} 经标准化处理后的取值为 y_{ijt}，各指标的信息熵为 E_i，各指标 X_i 的权重为 W_i，则计算公式如下：

$$y_{ijt}=[x_{ijt}-\min(x_{ijt})]/[\max(x_{ijt})-\min(x_{ijt})]（如果 X_i 为正向型指标）\quad（3-30）$$

$$y_{ijt}=[\max(x_{ijt})-x_{ijt}]/[\max(x_{ijt})-\min(x_{ijt})]（如果 X_i 为逆向型指标）\quad（3-31）$$

$$E_i=-\ln(mn)^{-1}\sum_j\sum_t p_{ijt}\ln(p_{ijt})\quad（3-32）$$

$$W_i=(1-E_i)/(k-\sum_i E_i)\quad（3-33）$$

其中，$p_{ijt}=y_{ijt}/\sum_j\sum_t y_{ijt}$。如果 $p_{ijt}=0$ 则定义 $p_{ijt}\ln(p_{ijt})=0$。

3.基于方差最大的组合赋权

为兼顾主观赋权方法和客观赋权方法的优点，提高评价结果的准确性和可靠性，本书的组合赋权法将对孙莹和鲍新中（2011）基于方差最大化方法进行扩充。该方法原文献的适用数据为某一时刻下的截面数据，本书在其基础上进一步扩展，将其改动并应用于本书的面板数据中，基于方差最大化的原理，对主、客观权重系数结合的组合权重系数进行求解。该方法具体的步骤如下：

设上文按照群组 G1 法确定的权重向量为 $w^G(w_1^G，w_2^G，…，w_m^G)'$，$w_j^G\geqslant0$，$\sum w_j^G=1$，按照熵值法确定的权重向量为 $w^L(w_1^L，w_2^L，…，w_m^L)'$，$w_j^L\geqslant0$，$\sum w_j^L=1$。将两种权重的线性组合表示为集成权重 $w=\alpha w^G+\beta w^L$，其中 $w=(w_1，w_2，…，w_m)'$，α 和 β 为组合权重权向量的线性表示系数，$\alpha\geqslant0$，$\beta\geqslant0$，且 α 和 β 满足单位化约束条件 $\alpha^2+\beta^2=1$。在已经确定了主观权重 $w^G(w_1^G，w_2^G，…，w_m^G)'$ 和客观权重 $w^L(w_1^L，w_2^L，…，w_m^L)'$ 的情况下，只需确定 α 和 β 的值即可得到最终集成的权重向量 $w=(w_1，w_2，…，w_m)'$。基于方差最大化的原理，权重向量 $w=(w_1，w_2，…，w_m)'$ 应当使得每一时刻 t_k 下，所有 m 个指标对所有 n 个评价对象的总方差达到最大。由此可以构建以下的线性规划模型：

$$MAXZ=\sum_{k=1}^T\sum_{j=1}^m\sum_{i=1}^n\left(x^*_{ij}(t_k)-\overline{x^*_{ij}(t_k)}\right)^2 w_j$$

$$=\sum_{k=1}^T\sum_{j=1}^m\sum_{i=1}^n\left(x^*_{ij}(t_k)-\overline{x^*_{ij}(t_k)}\right)^2\left(\alpha w^G+\beta w^L\right)\quad（3-34）$$

$$s.t.\ \alpha^2+\beta^2=1$$

$$\alpha,\beta>0$$

在式（3-34）中，$\overline{x^*_{ij}(t_k)}$ 表示在时刻 t_k 下，属性 j 的 n 个属性值的算术平均值，即有 $\overline{x^*_{ij}(t_k)} = \dfrac{1}{n}\sum_{i=1}^{n} x^*_{ij}(t_k)$，$j=1$，2，…，$m$。

为求解上述模型，可构造 Lagrange 函数如下：

$$L(\alpha, \beta) = \sum_{k=1}^{T}\sum_{j=1}^{m}\sum_{i=1}^{n}\left(x^*_{ij}(t_k) - \overline{x^*_{ij}(t_k)}\right)^2 \left(\alpha w^G + \beta w^L\right) + \lambda\left(\alpha^2 + \beta^2 - 1\right) \quad （3-35）$$

其中，λ 为 Lagrange 乘子。令：$\partial L / \partial \alpha = 0$，$\partial L / \partial \beta = 0$，则有：

$$\begin{aligned}
\sum_{k=1}^{T}\sum_{j=1}^{m}\sum_{i=1}^{n}\left(x^*_{ij}(t_k) - \overline{x^*_{ij}(t_k)}\right)^2 w_j^G + 2\lambda\alpha = 0 \\
\sum_{k=1}^{T}\sum_{j=1}^{m}\sum_{i=1}^{n}\left(x^*_{ij}(t_k) - \overline{x^*_{ij}(t_k)}\right)^2 w_j^L + 2\lambda\beta = 0
\end{aligned} \quad （3-36）$$

又因为 $\alpha^2 + \beta^2 = 1$，从而可以得到 α 和 β 的值：

$$\begin{aligned}
\alpha &= \cfrac{1}{\sqrt{1 + \left(\cfrac{\sum_{k=1}^{T}\sum_{j=1}^{m}\sum_{i=1}^{n}\left(x^*_{ij}(t_k) - \overline{x^*_{ij}(t_k)}\right)^2 w_j^L}{\sum_{k=1}^{T}\sum_{j=1}^{m}\sum_{i=1}^{n}\left(x^*_{ij}(t_k) - \overline{x^*_{ij}(t_k)}\right)^2 w_j^G}\right)^2}} \\[2em]
\beta &= \cfrac{1}{\sqrt{1 + \left(\cfrac{\sum_{k=1}^{T}\sum_{j=1}^{m}\sum_{i=1}^{n}\left(x^*_{ij}(t_k) - \overline{x^*_{ij}(t_k)}\right)^2 w_j^G}{\sum_{k=1}^{T}\sum_{j=1}^{m}\sum_{i=1}^{n}\left(x^*_{ij}(t_k) - \overline{x^*_{ij}(t_k)}\right)^2 w_j^L}\right)^2}}
\end{aligned} \quad （3-37）$$

在获得 α 和 β 取值的情况下，即可获得权重 $w = \alpha w^G + \beta w^L$，再对 $w = (w_1, w_2, \cdots, w_m)'$ 进行归一化处理，得到的结果 $w^* = (w^*_1, w^*_2, \cdots, w^*_m)'$ 即本书最终的组合权重系数。基于该权重结果即可得到各个时期下，各方案的综合评价值结果：

$$y_i(t_k) = \sum_{j=1}^{m} w_j^* x^*_{ij}(t_k) \quad （3-38）$$

第二节　要素市场化配置水平指标体系构建

我国在推进要素市场化改革的进程中并非一路平坦，要素市场化的发展任重道远，需要科学合理地评估当前我国要素市场化配置水平，找出制约瓶颈所在，为走出困境提供相应的参考。各要素市场协调发展的复杂性决定了构建指标体系对其进行综合评价的必要性，因此建立科学合理的要素市场化配置水平评价指标体系是评价进展、识别问题、精准施策的前提和手段。在明确指标体系构建原则和构建基础后，本节将重点围绕各级指标的选取展开论述，并对最终指标体系进行说明。

一、指标选取依据

为全面客观反映中国各省区市要素市场化配置的现状及发展趋势，必须构建一套科学完善的符合我国实际的要素市场化配置统计指标体系，来研究我国要素市场化配置水平和特征奠定基础。2020年出台的《关于构建更加完善的要素市场化配置体制机制的意见》将要素分为土地、劳动、资本、技术、数据五类。基于此，本书以土地市场化、劳动市场化、资本市场化、技术市场化和数据市场化为一级指标，构建指标体系对我国要素市场化配置水平进行综合评价（如图3-1所示）。其中，土地市场化反映土地要素市场化程度，劳动市场化反映劳动要素市场化程度，资本市场化反映资本要素市场化程度，技术市场化反映技术要素市场化程度，数据市场化反映数据要素市场化程度。

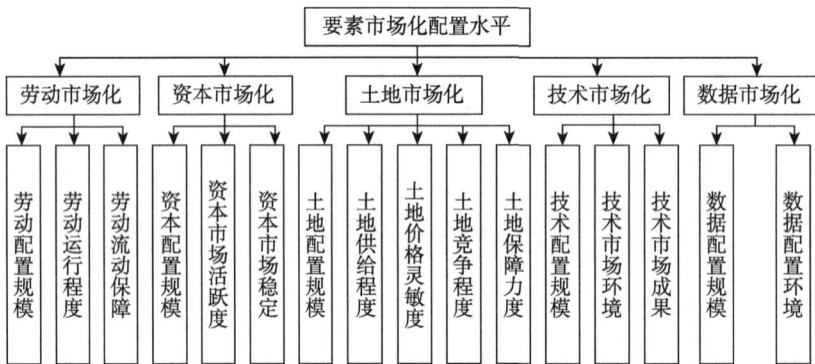

图3-1 要素市场化配置水平构成

二、具体指标选取

接下来，对评价指标体系中5个一级指标下的16个二级指标和47个三级指标的具体含义以及计算方法进行详细说明。

（一）土地要素市场化

土地要素市场化可以从土地配置规模、土地供给程度、土地价格灵敏度、土地竞争程度以及土地保障力度五个方面反映，如表3-2所示。

1.土地配置规模

土地配置规模是土地要素市场化的基础。土地配置规模直接反映了土地市场的发展现状，数值越大，土地配置的市场化程度越高。本书选用土地出让宗数、土地出让面积和土地出让成交价款表示。

2.土地供给程度

土地供给程度是衡量土地市场调节机制是否充分的指标，其数值越大，说明市场配置程度越高。本书用土地公开出让占比和供地率来表示。土地公开出让占比是指招标、拍卖、挂牌出让的土地面积占总出让面积的百分比，供地率是指城镇村建设用地面积占批准建设用地面积的百分比。

3.土地价格灵敏度

土地价格灵敏度反映了土地价格对土地供求关系变化的反应，是土地市场机制的核心，也是调节土地市场的主要手段之一。该值越高，说明土地价格对土地供求变化的反应越大，价格机制作用越强烈，市场发挥的作用越大。本书用土地价格供给弹性系数和土地出让价格离散度来说明，土地价格供给弹性系数越大，离散度越大，土地价格对土地供求变化的敏感性越大，土地市场化程度越高。

4.土地竞争程度

土地竞争程度主要说明土地市场是否存在合理竞争，市场环境是否有利于土地的可持续发展，数值越高说明市场竞争越激烈，资源配置程度越高。本书选用资金来源多样化率和土地竞价成交比表示。资金来源多样化率表示为某一年的外国投资额与房地产资金来源总额的比率，该指标反映了土地市场投资渠道的多样性。土地市场的投资来源越多样化，市场的竞争力和发展程度越高。土地竞价成交比则是用招标、拍卖、挂牌出让宗数占总出让宗数的比重表示，比例越高，市场竞争越激烈。

5.土地保障力度

土地保障力度也是一个重要的指标，土地保障力度越大，土地要素市场化水平越高，在本书中主要体现为土地使用税和违法案件查处率。土地使用税是重要的税收来源，可以调节土地级差收益，促进土地收益分配公平，提高土地利用率，促进土地市场供给效率，有效减少土地垄断。违法案件查处率则体现了配套机制的完善程度，违法案件的查处率越高，表明土地市场配套机制越完善。

表3-2 土地市场化指标选取

一级	二级	三级	代理变量	属性
土地市场化	土地配置规模	土地出让宗数	国有建设用地出让宗数	正
		土地出让面积	国有建设用地出让面积	正
		土地出让成交价款	国有建设用地出让成交价	正
	土地供给程度	土地公开出让占比	招、拍、挂出让面积/总出让面积	正
		供地率	城镇村建设用地面积/批准建设用地面积	正
	土地价格灵敏度	土地价格供给弹性系数	地价变化率/土地供给量变化率	正
		土地出让价格离散度	各类土地出让价格的标准差/平均价格	正
	土地竞争程度	资金来源多样化率	房地产资金来源中的外资金额/本年资金来源总额	正
		土地竞价成交比	招、拍、挂出让宗数/总出让宗数	正
	土地保障力度	土地使用税	城市土地使用税/财政收入	正
		违法案件查处率	本年结案/（本年立案+上年未结案件）	正

（二）劳动要素市场化

劳动要素市场化可以从劳动配置规模、劳动运行程度以及劳动流动保障三个方面反映，如表3-3所示。

1.劳动配置规模

劳动配置规模选用就业总人数、城镇单位工资总额以及城镇就业人员占比等指标表示。其中，就业总人数反映了劳动市场的人口就业情况，城镇单位工资总额反映了一定时期内劳动力资源在社会经济活动中的最大参与度，城镇就业人员占比可以反映劳动市场的城乡分布结构。劳动力人数越多，劳动力市场的发展程度就越高。

2.劳动运行程度

劳动运行程度选用工资决定自由度、劳动力流动、失业率以及劳动力教育水平表示。其中，工资决定自由度反映了劳动市场的价格机制，用城镇非国有单位就业人员平均工资表示。工资决定自由度越高，劳动要素市场化程度越高。劳动力流动和失业率体现了劳动力市场的供求机制。劳动力流动是指劳动力从农业部门向非农业部门的流动，劳动力流动的频率反映了劳动市场中资源配置的合理性。城镇失业率是指城镇失业人员与城镇就业人员总数的比率，这是一个负面指标，失业率越低，市场化程度就越高。劳动力教育水平反映了劳动力市场的竞争机制。在本书中，劳动力教育水平采用每十万人口高等学校平均在校生数表示。这个数值的高低反映了劳动力市场的竞争程度。

3.劳动流动保障

劳动流动保障选用劳动争议结案率和职业培训经费表示。劳动流动保障越完善，劳动市场化水平越高。其中，劳动争议结案率的计算公式为：劳动争议结案数/（上年未结案件数+当期案件受理数），职业培训经费包括民办职业培训机构、就业训练中心、技工院校的培训总支出。

表3-3　劳动市场化指标选取

一级	二级	三级	代理变量	属性
劳动市场化	劳动配置规模	就业总人数	就业人员总数	正
		城镇单位工资总额	城镇单位就业人员工资总额	正
		城镇就业人员占比	城镇就业人员/就业人员总数	正
	劳动运行程度	工资决定自由度	城镇非国有单位就业人员平均工资	正
		劳动力流动	（农村从业人员−农林牧渔从业人员）/农村从业人员	正
		失业率	城镇登记失业率	负
		劳动力教育水平	每十万人口高等学校平均在校生数	正
	劳动流动保障	劳动争议结案率	劳动争议结案数/（上年未结案件数+当期案件受理数）	正
		职业培训经费	职业培训经费合计	正

（三）资本要素市场化

资本要素市场化可以从资本配置规模、资本市场活跃度以及资本市场稳定三个方面反映，如表3-4所示。

1.资本配置规模

资本要素市场由金融市场、银行市场、股票市场、保险业市场等四个主要市场组成。这四个市场的资本规模体现了资本市场的总规模。资本配置规模越大，资本要素市场越完善。其中，四个资本市场的规模分别以社会融资规模、银行业金融机构存款余额、股票市场总值、保险机构保费收入表示。

2.资本市场活跃度

资本市场活跃度可以反映市场的自由决定程度，资本市场越活跃，资本配置的效率就越高，市场化程度就越高。其中，金融市场活跃度以其他资金与自筹资金之和占投资总额的百分比表示，银行市场活跃度以短期贷款与总贷款的比率表示，股票市场活跃度可以用股票流通市值与总市值的比率表示，保险业市场活跃度用保险密度表示。

3.资本市场稳定

资本要素市场的稳定对建立资本市场的重要性可想而知，它反映了资本市场化的管理水平。资本市场的稳定程度越高，市场化程度就越高。在本书中，用不良贷款率这个负向指标表示，不良贷款率越低，资本市场越发达。

表3-4　资本市场化指标选取

一级	二级	三级	代理变量	属性
资本市场化	资本配置规模	金融市场规模	社会融资规模	正
		银行市场规模	银行业金融机构存款余额	正
		股票市场规模	股票市场总值	正
		保险业市场规模	保险机构保费收入	正
	资本市场活跃度	金融市场活跃度	（自筹资金＋其他资金）/全社会固定资产合计	正
		银行市场活跃度	短期贷款/贷款总额	正
		股票市场活跃度	股票流通市值/股票市价总值	正
		保险业市场活跃度	保险密度	正
	资本市场稳定	金融稳定性	不良贷款率	负

（四）技术要素市场化

技术要素市场化可以从技术配置规模、技术市场环境以及技术市场成果三个方面反映，如表3-5所示。

1.技术配置规模

技术配置规模是指技术市场的总规模，它主要反映技术市场在科技创新过程中投入的技术资源。技术配置规模越大，市场化程度就越高。本书主要从人力规模和财力规模两个方面来衡量技术配置规模，即以R&D人员全时当量和R&D经费支出表示。

2.技术市场环境

技术市场环境是指技术要素市场的内部市场环境，主要由四个指标衡量：R&D活动企业占比、R&D企业资金占比、专利所有权转让平均收入和技术市场平均交易额。R&D活动企业占比和R&D企业资金占比反映了国家和企业对技术的重视程度，数值越高，说明国家对技术越重视。具体为：规模以上工业企业中有R&D活动企业占总企业的百分比、R&D企业资金经费支出占总支出的百分比。专利所有权转让平均收入和技术市场平均交易额反映了国家和企业对技术转化的重视程度，市场氛围越好，市场成果转化的效率越高。具体为：专利所有权转让及许可收入与专利所有权转让及许可数的比值、技术市场交易额与项目数的比值。

3.技术市场成果

技术市场成果是指技术要素市场的产出成果，是科技创新活动效益的体现。市场成果越多，市场化程度越高。技术市场成果包括直接成果和间接成果两个部分，直接成果是指各种科技以知识形式的产出，即专利授权数和论文发表数，间接成果表示为创新绩效产出，即规模以上工业企业新产品销售收入与主营业务收入的比值。

表3-5　技术市场化指标选取

一级	二级	三级	代理变量	属性
技术市场化	技术配置规模	人力规模	R&D人员全时当量	正
		财力规模	R&D经费支出	正
	技术市场环境	R&D活动企业占比	规模以上工业企业中有R&D活动企业所占比重	正
		R&D企业资金占比	R&D企业资金经费支出/R&D经费支出	正
		专利所有权转让平均收入	专利所有权转让及许可收入/专利所有权转让及许可数	正
		技术市场平均交易额	技术市场交易额/项目数	正
	技术市场成果	专利授权数	每万人有效发明专利数	正
		论文发表数	每万人发表科技论文数	正
		创新绩效产出	规模以上工业企业新产品销售收入/主营业务收入	正

（五）数据要素市场化

数据要素市场化可以从数据配置规模以及数据配置环境两个方面反映，如表3-6所示。

1.数据配置规模

数据配置规模反映了数据要素市场的总量，数据配置规模越大，市场化水平越高，主要从两个方面衡量：人力配置和资本配置。在本书中，人力配置用软件和信息技术服务业从业人员数和电子信息制造业全部从业人员平均数表示，资本配置用软件和信息技术服务业资产总计和电子信息制造业资产总计表示。

2.数据配置环境

数据配置环境指的是数据要素的内部环境，反映了数据要素市场的基础设施建设和数据普及程度。其中，用来说明基础设施建设的指标包括互联网宽带接入端口、移动电话基站数、光缆线路长度；用来说明数据普及程度的指标包括移动电话普及率、互联网普及率。

表3-6 数据市场化指标选取

一级	二级	三级	代理变量	属性
数据市场化	数据配置规模	人力配置	软件和信息技术服务业从业人员数	正
			电子信息制造业全部从业人员平均数	正
		资本配置	软件和信息技术服务业资产总计	正
			电子信息制造业资产总计	正
	数据配置环境	基础设施建设	互联网宽带接入端口	正
			移动电话基站数	正
			光缆线路长度	正
		数据普及程度	移动电话普及率	正
			互联网普及率	正

三、数据来源及区域划分

本书对要素市场化配置水平进行综合评价的评价对象为中国31个省区市（不包含港澳台地区），样本区间为2008—2019年共12年。指标原始数据来源于《中国统计年鉴（2009—2020年）》、各省区市《统计年鉴（2009—2020年）》、《中国国土资源统计年鉴（2009—2018年）》、《中国房地产统计年鉴（2009—2020年）》、《中国劳动统计年鉴（2009—2018年）》、《中国金融年鉴（2009—2020年）》、《中国科技统计年鉴（2008—2019年）》、《中国电子信息产业统计年鉴（2008—2019年）》、中国人民银行、国家知识产权局、EPS数据库、国泰安数据库、中经网统计数据库、国家统计局数据库以及政府相关年份统计公报。

关于数据来源有三点说明：（1）本书关于土地要素市场化的指标大多来源于《中国国土资源统计年鉴》，但其数据不够全面，目前只更新到2017年，2018年、2019年的数据由2010—2017年几何增长率计算得到。（2）用插值法对职业培训机构经费、股票流通市值以及资本市场运行中的缺失数据进行填补。（3）对需要进行多次计算或转换才能得到的指标及其获取过程进行阐述。在土地市场化中，土地价格供给弹性系数的代理变量为地价变化率与土地供给量变化率的比值，其中，地价变化率是指国有建设用地出让成交价的增长率，土地供给量变化率是指国有建设用地出让面积的增长率。土地出让价格离散度的代理变量为各类土地出让价格的标准差与平均价格的比值，其中各类土地出让价格的标准差和平均价格是指招、拍、挂三类出让方式的出让价格的标准差和平均价格。在劳动市场化中，劳动力流动的计算公式为:（农村从业人员－农林牧渔从业人员）/农村从业人员。用以代表工资决定自由度的城镇非国有单位就业人员平均工资是指城镇集体单位就业人员和城镇其他单位就业人员的平均工资。职业培训经费合计是指技工院校、就业训练中心和民办职业培训机构的培训经费之和。

为探究要素市场化配置水平在不同省区市及经济区域发展水平上的动态演进，本书参考国家统计局的区域划分方法，将中国划分为三个层级。第一个层级为全国整体层级。第二个层级将中国划分为东部、中部、西部三大区域[①]。第三个层级将中国划分为31个省（区、市），不含港澳台地区。

四、指标权重的确定

在对本书要素市场化配置相关数据进行无量纲化处理后，通过群组G1法和熵值法分别求出本书所构建的要素市场化配置水平评价指标体系的主观权重和客观权重，权重系数如表3-7和表3-8所示。在此基础上，进一步运用方差最大化的组合赋权方法将主、客观赋权方法所求得的权重进行组合，权重系数如表3-9所示。

表3-7　要素市场化配置水平的指标体系（群组G1法）

一级指标	权重	二级指标	权重	三级指标/代理变量	权重
土地市场化	0.110	土地配置规模	0.191	土地出让宗数	0.242
				土地出让面积	0.324
				土地出让成交价款	0.434
		土地供给程度	0.164	土地公开出让占比	0.558
				供地率	0.442
		土地价格灵敏度	0.105	土地价格供给弹性系数	0.387
				土地出让价格离散度	0.613

---

① 东部区域包括北京、天津、河北、辽宁、上海、江苏、浙江、福建、山东、广东、海南；中部区域包括山西、吉林、黑龙江、安徽、江西、河南、湖北、湖南；西部区域包括内蒙古、广西、重庆、四川、贵州、云南、西藏、陕西、甘肃、青海、宁夏、新疆。

一级指标	权重	二级指标	权重	三级指标/代理变量	权重
土地市场化	0.110	土地竞争程度	0.354	资金来源多样化率	0.594
				土地竞价成交比	0.406
		土地保障力度	0.186	土地使用税	0.610
				违法案件查处率	0.390
劳动市场化	0.118	劳动配置规模	0.463	就业总人数	0.286
				城镇就业人员占比	0.238
				城镇单位工资总额	0.476
		劳动运行程度	0.206	劳动力流动	0.344
				失业率	0.280
				劳动力教育水平	0.222
				工资决定自由度	0.154
		劳动流动保障	0.331	劳动争议结案率	0.558
				职业培训经费	0.442
资本市场化	0.168	资本配置规模	0.528	金融市场规模	0.330
				银行市场规模	0.334
				股票市场规模	0.181
				保险业市场规模	0.155
		资本市场活跃度	0.210	金融市场活跃度	0.447
				银行市场活跃度	0.251
				股票市场活跃度	0.165
				保险业市场活跃度	0.138
		资本市场稳定	0.262	金融稳定性	1.000
技术市场化	0.235	技术配置规模	0.490	人力规模	0.406
				财力规模	0.594
		技术市场环境	0.202	R&D活动企业占比	0.155
				R&D企业资金占比	0.143
				专利所有权转让平均收入	0.347
				技术市场平均交易额	0.355
		技术市场成果	0.308	专利授权数	0.305
				论文发表数	0.213
				创新绩效产出	0.482

续 表

一级指标	权重	二级指标	权重	三级指标/代理变量	权重
数据 市场化	0.369	数据配置规模	0.634	软件和信息技术服务业从业人员数	0.143
				电子信息制造业全部从业人员平均数	0.292
				软件和信息技术服务业资产总计	0.194
				电子信息制造业资产总计	0.371
		数据配置环境	0.366	光缆线路长度	0.113
				移动电话基站数	0.218
				互联网宽带接入端口	0.192
				互联网普及率	0.251
				移动电话普及率	0.227

注：数据来源于模型测算，结果由作者整理得到。

表3-8 要素市场化配置水平的指标体系（熵值法）

一级指标	权重	二级指标	权重	三级指标/代理变量	权重
土地 市场化	0.106	土地配置规模	0.229	土地出让宗数	0.297
				土地出让面积	0.247
				土地出让成交价款	0.457
		土地供给程度	0.041	土地公开出让占比	0.193
				供地率	0.807
		土地价格灵敏度	0.013	土地价格供给弹性系数	0.159
				土地出让价格离散度	0.841
		土地竞争程度	0.628	资金来源多样化率	0.909
				土地竞价成交比	0.091
		土地保障力度	0.089	土地使用税	0.891
				违法案件查处率	0.109
劳动 市场化	0.120	劳动配置规模	0.334	就业总人数	0.334
				城镇就业人员占比	0.175
				城镇单位工资总额	0.492
		劳动运行程度	0.226	劳动力流动	0.206
				失业率	0.227
				劳动力教育水平	0.253
				工资决定自由度	0.314
		劳动流动保障	0.440	劳动争议结案率	0.040
				职业培训经费	0.960

续　表

一级指标	权重	二级指标	权重	三级指标/代理变量	权重
资本市场化	0.201	资本配置规模	0.762	金融市场规模	0.138
				银行市场规模	0.199
				股票市场规模	0.464
				保险业市场规模	0.199
		资本市场活跃度	0.213	金融市场活跃度	0.060
				银行市场活跃度	0.165
				股票市场活跃度	0.158
				保险业市场活跃度	0.617
		资本市场稳定	0.025	金融稳定性	1.000
技术市场化	0.225	技术配置规模	0.463	人力规模	0.460
				财力规模	0.540
		技术市场环境	0.131	R&D活动企业占比	0.170
				R&D企业资金占比	0.037
				专利所有权转让平均收入	0.581
				技术市场平均交易额	0.212
		技术市场成果	0.406	专利授权数	0.571
				论文发表数	0.303
				创新绩效产出	0.126
数据市场化	0.348	数据配置规模	0.758	软件和信息技术服务业从业人员数	0.209
				电子信息制造业全部从业人员平均数	0.272
				软件和信息技术服务业资产总计	0.274
				电子信息制造业资产总计	0.244
		数据配置环境	0.242	光缆线路长度	0.278
				移动电话基站数	0.280
				互联网宽带接入端口	0.305
				互联网普及率	0.071
				移动电话普及率	0.065

注：数据来源于模型测算，结果由作者整理得到。

表3-9　要素市场化配置水平的指标体系（组合赋权法）

一级指标	权重	二级指标	权重	三级指标/代理变量	权重
土地市场化	0.108	土地配置规模	0.210	土地出让宗数	0.270
				土地出让面积	0.285
				土地出让成交价款	0.446
		土地供给程度	0.103	土地公开出让占比	0.374
				供地率	0.626
		土地价格灵敏度	0.059	土地价格供给弹性系数	0.272
				土地出让价格离散度	0.728
		土地竞争程度	0.489	资金来源多样化率	0.752
				土地竞价成交比	0.248
		土地保障力度	0.139	土地使用税	0.752
				违法案件查处率	0.248
劳动市场化	0.119	劳动配置规模	0.399	就业总人数	0.310
				城镇就业人员占比	0.206
				城镇单位工资总额	0.484
		劳动运行程度	0.216	劳动力流动	0.275
				失业率	0.253
				劳动力教育水平	0.238
				工资决定自由度	0.234
		劳动流动保障	0.385	劳动争议结案率	0.297
				职业培训经费	0.703
资本市场化	0.184	资本配置规模	0.643	金融市场规模	0.233
				银行市场规模	0.266
				股票市场规模	0.323
				保险业市场规模	0.177
		资本市场活跃度	0.212	金融市场活跃度	0.252
				银行市场活跃度	0.208
				股票市场活跃度	0.161
				保险业市场活跃度	0.379
		资本市场稳定	0.145	金融稳定性	1.000

一级指标	权重	二级指标	权重	三级指标/代理变量	权重
技术市场化	0.230	技术配置规模	0.476	人力规模	0.433
				财力规模	0.567
		技术市场环境	0.167	R&D活动企业占比	0.162
				R&D企业资金占比	0.090
				专利所有权转让平均收入	0.465
				技术市场平均交易额	0.283
		技术市场成果	0.357	专利授权数	0.439
				论文发表数	0.259
				创新绩效产出	0.303
数据市场化	0.359	数据配置规模	0.695	软件和信息技术服务业从业人员数	0.177
				电子信息制造业全部从业人员平均数	0.282
				软件和信息技术服务业资产总计	0.234
				电子信息制造业资产总计	0.307
		数据配置环境	0.305	光缆线路长度	0.196
				移动电话基站数	0.249
				互联网宽带接入端口	0.249
				互联网普及率	0.161
				移动电话普及率	0.146

注：数据来源于模型测算，结果由作者整理得到。

第三节　要素市场化配置水平分析

根据上文构建的要素市场化配置水平指标体系，基于群组G1法与熵值法的组合权重即可测算出2008—2019年我国31个省区市的要素市场化配置水平总指数和5个分市场化指数，为探寻区域间的差异和分布特征，本书将我国31个省区市划分为东部、中部、西部三大区域。分析思路为：首先从全国整体水平层面纵观大局，把握整体发展趋势和状况，其次递进到三大区域对比区域发展差异，探寻空间分布格局，最后聚焦到三大区域内的典型省份，具体分析。

一、总指数分析

本书中的要素市场化配置水平总指数由土地市场化、劳动市场化、资本市场化、技术市场化和数据市场化等5个分指数测度而来，综合反映了我国要素市场配置水平的发展状况。2008—2019年我国31个省区市要素市场化配置水平总指数的测度结果如表3-10所示。

表3-10 2008—2019年31个省区市要素市场化配置水平总指数

地区	年份												历年平均值
	2008	2009	2010	2011	2012	2013	2014	2015	2016	2017	2018	2019	
北京	0.308	0.345	0.377	0.392	0.414	0.435	0.472	0.497	0.523	0.568	0.598	0.650	0.465
天津	0.180	0.175	0.190	0.202	0.212	0.228	0.233	0.240	0.250	0.254	0.260	0.267	0.224
河北	0.118	0.143	0.163	0.180	0.192	0.208	0.220	0.222	0.245	0.271	0.283	0.306	0.213
山西	0.108	0.124	0.133	0.148	0.160	0.173	0.176	0.178	0.186	0.209	0.224	0.229	0.171
内蒙古	0.095	0.109	0.130	0.140	0.157	0.160	0.170	0.177	0.158	0.172	0.199	0.194	0.155
辽宁	0.210	0.211	0.238	0.252	0.254	0.260	0.267	0.255	0.260	0.273	0.266	0.272	0.251
吉林	0.140	0.138	0.142	0.151	0.150	0.162	0.179	0.163	0.181	0.175	0.187	0.215	0.165
黑龙江	0.144	0.128	0.145	0.156	0.162	0.165	0.166	0.176	0.183	0.194	0.195	0.216	0.169
上海	0.263	0.277	0.310	0.311	0.324	0.330	0.355	0.372	0.400	0.419	0.433	0.464	0.355
江苏	0.297	0.326	0.375	0.413	0.463	0.496	0.536	0.560	0.604	0.659	0.677	0.724	0.511
浙江	0.231	0.257	0.284	0.311	0.317	0.351	0.369	0.400	0.430	0.486	0.525	0.593	0.379
安徽	0.136	0.148	0.165	0.176	0.193	0.207	0.221	0.235	0.259	0.283	0.294	0.327	0.220
福建	0.214	0.212	0.192	0.209	0.217	0.229	0.235	0.235	0.258	0.276	0.296	0.322	0.241
江西	0.122	0.127	0.135	0.155	0.164	0.173	0.180	0.198	0.207	0.228	0.242	0.266	0.183
山东	0.212	0.246	0.282	0.303	0.324	0.364	0.363	0.387	0.410	0.460	0.453	0.465	0.356
河南	0.155	0.167	0.179	0.191	0.211	0.238	0.253	0.264	0.279	0.303	0.319	0.338	0.241
湖北	0.159	0.169	0.223	0.208	0.206	0.227	0.247	0.254	0.262	0.299	0.322	0.353	0.244
湖南	0.144	0.144	0.162	0.196	0.203	0.215	0.211	0.248	0.238	0.268	0.293	0.318	0.220
广东	0.330	0.383	0.427	0.464	0.496	0.530	0.578	0.625	0.710	0.756	0.846	0.930	0.590
广西	0.110	0.113	0.132	0.135	0.132	0.148	0.147	0.150	0.163	0.177	0.187	0.205	0.150
海南	0.130	0.153	0.099	0.102	0.120	0.131	0.126	0.137	0.134	0.137	0.130	0.108	0.126
重庆	0.175	0.169	0.201	0.185	0.181	0.200	0.230	0.236	0.257	0.267	0.277	0.283	0.222
四川	0.198	0.158	0.182	0.199	0.210	0.228	0.240	0.251	0.254	0.314	0.331	0.369	0.245
贵州	0.071	0.081	0.094	0.113	0.122	0.132	0.136	0.148	0.155	0.173	0.192	0.209	0.135
云南	0.121	0.095	0.106	0.118	0.124	0.146	0.150	0.147	0.161	0.171	0.182	0.202	0.144
西藏	0.064	0.046	0.029	0.033	0.047	0.066	0.069	0.068	0.073	0.072	0.087	0.089	0.062
陕西	0.118	0.132	0.150	0.159	0.173	0.197	0.197	0.207	0.222	0.243	0.260	0.280	0.195
甘肃	0.069	0.076	0.102	0.110	0.124	0.137	0.138	0.143	0.139	0.137	0.138	0.139	0.121
青海	0.065	0.075	0.090	0.082	0.085	0.094	0.092	0.094	0.097	0.108	0.112	0.086	0.090

地区	年份												历年平均值
	2008	2009	2010	2011	2012	2013	2014	2015	2016	2017	2018	2019	
宁夏	0.097	0.094	0.099	0.107	0.112	0.115	0.116	0.112	0.117	0.133	0.138	0.141	0.115
新疆	0.069	0.081	0.099	0.110	0.125	0.140	0.141	0.142	0.157	0.159	0.167	0.180	0.131
东部	0.227	0.248	0.267	0.285	0.303	0.324	0.341	0.357	0.384	0.415	0.433	0.464	0.337
中部	0.139	0.143	0.161	0.173	0.181	0.195	0.204	0.215	0.224	0.245	0.260	0.283	0.202
西部	0.104	0.102	0.118	0.124	0.133	0.147	0.152	0.156	0.163	0.177	0.189	0.198	0.147
全国	0.157	0.165	0.182	0.194	0.206	0.222	0.233	0.243	0.257	0.279	0.294	0.314	0.229

注：数据来源于模型测算，结果由作者整理得到。

（一）整体发展水平

基于全国整体的视角，我国要素市场化配置水平总指数在考察期内保持着逐年增长的良好势头，样本考察期内我国的要素市场化配置水平总指数由2008年的0.157提升至2019年的0.314，年增长率为6.539%。经过12年的发展，我国的要素市场化配置水平有着较为显著的提升，但是仍处于较低水平，历年平均值仅为0.229。其原因在于中国31个省区市要素市场化配置水平总指数差距较大，虽然东部地区中广东、江苏、北京等省区市要素市场化配置水平总指数较高，但中西部地区大部分省区市要素市场化配置水平总指数均较低，要素市场化配置水平总指数在地区间较大程度的不均衡导致了全国整体均值偏低。

（二）三大区域发展水平

基于三大区域的视角，2008—2019年，三大区域要素市场化配置水平从高到低依次为东部地区、中部地区、西部地区。东部地区的要素市场化配置水平总指数由2008年的0.227增加至2019年的0.464，历年平均值为0.337，年均增长率为6.730%；中部地区的要素市场化配置水平总指数由2008年的0.139增加至2019年的0.283，历年平均值为0.202，年均增长率为6.703%，东部地区与西部地区的增长率差距较为微弱；西部地区的要素市场化配置水平总指数由2008年的0.104增加至2019年的0.198，历年平均值为0.147，年均增长率为5.995%。综上所述，三大地区存在空间发展不平衡性，东部地区略高于中、西部地区，与此同时，东部地区的增长率也高于中、西部地区，三大地区的差异正逐步扩大。这是因为在改革开放初期，资源禀赋、区位因素、工业贸易、经济传统、发展基础设施和体制条件等方面存在着明显的差异。造成市场化进程差异的另一个主要原因是不同地区的市场化改革开始的时间不同（樊纲 等，2003；孙晓华、李明珊，2014）。

（三）省域发展水平

1. 东部地区

东部地区各省区市的要素市场化配置水平存在明显的区域不平衡性，省（区、市）之间的要素市场化配置水平差异较大。

广东、江苏、北京、浙江、山东、上海等省区市的要素市场化配置水平得分在东部地区平均水平之上。广东、江苏和北京三个省区市的要素市场化配置水平得分持续上升，广东由2008年的0.330增加至2019年的0.930，江苏由2008年的0.297增加至2019年的0.724，北京由2008年的0.308增加至2019年的0.650；浙江、山东和上海三个省区市的要素市场化配置水平得分呈"你追我赶"的趋势，浙江由2008年的0.231增加至2019年的0.593，山东由2008年的0.212增加至2019年的0.465，上海由2008年的0.263增加至2019年的0.464。年均增长率也较高，分别为9.890%、8.458%、7.009%、8.973%、7.418%、5.305%。从排名的角度看，广东、江苏和北京三个省区市的要素市场化配置水平排名稳居东部地区前三位，同时居全国前三位。其中，广东始终保持全国排第1名，2008—2010年北京在江苏之前列第2名，2010年之后，江苏超过北京成为我国要素市场化配置水平得分全国排名第二的省份。浙江、山东和上海三个省区市的要素市场化配置水平排名在第4～6名上下变动，2008—2010年三省市排名由高到低为上海、浙江、山东，2011—2013年三省市排名交替变动，2014—2019年浙江、山东、上海稳定在第4、5、6名。

辽宁、福建、天津、河北、海南等省区市的要素市场化配置水平得分在东部地区平均水平之下。辽宁、福建、天津的要素市场化配置水平得分呈波动上升的趋势。辽宁由2008年的0.210增加至2019年的0.272，在2015年和2018年稍有下降，福建由2008年的0.214增加至2019年的0.322，在2009年和2010年稍有下降，天津由2008年的0.180增加至2019年的0.267，在2009年稍有下降，年均增长率分别为2.409%、3.762%和3.649%。从排名的角度看，三个省区市的全国排名也大幅下滑，分别从2008年的第8名、第6名和第10名下降至2019年的第16名、第11名和第17名。河北的要素市场化配置水平得分呈现持续上升的趋势，由2008年的0.118增加至2019年的0.306，年均增长率较高，达到9.033%，全国排名也从第21名提升至第

13名。海南的要素市场化配置水平得分整体呈波动下降的趋势，也是全国唯一一个年均增长率为负的省份，其全国排名下滑严重，从2008年的第18名下降至2019年的第29名，居于全国末尾。

2. 中部地区

中部地区的要素市场化配置水平整体呈波动上升态势，这说明中部地区各省区市的要素市场化配置水平在样本考察期内均有所提升。

湖北、河南、安徽、湖南等省份的要素市场化配置水平得分在中部地区平均水平之上。河南和安徽的要素市场化配置水平得分持续上升，河南由2008年的0.155增加至2019年的0.338，安徽由2008年的0.136增加至2019年的0.327，年均增长率分别为7.329%和8.296%，湖北和湖南的要素市场化配置水平得分呈波动上升的趋势。湖北由2008年的0.159增加至2019年的0.353，在2011年和2012年稍有下降，湖南由2008年的0.144增加至2019年的0.318，在2014年和2016年稍有下降，年均增长率分别为7.511%和7.427%。从排名的角度看，四省的全国排名均有所提升，湖北从第12名提升至第8名，河南从第13名提升至第9名，安徽从第17名提升至第10名，湖南从第14名提升至第12名。

江西、山西、黑龙江、吉林等省份的要素市场化配置水平得分在中部地区平均水平之下。江西和山西的要素市场化配置水平得分持续上升，江西由2008年的0.122增加至2019年的0.266，山西由2008年的0.108增加至2019年的0.229，年均增长率分别为7.370%和7.091%。黑龙江和吉林的要素市场化配置水平得分呈波动上升的趋势，黑龙江由2008年的0.144增加至2019年的0.216，在2009年稍有下降，吉林由2008年的0.140增加至2019年的0.215，12年间吉林市场化配置水平得分波动较为频繁，年均增长率分别为7.511%和7.427%。从排名的角度看，江西和山西的要素市场化配置水平排名稍有提升，江西从第19名提升至第18名，山西从第24名提升至第19名。黑龙江和吉林的要素市场化配置水平排名呈下降趋势，黑龙江从第15名下降至第20名，吉林从第16名下降至第21名。

3. 西部地区

从2008—2019年要素市场化配置水平得分及历年平均值可以发现，样本考察期内西部地区仅四川和重庆的要素市场化配置水平得分居于全国平均水平以上，其他省区市均处于全国均值以下。说明在西部地区，绝大部分省区市的要素市场化配置水平处于低级阶段，尚未达到全国平均水平，要素市场化改革任务仍然艰巨。

在样本考察期内四川和重庆要素市场化配置水平一直稳居西部地区前两名，从得分的角度看，四川由2008年的0.198增加至2019年的0.369，重庆由2008年的0.175增加至2019年的0.283，年均增长率分别为5.793%和4.455%。从排名的角度看，四川的全国排名有所提升，从第9名提升至第7名，重庆的全国排名稍有下降，从第11名下降至第14名。内蒙古、陕西、广西三个省区市的要素市场化配置水平得分在西部地区平均水平之上。陕西的要素市场化配置水平得分持续上升，由2008年的0.118增加至2019年的0.280，年均增长率为8.183%，内蒙古和广西的要素市场化配置水平得分呈波动上升的趋势，内蒙古由2008年的0.095增加至2019年的0.194，在2016年稍有下降，广西由2008年的0.110增加至2019年的0.205，在2012年和2014年稍有下降，年均增长率分别为6.689%和5.845%。从排名的角度看，三省区的全国排名变化各不相同，内蒙古从第26名提升至第25名，陕西从第22名提升至第15名，广西的排名保持不变均为第23名。

宁夏、云南、贵州、新疆、甘肃、青海、西藏等省区市的要素市场化配置水平得分在西部地区平均水平之下。贵州和新疆的要素市场化配置水平得分持续上升，贵州由2008年的0.071增加至2019年的0.209，新疆由2008年的0.069增加至2019年的0.180，年均增长率分别为10.322%和9.084%，贵州是唯一一个年均增长率超过10%的省份。宁夏、云南和甘肃的要素市场化配置水平得分呈波动上升的趋势，宁夏由2008年的0.097增加至2019年的0.141，在2009年和2015年稍有下降，云南由2008年的0.121增加至2019年的0.202，在2009年和2015年稍有下降，甘肃由2008年的0.069增加至2019年的0.139，在2016年和2017年稍有下降，年均增长率分别为3.462%、4.183%和6.542%。从排名的角度看，贵州、新疆和甘肃三个省区市的要素市场化配置水平排名稍有提升，贵州从第27名提升至第22名，新疆从第28名提升至第26名，甘肃从第29名提升至第28名。宁夏和云南的要素市场化配置水平排名呈下降趋势，宁夏从第25名下降至第27名，云南从第20名下降至第24名。青海和西藏的要素市场化配置水平得分最低，历年平均值分别为0.090和0.062，年均增长率分别为2.565%和2.996%，全国排名稳定在最后的第30名和第31名。

二、分指数分析

（一）土地市场化配置指数分析

2008—2019年我国31个省区市土地市场化配置水平指数的测度结果如表3-11所示。

表3-11 2008—2019年31个省区市土地市场化配置水平指数

| 地区 | 年份 | | | | | | | | | | | | 历年平均值 |
	2008	2009	2010	2011	2012	2013	2014	2015	2016	2017	2018	2019	
北京	0.232	0.210	0.219	0.201	0.172	0.195	0.188	0.169	0.172	0.216	0.203	0.205	0.198
天津	0.358	0.254	0.259	0.253	0.239	0.255	0.218	0.191	0.199	0.193	0.203	0.218	0.237
河北	0.224	0.246	0.268	0.299	0.293	0.317	0.328	0.281	0.297	0.304	0.320	0.326	0.292
山西	0.188	0.211	0.189	0.223	0.210	0.230	0.220	0.201	0.219	0.213	0.217	0.220	0.212
内蒙古	0.228	0.217	0.267	0.279	0.267	0.271	0.275	0.250	0.254	0.257	0.264	0.248	0.256
辽宁	0.608	0.519	0.564	0.575	0.463	0.409	0.403	0.332	0.274	0.291	0.273	0.274	0.416
吉林	0.223	0.223	0.240	0.265	0.258	0.247	0.357	0.212	0.186	0.192	0.200	0.199	0.234
黑龙江	0.233	0.246	0.245	0.275	0.271	0.253	0.203	0.228	0.213	0.223	0.223	0.243	0.238
上海	0.435	0.270	0.365	0.273	0.255	0.264	0.304	0.252	0.230	0.228	0.232	0.233	0.278
江苏	0.480	0.372	0.408	0.426	0.408	0.458	0.393	0.355	0.343	0.365	0.387	0.383	0.398
浙江	0.350	0.333	0.331	0.343	0.306	0.362	0.331	0.283	0.291	0.334	0.378	0.419	0.338
安徽	0.334	0.282	0.285	0.286	0.293	0.310	0.319	0.307	0.331	0.329	0.312	0.312	0.308
福建	0.448	0.271	0.294	0.298	0.244	0.286	0.261	0.208	0.207	0.229	0.216	0.224	0.265
江西	0.310	0.247	0.262	0.285	0.281	0.282	0.271	0.274	0.263	0.280	0.261	0.249	0.272
山东	0.379	0.398	0.414	0.410	0.400	0.458	0.399	0.376	0.371	0.381	0.380	0.365	0.394
河南	0.307	0.273	0.284	0.271	0.289	0.330	0.317	0.297	0.257	0.285	0.296	0.307	0.293
湖北	0.311	0.295	0.534	0.360	0.274	0.282	0.303	0.268	0.197	0.269	0.265	0.267	0.302
湖南	0.241	0.196	0.248	0.381	0.346	0.332	0.256	0.260	0.258	0.273	0.271	0.268	0.277
广东	0.371	0.356	0.311	0.295	0.269	0.282	0.281	0.239	0.253	0.292	0.293	0.299	0.295
广西	0.260	0.209	0.236	0.234	0.194	0.210	0.221	0.205	0.210	0.205	0.206	0.199	0.216
海南	0.561	0.658	0.232	0.237	0.277	0.212	0.225	0.235	0.215	0.213	0.199	0.181	0.287
重庆	0.489	0.337	0.400	0.324	0.269	0.315	0.392	0.382	0.339	0.328	0.302	0.302	0.348
四川	0.533	0.241	0.320	0.336	0.278	0.277	0.259	0.234	0.216	0.221	0.222	0.224	0.280
贵州	0.172	0.157	0.182	0.214	0.244	0.223	0.251	0.254	0.250	0.260	0.250	0.241	0.225
云南	0.252	0.172	0.193	0.206	0.188	0.253	0.241	0.184	0.189	0.205	0.180	0.184	0.204
西藏	0.097	0.093	0.084	0.034	0.014	0.121	0.151	0.115	0.123	0.095	0.120	0.119	0.097
陕西	0.218	0.205	0.199	0.187	0.214	0.242	0.209	0.210	0.209	0.227	0.233	0.233	0.216
甘肃	0.156	0.157	0.209	0.185	0.199	0.226	0.189	0.203	0.180	0.189	0.190	0.178	0.188
青海	0.086	0.169	0.267	0.160	0.127	0.146	0.121	0.126	0.131	0.132	0.137	0.129	0.144
宁夏	0.248	0.212	0.225	0.238	0.235	0.214	0.232	0.189	0.198	0.225	0.227	0.231	0.223
新疆	0.156	0.154	0.175	0.174	0.209	0.240	0.208	0.189	0.210	0.222	0.230	0.234	0.200
东部	0.404	0.353	0.333	0.328	0.302	0.318	0.303	0.266	0.259	0.277	0.280	0.284	0.309
中部	0.268	0.246	0.286	0.293	0.278	0.283	0.281	0.256	0.241	0.258	0.256	0.258	0.267

地区	年份												历年平均值
	2008	2009	2010	2011	2012	2013	2014	2015	2016	2017	2018	2019	
西部	0.241	0.194	0.230	0.214	0.203	0.228	0.229	0.212	0.209	0.214	0.213	0.210	0.216
全国	0.306	0.264	0.281	0.275	0.258	0.274	0.269	0.242	0.235	0.248	0.248	0.249	0.262

注：数据来源于模型测算，结果由作者整理得到。

从整体上来看，我国土地市场化配置水平不仅没有得到改善，反而稍有恶化，历年平均值为0.262，且呈现负增长，年均增长率为-1.865%。三大地区的土地市场化配置水平也呈现恶化趋势，其中，东部地区的土地市场化配置水平得分最高，历年平均值为0.309，年均增长率为-3.147%；中部地区的土地市场化配置水平得分居中，历年平均值为0.267，年均增长率为-0.357%；西部地区的土地市场化配置水平得分最低，历年平均值为0.216，年均增长率为-1.250%。其原因在于我国土地制度依然保留着传统计划经济体制的诸多特点。长期以来，基于耕地保护和防止土地资源过度开发的管制目标，以及降低工业和城市发展成本的经济目标，土地要素计划管理体制的改革推进缓慢。土地制度市场化水平不高、灵活性程度不足、适应性能力不强等问题，加重了土地供需扭曲和紧张，土地制度改革严重滞后于经济社会发展需求，对资源配置效率的抑制作用不断显现。各区域的土地市场化具体情况如下。

东部地区。江苏、山东、浙江、广东、河北等省份土地市场化配置水平的全国排名均有所提升。其中，浙江和河北的提升较为明显，年均增长率也是东部地区仅有的呈现上升趋势的两个省份，浙江从2008年的第11名提升至2019年的第1名，河北从2008年的第23名提升至2019年的第4名，年均增长率分别为1.642%和3.492%；江苏、山东和广东的排名稍有提升，江苏从2008年的第5名提升至2019年的第2名，山东从2008年的第8名提升至2019年的第3名，广东从2008年的第9名提升至2019年的第8名，年均增长率分别为-2.028%、-0.346%和-1.947%。辽宁、上海、福建、天津、北京等省（区、市）的土地市场化配置水平排名有所下降，其中，辽宁、上海、福建和天津的排名下降最明显，辽宁从第1名下降至第9名，上海从第7名下降至第17名，福建从第6名下降至第20名，天津从第10名下降至第23名，年均增长率分别为-6.978%、-5.518%、-6.106%和-4.396%；北京的排名稍有下降，从2008年的第21名下降至2019年的第24名，年均增长率为-1.118%。海南土地市场化配置水平的全国排名波动较为剧烈，年均增长率在全国也最低，为-9.787%。

中部地区。安徽、河南、湖南、黑龙江等省份土地市场化配置水平的全国排名有较大提升，安徽从2008年的第12名提升至2019年的第5名，河南从2008年的第15名提升至2019年的第6名，湖南从2008年的第19名提升至2019年的第10名，黑龙江从2008年的第20名提升至2019年的第14名，年均增长率分别为−0.596%、−0.009%、0.969%和0.356%。湖北、江西和山西的全国排名稍有提升，湖北从2008年的第13名提升至2019年的第11名，江西从2008年的第14名提升至2019年的第12名，山西从2008年的第26名提升至2019年的第22名，年均增长率分别为−1.364%、−1.969%和1.416%。吉林的土地市场化配置水平排名有所下降，从2008年的第24名下降至2019年的第26名，年均增长率为−1.052%。

西部地区。重庆的土地市场化配置水平在西部地区处于较高水平，平均排名位于全国第4名，年均增长率为−4.304%。内蒙古、贵州、陕西、新疆、青海等省（区、市）土地市场化配置水平的全国排名均有所提升，年均增长率也均为正。其中，内蒙古、贵州和新疆的提升较为明显，内蒙古从2008年的第22名提升至2019年的第13名，贵州从2008年的第27名提升至2019年的第15名，新疆从2008年的第29名提升至2019年的第16名，年均增长率分别为0.736%、3.124%和3.793%；陕西和青海的排名稍有提升，陕西从2008年的第25名提升至2019年的第18名，青海从2008年的第31名提升至2019年的第30名，年均增长率分别为0.596%和3.769%。宁夏、广西、云南、甘肃、西藏等省（区、市）的土地市场化配置水平排名有所下降，其中，广西和云南的排名下降最明显，广西从第16名下降至第25名，云南从第17名下降至第27名，年均增长率分别为−2.395%和−2.816%；宁夏、甘肃和西藏的排名稍有下降，分别从2008年的第18名、第28名和第30名下降至2019年的第19名、第29名和第31名，年均增长率分别为−0.645%、1.211%和1.888%。四川土地市场化配置水平的全国排名波动较为剧烈，年均增长率在西部地区较低，为−7.587%。

（二）劳动市场化配置指数分析

2008—2019年我国31个省区市劳动市场化配置水平指数的测度结果如表3-12所示。

表3-12　2008—2019年31个省区市劳动市场化配置水平指数

地区	年份												历年平均值
	2008	2009	2010	2011	2012	2013	2014	2015	2016	2017	2018	2019	
北京	0.434	0.407	0.443	0.450	0.476	0.490	0.499	0.509	0.526	0.564	0.558	0.613	0.497
天津	0.219	0.250	0.268	0.276	0.296	0.324	0.332	0.349	0.353	0.369	0.370	0.362	0.314
河北	0.221	0.260	0.292	0.302	0.305	0.314	0.337	0.338	0.365	0.372	0.399	0.414	0.327
山西	0.192	0.200	0.222	0.243	0.272	0.265	0.263	0.286	0.299	0.305	0.335	0.337	0.268
内蒙古	0.139	0.174	0.193	0.211	0.217	0.231	0.357	0.442	0.268	0.257	0.270	0.279	0.253
辽宁	0.205	0.239	0.272	0.301	0.332	0.341	0.336	0.306	0.335	0.315	0.320	0.333	0.303
吉林	0.186	0.182	0.188	0.206	0.216	0.253	0.255	0.264	0.260	0.279	0.291	0.312	0.241
黑龙江	0.409	0.190	0.236	0.229	0.243	0.244	0.258	0.260	0.273	0.292	0.298	0.315	0.270
上海	0.217	0.328	0.355	0.384	0.396	0.409	0.419	0.432	0.439	0.462	0.491	0.514	0.404
江苏	0.345	0.393	0.424	0.438	0.458	0.516	0.556	0.556	0.577	0.603	0.626	0.655	0.512
浙江	0.313	0.348	0.360	0.381	0.404	0.418	0.428	0.447	0.465	0.505	0.529	0.580	0.432
安徽	0.243	0.252	0.271	0.284	0.313	0.319	0.336	0.347	0.362	0.380	0.410	0.440	0.330
福建	0.206	0.249	0.253	0.283	0.313	0.311	0.330	0.335	0.346	0.350	0.366	0.387	0.311
江西	0.217	0.236	0.241	0.284	0.296	0.300	0.303	0.322	0.330	0.335	0.371	0.377	0.301
山东	0.351	0.380	0.455	0.461	0.511	0.527	0.517	0.528	0.564	0.579	0.599	0.588	0.505
河南	0.297	0.306	0.314	0.345	0.370	0.383	0.412	0.442	0.459	0.481	0.511	0.517	0.403
湖北	0.253	0.251	0.268	0.273	0.286	0.314	0.332	0.340	0.358	0.368	0.395	0.427	0.322
湖南	0.247	0.262	0.268	0.284	0.288	0.296	0.301	0.315	0.323	0.344	0.378	0.409	0.310
广东	0.404	0.444	0.492	0.549	0.573	0.577	0.635	0.666	0.798	0.735	0.868	0.893	0.636
广西	0.198	0.206	0.244	0.245	0.233	0.283	0.264	0.288	0.294	0.325	0.323	0.344	0.270
海南	0.086	0.137	0.159	0.151	0.185	0.203	0.211	0.243	0.248	0.247	0.233	0.243	0.195
重庆	0.139	0.223	0.226	0.247	0.272	0.288	0.299	0.314	0.323	0.333	0.341	0.344	0.279
四川	0.273	0.282	0.294	0.304	0.334	0.356	0.352	0.365	0.380	0.391	0.440	0.445	0.351
贵州	0.151	0.170	0.138	0.165	0.193	0.211	0.216	0.238	0.252	0.305	0.316	0.296	0.221
云南	0.344	0.191	0.191	0.204	0.224	0.257	0.266	0.280	0.303	0.334	0.354	0.375	0.277
西藏	0.195	0.142	0.143	0.155	0.195	0.162	0.182	0.193	0.217	0.204	0.229	0.241	0.188
陕西	0.222	0.228	0.269	0.278	0.301	0.322	0.319	0.322	0.351	0.353	0.359	0.376	0.308
甘肃	0.112	0.094	0.160	0.205	0.219	0.227	0.227	0.243	0.245	0.232	0.247	0.269	0.207
青海	0.149	0.156	0.150	0.163	0.196	0.193	0.203	0.208	0.217	0.225	0.234	0.262	0.196
宁夏	0.149	0.146	0.153	0.149	0.149	0.169	0.177	0.177	0.199	0.207	0.211	0.212	0.175
新疆	0.118	0.149	0.174	0.206	0.231	0.246	0.264	0.269	0.306	0.298	0.310	0.351	0.243
东部	0.273	0.312	0.343	0.361	0.387	0.403	0.418	0.428	0.456	0.464	0.487	0.507	0.403
中部	0.255	0.235	0.251	0.269	0.285	0.297	0.307	0.322	0.333	0.348	0.374	0.392	0.306
西部	0.182	0.180	0.195	0.211	0.230	0.245	0.261	0.278	0.280	0.289	0.303	0.316	0.247
全国	0.233	0.241	0.262	0.279	0.300	0.314	0.329	0.343	0.356	0.366	0.387	0.403	0.318

注：数据来源于模型测算，结果由作者整理得到。

从整体上来看，我国劳动市场化配置水平在逐年上升，历年平均值为0.318，年均增长率达到5.103%。三大地区中，东部地区的劳动市场化配置水平最高，历年平均值为0.403；中部地区的劳动市场化配置水平居中，历年平均值为0.306；西部地区的劳动市场化配置水平比东部地区和中部地区低，历年平均值为0.247。各区域的劳动市场化配置水平具体情况如下。

东部地区。2008—2019年东部地区的劳动市场化配置水平保持上升趋势，年均增长率达到5.802%。除了2008年和2011年浙江排名位居全国第7名和第6名之外，广东、江苏、北京、山东、浙江的劳动市场化配置水平排名均在我国前五之列，但这五个省份的年均增长率跨度较大，介于3%～8%。海南劳动市场化配置水平的增长速度显著高于东部其他省区市，年均增长率达到9.925%，但海南的劳动市场化配置水平却排在全国末尾。上海的劳动市场化配置水平除2008年位列全国第16名之外，其余年份的全国排名都在第6～8名波动。河北、福建的劳动市场化配置水平排名在全国范围内有小幅度提高，河北从2008年的第14名提高至2019年的第11名，福建从2008年的第18名提高至2019年的第13名。天津、辽宁的劳动市场化配置水平排名在全国范围内有小幅度下滑，天津从2008年的第15名下降至2019年的第17名，辽宁从2008年的第19名下跌至2019年的第22名。

中部地区。样本考察期内中部地区的劳动市场化配置水平呈现良好的增长态势，年均增长率达到3.962%。河南的劳动市场化配置水平最高，综合水平排全国第7名，年均增速也保持5.171%。安徽的增长速度在西部地区中最快，年均增长率达到5.565%，全国排名也有所提升，从2008年的第12名提升至2019年的第9名。江西和山西的劳动市场化配置水平增速仅次于安徽和河南，年均增长率分别为5.163%和5.249%，劳动市场化配置水平排名均与2008年保持一致，位列第17名和第22名。湖北、湖南和吉林的劳动市场化配置水平排名都有所下降，同2008年相比，湖北从第10名下降至第11名，湖南从第11名下降至第14名，吉林从第23名下降至第25名。而黑龙江的劳动市场化配置水平增长率是全国仅有的一个为负值的省份，排名变动幅度较大且呈现下降趋势。

西部地区。样本考察期内西部地区的劳动市场化配置水平呈上升态势，年均增长率达到5.121%，增速仅次于东部地区。从增长率的角度来看，西部地区的劳动市场化配置水平有望追赶上中部地区。四川的劳动市场化配置水平近12年来一直处于较高水平，位于全国第8名，年均增长率为4.538%。重庆、新疆、甘肃的劳动市场化配置水平增速较快，均在8%以上，分别为8.561%、10.425%和8.269%，三个省份的全国排名也有较明显的提升，重庆从2008年的第27名提高至2019年的第20名，新疆从2008年的第29名提高至2019年的第18名，甘肃从2008年的第30名提高至2019年的第27名。广西和内蒙古的劳动市场化配置水平排名也稍有提升，两者的全国排名分别从2008年的第20名和第28名上升到2019年的第19名和第26名，年均增长率分别为5.149%和6.554%。另外，陕西、云南、贵州、青海、西藏和宁夏的劳动市场化配置水平排名都有所下降。其中，西藏的排名下降最明显，从2008年的第21名下降至2019年的第30名；陕西、贵州、青海和宁夏的排名稍有下降，分别从2008年的第13名、第24名、第25名和第26名下降至2019年的第15名、第25名、第28名和第31名，年均增长率分别为4.898%、6.297%、5.252%和3.291%；云南的劳动市场化配置水平增速最低，仅为0.785%。

（三）资本市场化配置指数分析

2008—2019年我国31个省区市资本市场化配置水平指数的测度结果如表3-13所示。

表3-13　2008—2019年31个省区市资本市场化配置水平指数

地区	年份												历年平均值
	2008	2009	2010	2011	2012	2013	2014	2015	2016	2017	2018	2019	
北京	0.421	0.549	0.585	0.568	0.592	0.584	0.689	0.714	0.739	0.758	0.769	0.818	0.649
天津	0.222	0.253	0.270	0.284	0.294	0.300	0.304	0.306	0.313	0.311	0.302	0.308	0.289
河北	0.241	0.283	0.302	0.316	0.332	0.342	0.341	0.345	0.359	0.387	0.365	0.389	0.334
山西	0.197	0.242	0.273	0.284	0.300	0.304	0.295	0.297	0.290	0.310	0.305	0.326	0.285
内蒙古	0.224	0.247	0.268	0.278	0.282	0.280	0.268	0.233	0.246	0.260	0.282	0.257	0.260
辽宁	0.230	0.272	0.299	0.301	0.313	0.320	0.329	0.352	0.348	0.347	0.309	0.317	0.311
吉林	0.189	0.232	0.260	0.266	0.275	0.334	0.291	0.295	0.282	0.277	0.276	0.280	0.271
黑龙江	0.197	0.246	0.272	0.278	0.291	0.300	0.299	0.298	0.296	0.300	0.301	0.317	0.283
上海	0.329	0.393	0.411	0.426	0.438	0.411	0.441	0.508	0.565	0.576	0.509	0.577	0.465
江苏	0.308	0.366	0.399	0.412	0.428	0.447	0.478	0.507	0.578	0.628	0.618	0.700	0.489
浙江	0.309	0.346	0.380	0.386	0.385	0.403	0.416	0.447	0.478	0.558	0.578	0.643	0.444
安徽	0.237	0.270	0.290	0.296	0.300	0.303	0.302	0.310	0.340	0.367	0.334	0.372	0.310
福建	0.242	0.283	0.305	0.315	0.324	0.330	0.313	0.317	0.336	0.362	0.367	0.412	0.326
江西	0.212	0.250	0.264	0.276	0.282	0.289	0.295	0.290	0.289	0.310	0.302	0.330	0.282
山东	0.292	0.340	0.362	0.376	0.395	0.416	0.411	0.422	0.444	0.468	0.446	0.494	0.405
河南	0.257	0.292	0.314	0.322	0.331	0.343	0.353	0.350	0.364	0.396	0.387	0.420	0.344

地区	年份												历年平均值
	2008	2009	2010	2011	2012	2013	2014	2015	2016	2017	2018	2019	
湖北	0.236	0.270	0.289	0.304	0.313	0.320	0.331	0.326	0.339	0.371	0.366	0.402	0.322
湖南	0.225	0.247	0.262	0.276	0.286	0.293	0.298	0.307	0.312	0.339	0.343	0.376	0.297
广东	0.318	0.404	0.437	0.444	0.472	0.510	0.548	0.646	0.738	0.796	0.779	0.920	0.584
广西	0.197	0.223	0.234	0.246	0.258	0.261	0.258	0.242	0.248	0.265	0.270	0.286	0.249
海南	0.166	0.182	0.201	0.202	0.214	0.229	0.229	0.245	0.246	0.252	0.238	0.121	0.210
重庆	0.216	0.241	0.245	0.261	0.281	0.290	0.300	0.290	0.298	0.318	0.322	0.333	0.283
四川	0.216	0.260	0.291	0.311	0.328	0.346	0.356	0.350	0.374	0.400	0.397	0.430	0.338
贵州	0.173	0.207	0.217	0.234	0.244	0.249	0.249	0.255	0.255	0.254	0.266	0.308	0.243
云南	0.205	0.226	0.236	0.252	0.268	0.281	0.266	0.251	0.226	0.242	0.255	0.284	0.249
西藏	0.108	0.128	0.092	0.129	0.162	0.180	0.166	0.163	0.153	0.160	0.165	0.157	0.147
陕西	0.201	0.229	0.251	0.263	0.282	0.305	0.301	0.296	0.287	0.323	0.324	0.344	0.284
甘肃	0.181	0.211	0.220	0.231	0.249	0.260	0.270	0.264	0.250	0.223	0.205	0.162	0.227
青海	0.144	0.164	0.173	0.180	0.188	0.203	0.203	0.185	0.172	0.183	0.172	0.084	0.171
宁夏	0.204	0.218	0.218	0.222	0.231	0.234	0.222	0.222	0.217	0.227	0.206	0.218	0.220
新疆	0.186	0.211	0.241	0.253	0.254	0.268	0.268	0.262	0.262	0.272	0.268	0.288	0.253
东部	0.280	0.334	0.359	0.366	0.381	0.390	0.409	0.437	0.468	0.495	0.480	0.518	0.410
中部	0.219	0.256	0.278	0.288	0.297	0.311	0.308	0.309	0.314	0.334	0.327	0.353	0.299
西部	0.188	0.214	0.224	0.238	0.252	0.263	0.261	0.251	0.249	0.261	0.261	0.263	0.244
全国	0.228	0.267	0.286	0.297	0.309	0.320	0.325	0.332	0.343	0.363	0.356	0.376	0.317

注：数据来源于模型测算，结果由作者整理得到。

从整体上来看，我国资本市场化配置水平在稳步上升，历年平均值为0.317，年均增长率达到4.646%。三大地区中，东部地区的资本市场化配置水平最高，历年平均值为0.410；中部地区的资本市场化配置水平居中，历年平均值为0.299；西部地区的资本市场化配置水平较为靠后，历年平均值为0.244。东部地区与中、西部地区的资本市场化配置水平差异正逐渐增大，各地区的资本市场化配置水平具体情况如下。

东部地区。样本考察期内东部地区的资本市场化配置指数的年均增长率为5.759%，高于中部地区和西部地区的增长率。北京、广东、江苏、上海、浙江、山东的资本市场化配置水平排名历年稳居我国前6位，但这六个省市的年均增长率跨度较大。其中，广东的年均增长率高达10.130%，是我国唯一一个资本市场化配置水平增长率超过10%的省份，而山东的资本市场化配置水平增长率仅为4.878%，两省的增长率相差5.252个百分点。河北、福建、辽宁、天津和海南的资本市场化配置水平排名在全国范围内均存在一定程度的下滑，其中，河北从2008年的第9名下降至2019年的第11名，福建从2008年的第8名下降至2019年的第9名，辽宁从2008年的第12名下降至2019年的第19名，天津从2008年的第15名下降至2019年的第21名，海南从2008年的第29名下降至2019年的第30名。五个省份的增速也存在较大差异，河北和福建的资本市场化配置水平增长率保持在4.5%左右，辽宁和天津的资本市场化配置水平增长率保持在2.9%左右，而海南的资本市场化配置水平增长率是全国仅有的三个为负的省份之一，年均增长率–2.776%。

中部地区。2008—2019年中部地区的资本市场化配置水平逐年上升，年均增长率达到4.445%，增速仅次于东部地区。中部地区各省份的资本市场化配置水平增长速度也相对稳定，除了吉林的资本市场化配置水平增长速度为3.617%之外，其余各省的增长速度均在4%~5%。河南的资本市场化配置水平最高，全国综合水平排名在第7~8名波动。湖北、湖南、山西、黑龙江、江西等省份资本市场化配置水平的全国排名均有所提升，湖北从2008年的第11名提升至2019年的第10名，湖南从2008年的第13名提升至2019年的第12名，山西从2008年的第24名提升至2019年的第17名，黑龙江从2008年的第23名提升至2019年的第18名，江西从2008年的第18名提升至2019年的第16名。吉林的资本市场化配置水平排名与2008年保持一致，位列第25名。安徽的资本市场化配置水平排名有所下降，同2008年相比，从第10名下降至第13名。

西部地区。样本考察期内西部地区的资本市场化配置水平呈上升态势，年均增长率达到3.087%。四川的资本市场化配置水平近12年来一直处于较高水准，平均排全国第8名，其增长速度在西部地区中也最大，达到6.468%。贵州、陕西、新疆、重庆、西藏的资本市场化配置水平排名均有所提升，其中，贵州和陕西的排名上升最明显，分别从2008年的第28名和第21名提升至2019年的第20名和第14名。新疆、重庆、西藏的排名稍有提升，新疆从第26名上升至第22名，重庆从第17名上升至第15名，西藏从第31名上升至第29名。而广西、云南、内蒙古、宁夏、甘肃和青海的资本市场化配置水平排名都有所下降，其中，内蒙古和宁夏的排名下降最明显，分别从2008年的第14名和第20名下降至2019年的第26名和第27名。甘肃和青海是另外两个资本市场化配置水平增速为负的省份，年均增长率分别为–1.036%和–4.769%。

（四）技术市场化配置指数分析

2008—2019年我国31个省区市技术市场化配置水平指数的测度结果如表3-14所示。

表3-14 2008—2019年31个省区市技术市场化配置水平指数

地区	年份												历年平均值
	2008	2009	2010	2011	2012	2013	2014	2015	2016	2017	2018	2019	
北京	0.319	0.350	0.385	0.426	0.445	0.465	0.491	0.529	0.548	0.606	0.647	0.711	0.493
天津	0.166	0.162	0.176	0.195	0.200	0.228	0.249	0.273	0.282	0.287	0.301	0.304	0.235
河北	0.062	0.066	0.074	0.084	0.092	0.099	0.110	0.116	0.130	0.151	0.169	0.196	0.112
山西	0.078	0.076	0.075	0.079	0.087	0.107	0.116	0.111	0.111	0.153	0.179	0.164	0.111
内蒙古	0.042	0.050	0.058	0.058	0.102	0.095	0.070	0.080	0.080	0.098	0.149	0.141	0.085
辽宁	0.120	0.116	0.117	0.125	0.129	0.141	0.146	0.145	0.183	0.207	0.218	0.209	0.155
吉林	0.182	0.143	0.118	0.110	0.091	0.071	0.086	0.098	0.117	0.128	0.142	0.193	0.123
黑龙江	0.086	0.088	0.095	0.106	0.104	0.104	0.116	0.125	0.135	0.138	0.132	0.154	0.115
上海	0.220	0.251	0.268	0.286	0.281	0.300	0.321	0.333	0.384	0.407	0.455	0.460	0.330
江苏	0.190	0.225	0.256	0.298	0.339	0.379	0.417	0.439	0.480	0.522	0.558	0.637	0.395
浙江	0.154	0.182	0.212	0.246	0.260	0.293	0.314	0.351	0.388	0.414	0.457	0.516	0.316
安徽	0.065	0.090	0.104	0.114	0.133	0.147	0.162	0.173	0.183	0.204	0.224	0.264	0.155
福建	0.208	0.230	0.111	0.122	0.130	0.136	0.147	0.148	0.180	0.175	0.194	0.216	0.166
江西	0.069	0.071	0.064	0.068	0.075	0.085	0.096	0.124	0.130	0.142	0.166	0.201	0.107
山东	0.126	0.153	0.180	0.208	0.228	0.251	0.265	0.281	0.305	0.399	0.351	0.339	0.257
河南	0.087	0.096	0.101	0.106	0.112	0.138	0.148	0.148	0.155	0.170	0.206	0.221	0.141
湖北	0.112	0.126	0.135	0.150	0.157	0.178	0.186	0.203	0.218	0.249	0.275	0.300	0.191
湖南	0.133	0.125	0.131	0.132	0.146	0.168	0.173	0.194	0.202	0.230	0.269	0.289	0.183
广东	0.164	0.210	0.250	0.292	0.335	0.364	0.391	0.413	0.457	0.522	0.630	0.681	0.393
广西	0.073	0.077	0.087	0.078	0.074	0.081	0.070	0.073	0.086	0.090	0.095	0.110	0.083
海南	0.047	0.027	0.051	0.055	0.057	0.098	0.068	0.065	0.057	0.060	0.057	0.065	0.059
重庆	0.155	0.150	0.201	0.158	0.134	0.140	0.166	0.171	0.207	0.217	0.238	0.229	0.180
四川	0.126	0.102	0.092	0.094	0.105	0.113	0.127	0.145	0.153	0.185	0.214	0.259	0.143
贵州	0.048	0.047	0.069	0.075	0.060	0.077	0.065	0.071	0.073	0.079	0.112	0.132	0.076
云南	0.039	0.049	0.057	0.063	0.060	0.059	0.074	0.081	0.089	0.101	0.105	0.113	0.074
西藏	0.085	0.036	0.005	0.008	0.015	0.013	0.002	0.013	0.015	0.023	0.037	0.037	0.024
陕西	0.082	0.100	0.113	0.121	0.114	0.132	0.141	0.156	0.171	0.181	0.207	0.224	0.145
甘肃	0.054	0.057	0.066	0.066	0.074	0.080	0.092	0.087	0.081	0.079	0.077	0.096	0.076

地区	年份												历年平均值
	2008	2009	2010	2011	2012	2013	2014	2015	2016	2017	2018	2019	
青海	0.081	0.045	0.031	0.042	0.041	0.044	0.043	0.050	0.061	0.077	0.082	0.053	0.054
宁夏	0.063	0.055	0.054	0.061	0.061	0.065	0.059	0.065	0.063	0.078	0.094	0.090	0.067
新疆	0.037	0.035	0.037	0.040	0.042	0.048	0.055	0.056	0.062	0.054	0.048	0.054	0.047
东部	0.161	0.179	0.189	0.212	0.227	0.250	0.265	0.281	0.308	0.341	0.367	0.394	0.265
中部	0.101	0.102	0.103	0.108	0.113	0.125	0.135	0.147	0.156	0.177	0.199	0.223	0.141
西部	0.074	0.067	0.072	0.072	0.074	0.079	0.081	0.087	0.095	0.105	0.122	0.128	0.088
全国	0.112	0.116	0.122	0.131	0.138	0.152	0.160	0.171	0.187	0.207	0.229	0.247	0.164

注：数据来源于模型测算，结果由作者整理得到。

从整体上来看，我国技术市场化配置水平逐年上升，历年平均值为0.164，年均增长率达到7.455%。三大地区中，东部地区的技术市场化配置水平最高，历年平均值为0.265；中部地区的技术市场化配置水平居中，历年平均值为0.141；西部地区的技术市场化配置水平较为靠后，历年平均值为0.088。东部地区正逐步拉大与中、西部地区的差距，各区域的技术市场化配置水平具体情况如下。

东部地区。在2008—2019年东部地区的技术市场化配置水平上升较快，年均增长率为8.449%，排名与增长率均高于中部地区和西部地区。2010年后，北京、江苏、广东、上海、浙江、山东和天津的技术市场化配置水平稳居我国前7位，且年均增长率也较高。其中，江苏、广东、浙江的年均增长率最高，超过10%，分别为11.651%、13.829%和11.621%；山东的年均增长率也接近10%，达到9.393%；上海和天津的年均增长率在6%左右，分别为6.949%和5.642%。河北的技术市场化配置水平的全国排名大幅提升，从2008年的第25名上升至2019年的第18名，其年均增长率也高达到11.007%。海南的技术市场化配置水平排名与2008年保持一致，位列第28名，年均增长率仅为2.851%。辽宁的技术市场化配置水平排名有所下降，从2008年的第13名下降至2019年的第16名。福建的技术市场化配置水平全国排名存在较为剧烈的波动，其年均增长率在东部地区最低，仅为0.382%。

中部地区。样本考察期内中部地区的技术市场化配置水平逐年上升，年均增长率达到7.443%，增速仅次于东部地区。湖北、湖南、安徽、河南、江西等省份技术市场化配置水平的全国排名均有所提升。其中，湖北、安徽和江西的提升较为明显，年均增长率也较高，湖北从2008年的第14名提升至2019年的第8名，安徽从2008年的第23名提升至2019年的第10名，江西从2008年的第22名提升至2019年的第17名，三省的年均增长率分别为9.368%、13.584%、10.225%。湖南和河南的排名稍有提升，湖南从2008年的第10名提升至2019年的第9名，河南从2008年的第15名提升至2019年的第14名，年均增长率分别为7.292%和8.866%。山西的技术市场化配置水平排名与2008年保持一致，位列第20名，年均增长率为7.019%。黑龙江的技术市场化配置水平排名有所下降，同2008年相比，从第16名下降至第21名。吉林的技术市场化配置水平年均增长率在中部地区最低，仅为0.520%。

西部地区。样本考察期内西部地区的技术市场化配置水平呈微弱上升态势，年均增长率达到5.154%。重庆的技术市场化配置水平在西部地区处于较高水平，平均排名位于全国第10名，但其增长率较低，仅为3.662%。陕西、内蒙古、贵州、云南、新疆等省区市的技术市场化配置水平排名均有所提升，其中，陕西、内蒙古和云南的排名上升最明显，年均增长率也较高，陕西从第18名上升至第13名，内蒙古从第29名上升至第22名，云南从第30名上升至第24名，三省区的年均增长率分别为9.536%、11.625%、10.064%；贵州和新疆的排名稍有提升，分别从2008年的第27名和第31名提升至2019年的第23名和第29名，年均增长率分别为9.570%和3.569%。四川和甘肃的技术市场化配置水平排名与2008年保持一致，分别列第11名和第26名，年均增长率分别为6.719%和5.453%。广西和宁夏的技术市场化配置水平排名稍有下降，分别从2008年的第21名和第24名下降至2019年的第25名和第27名。而青海和西藏是两个技术市场化配置水平增速为负的省份，年均增长率分别为−3.724%和−7.203%。

（五）数据市场化配置指数分析

2008—2019年我国31个省区市数据市场化配置水平指数的测度结果如表3−15所示。

表3−15 2008—2019年31个省区市数据市场化配置水平指数

地区	年份												历年平均值
	2008	2009	2010	2011	2012	2013	2014	2015	2016	2017	2018	2019	
北京	0.122	0.140	0.155	0.176	0.207	0.238	0.252	0.275	0.309	0.333	0.380	0.415	0.250
天津	0.055	0.061	0.068	0.076	0.091	0.090	0.095	0.098	0.107	0.112	0.115	0.127	0.091
河北	0.026	0.039	0.054	0.065	0.082	0.098	0.109	0.129	0.153	0.182	0.193	0.209	0.112
山西	0.039	0.044	0.052	0.058	0.069	0.078	0.088	0.099	0.110	0.124	0.132	0.145	0.087
内蒙古	0.022	0.030	0.038	0.046	0.056	0.064	0.068	0.074	0.085	0.102	0.109	0.122	0.068

续　表

地区	年份												历年平均值
	2008	2009	2010	2011	2012	2013	2014	2015	2016	2017	2018	2019	
辽宁	0.063	0.071	0.093	0.108	0.142	0.165	0.180	0.179	0.175	0.192	0.191	0.207	0.147
吉林	0.024	0.031	0.037	0.045	0.053	0.059	0.067	0.073	0.126	0.095	0.107	0.129	0.071
黑龙江	0.022	0.029	0.035	0.042	0.049	0.058	0.069	0.076	0.089	0.104	0.109	0.122	0.067
上海	0.136	0.138	0.148	0.157	0.193	0.200	0.211	0.225	0.230	0.247	0.269	0.299	0.204
江苏	0.196	0.242	0.301	0.346	0.436	0.434	0.506	0.554	0.593	0.657	0.659	0.660	0.465
浙江	0.117	0.135	0.161	0.188	0.199	0.220	0.255	0.303	0.324	0.369	0.396	0.453	0.260
安徽	0.016	0.028	0.041	0.053	0.065	0.078	0.093	0.117	0.140	0.165	0.193	0.213	0.100
福建	0.063	0.077	0.102	0.119	0.139	0.148	0.168	0.190	0.207	0.235	0.270	0.281	0.166
江西	0.009	0.020	0.031	0.047	0.059	0.068	0.079	0.098	0.118	0.145	0.159	0.183	0.085
山东	0.071	0.093	0.116	0.139	0.154	0.197	0.217	0.267	0.284	0.315	0.344	0.370	0.214
河南	0.027	0.043	0.047	0.067	0.092	0.112	0.132	0.162	0.200	0.213	0.212	0.225	0.128
湖北	0.045	0.046	0.059	0.072	0.091	0.111	0.135	0.156	0.184	0.198	0.235	0.262	0.133
湖南	0.026	0.034	0.043	0.060	0.075	0.086	0.102	0.173	0.133	0.158	0.178	0.196	0.105
广东	0.332	0.376	0.442	0.489	0.523	0.562	0.623	0.683	0.762	0.804	0.911	1.000	0.626
广西	0.012	0.022	0.031	0.041	0.054	0.061	0.072	0.085	0.101	0.117	0.135	0.157	0.074
海南	0.017	0.023	0.029	0.035	0.044	0.049	0.053	0.059	0.065	0.069	0.074	0.080	0.050
重庆	0.027	0.034	0.044	0.055	0.071	0.083	0.096	0.114	0.152	0.160	0.175	0.192	0.100
四川	0.041	0.056	0.073	0.093	0.119	0.140	0.164	0.189	0.178	0.295	0.296	0.338	0.165
贵州	0.001	0.010	0.020	0.030	0.039	0.050	0.056	0.071	0.084	0.104	0.119	0.135	0.060
云南	0.011	0.018	0.026	0.034	0.044	0.054	0.062	0.076	0.113	0.101	0.123	0.143	0.067
西藏	0.007	0.012	0.017	0.022	0.029	0.034	0.038	0.041	0.044	0.049	0.055	0.060	0.034
陕西	0.034	0.042	0.055	0.067	0.079	0.093	0.104	0.119	0.142	0.159	0.178	0.199	0.106
甘肃	0.010	0.016	0.023	0.030	0.038	0.046	0.050	0.060	0.071	0.084	0.094	0.103	0.052
青海	0.015	0.021	0.027	0.034	0.042	0.047	0.050	0.054	0.057	0.061	0.067	0.069	0.045
宁夏	0.007	0.015	0.022	0.031	0.040	0.044	0.049	0.052	0.059	0.067	0.075	0.079	0.045
新疆	0.021	0.029	0.037	0.045	0.056	0.064	0.070	0.081	0.093	0.098	0.118	0.119	0.069
东部	0.109	0.127	0.152	0.173	0.201	0.218	0.243	0.269	0.292	0.319	0.346	0.373	0.235
中部	0.026	0.034	0.043	0.055	0.069	0.081	0.096	0.119	0.138	0.150	0.166	0.184	0.097
西部	0.017	0.025	0.034	0.044	0.056	0.065	0.073	0.085	0.098	0.117	0.129	0.143	0.074
全国	0.052	0.064	0.078	0.093	0.111	0.124	0.139	0.159	0.177	0.197	0.215	0.235	0.137

注：数据来源于模型测算，结果由作者整理得到。

从整体上来看，我国数据市场化配置水平显著上升，历年平均值为0.137，年均增长率高达14.705%。三大地区中，东部地区的数据市场化配置水平最高，历年平均值为0.235，远高于中部和西部地区，年均增长率为11.853%；中部地区的数据市场化配置水平居中，历年平均值为0.097，年均增长率为19.501%；西部地区的数据市场化配置水平最低，历年平均值为0.074，年均增长率为21.137%。中、西部两大地区增长率远高于东部地区，具有明显的追赶态势。各区域的数据市场化配置水平具体情况如下。

东部地区。2009年后，广东、江苏、浙江和北京的数据市场化配置水平稳居我国前4位，且年均增长率也较高，分别为10.554%、11.685%、13.093%和11.745%。山东和河北的数据市场化配置水平的全国排名有所提升，山东从2008年的第6名提升至2019年的第5名，河北从2008年的第17名提升至2019年的第12名，两省的年均增长率在东部区域最高，分别为16.229%和21.016%。上海、福建、辽宁、天津、海南等省区市的数据市场化配置水平排名有所下降，其中，天津和海南的排名下降最明显，天津从第9名下降至第23名，海南从第22名下降至第28名，年均增长率分别为7.949%、15.197%；上海、福建和辽宁的排名稍有下降，分别从2008年的第3名、第7名和第8名下降至2019年的第7名、第8名和第13名，年均增长率分别为7.444%、14.529%和11.480%。

中部地区。湖北、河南、湖南、安徽、江西等省份的数据市场化配置水平的全国排名均有所提升。其中，安徽和江西的提升较为明显，年均增长率在中部区域也最高，安徽从2008年的第23名提升至2019年的第11名，江西从2008年的第28名提升至2019年的第17名，年均增长率分别为26.863%和31.041%；湖北、河南和湖南的排名稍有提升，湖北从2008年的第10名提升至2019年的第9名，河南从2008年的第14名提升至2019年的第10名，湖南从2008年的第16名提升至2019年的第15名，年均增长率分别为17.409%、21.207%和20.048%。山西、吉林、黑龙江等省份的数据市场化配置水平排名有所下降，其中，山西的排名下降最明显，从第12名下降至第19名，年均增长率为12.749%；吉林和黑龙江的排名稍有下降，分别从2008年的第18名和第20名下降至2019年的第22名和第24名，年均增长率分别为16.391%和16.985%。

西部地区。四川的数据市场化配置水平在西部地区处于较高水平，平均排名位于全国第8名，年均增长率为21.220%。广西、云南、贵州等省区市的数据市场化配置水平排名均有所提升，年均增长率在西部地区也最高，尤其是贵州增长率超过50%。三个省区市中，广西从第25名上升至第18名，云南从第26名上升至第20名，贵州从第31名上升至第21名，三省区的年均增长率分别为26.609%、26.362%

和52.646%。甘肃和宁夏的数据市场化配置水平排名与2008年保持一致，分别位列第27名和第29名，年均增长率分别为23.510%和24.474%。陕西、重庆、新疆、内蒙古、青海、西藏等省区市的数据市场化配置水平排名呈下降趋势，其中，新疆、内蒙古和青海的排名下降最明显，新疆从第21名下降至第26名，内蒙古从第19名下降至第25名，青海从第24名下降至第30名，年均增长率分别为17.054%、16.701%和14.768%；陕西、重庆和西藏的排名稍有下降，分别从2008年的第13名、第15名和第30名下降至2019年的第14名、第16名和第31名，年均增长率分别为17.449%、19.574%和21.484%。

（六）要素市场化配置指数分维度比较

基于指标维度的视角，可以将土地、劳动、资本、技术和数据五大要素市场化配置指数分为三类（见图3-2）：第一类是土地市场化配置指数，就水平大小而言，2008—2014年土地市场化配置指数大于总指数，2015—2019年小于总指数，且2008年土地市场化配置指数最大；就变化趋势而言，土地市场化配置指数呈下降趋势，年均增长率为-1.87%。第二类是劳动市场化配置指数和资本市场化配置指数，就水平大小而言，两者分别由2008年的0.233和0.228上升至2019年的0.403和0.376，两者差距不大，且均高于总指数，处于领先水平；就变化趋势而言，两者都呈现上升趋势，但上升幅度不大。第三类是技术市场化配置指数和数据市场化配置指数，就水平大小而言，两者分别由2008年的0.112和0.052上升至2019年的0.247和0.235，均低于总指数；就变化趋势而言，两者都呈现上升趋势，且上升幅度最大，年均增长率分别为7.45%和14.71%。

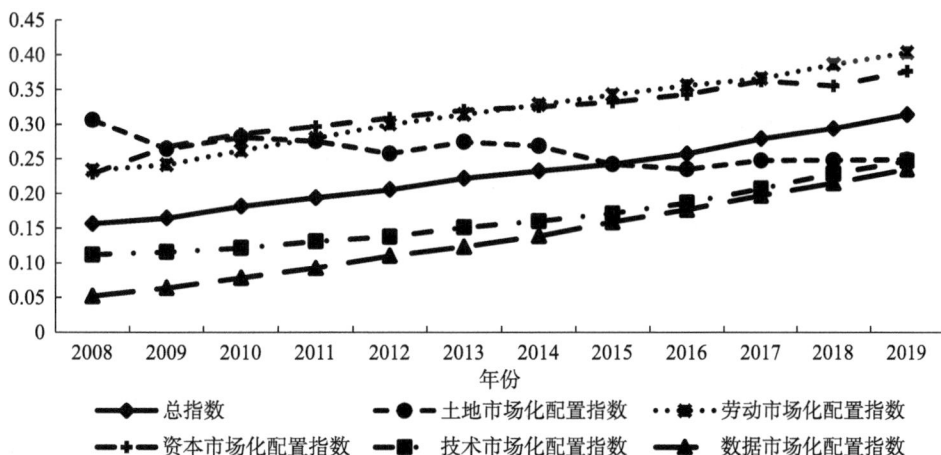

图3-2　2008—2019年要素市场化配置指数分维度变化趋势

本章小结

本章详细介绍了综合评价方法的操作步骤，具体包括指标体系构建、一致化处理、无量纲处理以及权重系数的确定。在要素市场化配置水平指标体系设计方面，主要构建包含5个一级指标下的16个二级指标和47个三级指标的要素市场化配置水平评价体系。在评价方法的选取方面，运用群组G1法和熵值法求取指标体系的主、客观权重，并基于方差最大化的方式进行组合赋权，以此弥补单一赋权带来的不足，进而较为全面地反映我国要素市场化配置水平。

从测算结果来看，要素市场化配置水平除表现出一定的时序变化特征外，还具有明显的空间特征：

首先，总指数方面，基于全国整体的视角，我国要素市场化配置水平保持着逐年增长的良好势头，年增长率为6.539%。但是仍处于较低水平，全国整体平均水平仅为0.229。

其次，基于三大区域的视角，三大区域存在空间发展不平衡性，要素市场化配置水平从高到低依次为东部地区、中部地区、西部地区，历年平均值分别为0.337、0.202、0.147；与此同时，东部地区的增长率也高于中、西部地区，三大地区的差异正逐步扩大。

再次，基于省域发展的视角，广东、江苏、北京等东部省区市的要素市场化配置水平历年平均值都超过40%，位居前三名。而青海、西藏等西部省区市的要素市场化配置水平历年平均值不足10%，位居最后两名。要素市场化配置水平历年平均值位于全国平均水平以上的省份有11个，其中8个在东部地区。要素市场化配置水平历年平均值位于全国平均水平以下的省份有20个，其中11个在西部地区。这也从侧面反映出我国要素市场化程度总体上表现出东高西低的态势。

最后，基于指标维度的视角，我国五大要素市场也存在较大差异，其中，土地市场化配置指数呈下降趋势；劳动市场化配置指数和资本市场化配置指数高于总指数，但增速较低；技术市场化配置指数和数据市场化配置指数低于总指数，但增速较快。

第四章
要素市场化配置水平的特征分析

本章主要对要素市场化配置水平的差异特征、演进特征和收敛特征进行深入分析。基于Dagum基尼系数和方差分解方法探究要素市场化配置水平的地区差异来源和结构差异来源，采用核密度估计和空间Markov分析要素市场化配置水平的演进特征和空间转移特征，进一步利用空间收敛模型对要素市场化配置水平的时空收敛特征进行研究。

第一节　研究方法

一、差异测度方法

（一）Dagum基尼系数

本书采用Dagum基尼系数研究中国地区要素市场化配置水平的地区差异来源，其计算如式（4-1）所示：

$$G = \frac{\sum_{j=1}^{k}\sum_{h=1}^{k}\sum_{i=1}^{n_j}\sum_{r=1}^{n_h}\left|y_{ji}-y_{hr}\right|}{2n^2\mu} \qquad (4-1)$$

式（4-1）中，G为总体基尼系数，$y_{ji}(y_{hr})$为$j(h)$地区内第$i(r)$个省份的要素市场化配置水平，μ为全国各省份要素市场化的平均水平，n为省份的个数（本书$n=31$），k为地区划分的个数，$n_j(n_k)$为$j(k)$地区内省份的个数，i和r为地区下标，j和k为省份下标。

按照Dagum基尼系数分解方法，区域内差异贡献（G_w）、区域间差异贡献（G_{nb}）和超变密度贡献（G_t）由总体基尼系数（G）分解而来，如式（4-2）所示：

$$G = G_w + G_{nb} + G_t \qquad (4-2)$$

$$\mu_h \leqslant \mu_j \leqslant \cdots \leqslant \mu_k \qquad (4-3)$$

分解Dagum基尼系数之前，需要将各省份的要素市场化配置水平进行排序，如式（4-3）所示。

$$G_{jj} = \frac{\frac{1}{2\mu_j}\sum_{i=1}^{n_j}\sum_{r=1}^{n_j}\left|y_{ji}-y_{jr}\right|}{n_j^2} \qquad (4-4)$$

$$G_w = \sum_{j=1}^{k} G_{jj} p_j s_j \tag{4-5}$$

$$G_{jh} = \sum_{i=1}^{n_j} \sum_{r=1}^{n_h} |y_{ji} - y_{hr}| \Big/ n_j n_h (\mu_j + \mu_h) \tag{4-6}$$

$$G_{nb} = \sum_{j=2}^{k} \sum_{h=1}^{j-1} G_{jh}(p_j s_h + p_h s_j) D_{jh} \tag{4-7}$$

$$G_t = \sum_{j=2}^{k} \sum_{h=1}^{j-1} G_{jh}(p_j s_h + p_h s_j)(1 - D_{jh}) \tag{4-8}$$

$$D_{jh} = \frac{d_{jh} - p_{jh}}{d_{jh} + p_{jh}} \tag{4-9}$$

其中，式（4-4）与式（4-5）表示 j 地区的基尼系数与区域内差异贡献；式（4-6）与式（4-7）表示 j 地区与 h 地区间的基尼系数与区域间净值差异的贡献；$p_j = n_j / n$，$s_j = n_j \overline{y}_j / n \overline{y}$；$D_{ij}$ 为 i 地区与 j 地区间要素市场化配置水平的相对影响。式（4-8）中，将 $1 - D_{jh}$ 定义为超变密度；G_t 表示为子群中超变密度的贡献。

$$d_{jh} = \int_0^\infty dF_j(y) \int_0^y (y - x) dF_h(y) \tag{4-10}$$

$$p_{jh} = \int_0^\infty dF_h(y) \int_0^y (y - x) dF_j(y) \tag{4-11}$$

式（4-10）与式（4-11）中，$F_j(F_h)$ 表示 $j(h)$ 地区的累计分布函数。将 d_{jh} 定义为 j 地区与 h 地区间要素市场化配置水平的差值。

（二）结构分解法

本书提出的要素市场化配置水平（FM）由土地市场化（LM）、劳动市场化（BM）、资本市场化（CM）、技术市场化（TM）和数据市场化（DM）五个维度构成。即

$$FM = \alpha_1 LM + \alpha_2 BM + \alpha_3 CM + \alpha_4 TM + \alpha_5 DM \tag{4-12}$$

方差分解可以解释整体市场化水平差异由哪些原因导致。推导过程如式（4-13）与式（4-14）所示：

$$\begin{aligned} Var(FM) &= \mathrm{cov}(FM, \ LM + BM + CM + TM + DM) \\ &= \mathrm{cov}(FM, \ LM) + \mathrm{cov}(FM, \ BM) + \mathrm{cov}(FM, \ CM) + \mathrm{cov}(FM, \ TM) + \mathrm{cov}(FM, \ DM) \end{aligned} \tag{4-13}$$

两边同时除以 $Var(FM)$ 得：

$$1 = \frac{\mathrm{cov}(FM, LM)}{Var(FM)} + \frac{\mathrm{cov}(FM, BM)}{Var(FM)} + \frac{\mathrm{cov}(FM, CM)}{Var(FM)} + \frac{\mathrm{cov}(FM, TM)}{Var(FM)} + \frac{\mathrm{cov}(FM, DM)}{Var(FM)}$$

（4-14）

其中，Var 为方差，cov 为协方差。式（4-13）将要素市场化的总差异分解为五个维度的市场化差异。而式（4-14）就是对这五个维度差异的贡献份额的衡量。当某一维度的差异贡献率越高，说明区域要素市场化配置水平的总差异大部分由这一维度的差异造成。

二、分布动态方法

（一）核密度估计法

Rosenblatt（1956）[1] 和 Parzen（1962）[2] 最早提出了核密度估计法，该方法现已成为研究空间分布非均衡的重要工具。假设 X_1，X_2，$\cdots$，X_n 是服从独立同分布的 n 个样本点，本书指相对应的要素市场化配置水平综合评价指数数据，设其对应的密度函数为 $f(x)$，$f(x)$ 未知，需要通过样本进行估计。X_1，X_2，$\cdots$，X_n 的经验分布函数为：

$$F(x) = \frac{1}{n}\{X_1, \ X_2, \ \cdots, \ X_n\}$$

（4-15）

估计函数在某点 x 处的值可以表示为：

$$
\begin{aligned}
f_h(x) &= \frac{F_n(x+h_n) - F_n(x-h_n)}{2h} \\
&= \int_{x-h_n}^{x+h_n} \frac{1}{h} K(\frac{t-x}{h_n}) dF_n(t) \\
&= \frac{1}{nh} \sum_{i=1}^{n} K(\frac{X_i - x}{h_n})
\end{aligned}
$$

（4-16）

式（4-16）中，n 为样本总数；X_i 为样本值，具有独立同分布特征；x 为它的均值；$K(\cdot)$ 为核函数，它是一个非负的加权函数或平滑转化函数；h 为带宽，其越大，核密度曲线越平滑。

---

① ROSENBLATT M. On the estimation of regression coefficients of a vector-valued time series with a stationary residual[J]. The Annals of Mathematical Statistics, 1956, 27（1）: 99-121.

② PARZEN E. On estimation of a probability density function and mode[J]. The Annals of Mathematical Statistics, 1962, 33（3）: 1065-1076.

（二）马尔可夫链

马尔可夫链是具有马尔可夫性质的离散事件随机变量的集合。假设一组具有马尔可夫性质的随机变量集合 $X = \{X_n : n > 0\}$，其取值均在可数集内：$X = q_i$，$q_i \in Q$，且条件概率满足式（4-17）。

$$p(X_{t+1} \mid X_t, \cdots, X_1) = p(X_{t+1} \mid X_t) \quad (4-17)$$

则 X 被称为马尔可夫链。式（4-17）表明随机变量 X_{t+1} 仅与随机变量 X_t 有关，而与其他随机变量 X_0，X_1，X_2，$\cdots$，X_{t-1} 无关的性质。

将马尔可夫链 X 的单步转移概率和 n 步转移概率定义如下：

$$P_{i_n i_{n+1}} = p(X_{n+1} = q_{i_{n+1}} \mid X_n = q_{i_n}) \quad (4-18)$$

$$P_{i_0 i_n}^{(n)} = p(X_n = q_{i_n} \mid X_0 = q_{i_0}) \quad (4-19)$$

给定初始概率 $\alpha_{i_0} = p(X_0)$ 后，马尔可夫链的有限维分布可通过式（4-20）得到。

$$
\begin{aligned}
p(A_n) &= \alpha_{i_0} P_{i_0 i_1} P_{i_1 i_2} \cdots P_{i_{n-1} i_{n-1}} \\
p(X_{n+1} = q_{i_{n+1}} \mid A_n) &= P_{i_n i_{n+1}} \\
p(A_{n+1}) &= p(A_n) P_{i_n i_{n+1}}
\end{aligned}
\quad (4-20)
$$

其中，$A_n = \{X_n = q_{i_n}, X_{n-1} = q_{i_{n-1}}, X_{n-2} = q_{i_{n-2}}, \cdots, X_0 = q_{i_0}\}$ 为马尔可夫链的每步取值，即样本轨道。

矩阵排列有限状态空间中所有状态的转移概率，则得到转移矩阵，如式（4-21）所示：

$$P = (P_{ij}) = (P_{i_n i_{n+1}}) = \begin{bmatrix} P_{00} & P_{01} & P_{02} & \cdots \\ P_{10} & P_{11} & P_{12} & \cdots \\ \vdots & \cdots & \cdots & \cdots \\ P_{n0} & P_{n1} & P_{n2} & \cdots \end{bmatrix} \quad (4-21)$$

其中，该转移矩阵具备以下两个性质：

（1）$0 \leq P_{ij} \leq 1$（$i, j = 1, 2, 3, \cdots, n$）

（2）$\sum P_{ij} = 1$（$i, j = 1, 2, 3, \cdots, n$）

本书将要素市场化配置水平综合评价指数划分为 N 种类型，这样可得到一个 $N \times N$ 的转移矩阵，定义要素市场化配置水平综合评价指数由状态 i 转移到状态 j 的转移概率为 P_{ij}，则转移矩阵 P 可表示为由 P_{ij} 所组成的 $N \times N$ 维矩阵。设马尔可夫过程 $\{X(t), t \in T\}$ 的状态空间为 W，记 $P_{ij} = p\{X_{t+1} = j \mid X_t = i, i, j \in W\}$，则要素市场化配置水平综合评价指数由状态 i 转移到状态 j 的转移矩阵可表示为：

$$P = (P_{ij}) = \begin{bmatrix} P_{11} & P_{12} & \cdots & P_{1N} \\ P_{21} & P_{22} & \cdots & P_{2N} \\ \vdots & \vdots & \vdots & \vdots \\ P_{N1} & P_{N2} & \cdots & P_{NN} \end{bmatrix} \qquad (4-22)$$

设 t 时期要素市场化配置水平综合评价指数的分布状态为 E_t，那么，$t+1$ 时期要素市场化配置水平综合评价指数的分布状态可表示为 $E_{t+1} = E_t P^{(1)}$；若马尔可夫链具有时间平稳性或同质性，$t+k$ 时期要素市场化配置水平综合评价指数的分布状态则可表示为 $E_{t+k} = E_t P^{(k)}$；若矩阵 P 是正规概率矩阵，则矩阵 P 的平稳状态 $\lim_{k \to \infty} P^{(k)} = \pi$ 满足：

（1）$\sum_{i \in W} \pi_i P_{ij} = \pi_j$，$\pi_j > 0$

（2）$\sum_{i \in W} \pi_i = 1$

本书采用极大似然估计计算要素市场化配置水平综合评价指数的转移概率，其具体计算公式如下：

$$P_{ij} = \frac{n_{ij}}{n_i} \qquad (4-23)$$

其中，n_{ij} 表示考察期内由 t 时期第 i 种类型在 $t+1$ 时期转移为 j 种类型的地区数量，n_i 是考察期内第 i 种类型的地区数量之和。

为了便于理解，本书构造 3×3 的马尔可夫转移矩阵，如表4-1所示。

表4-1　马尔可夫转移矩阵（N=3）

t_i/t_{i+1}	1	2	3
1	P_{11}	P_{12}	P_{13}
2	P_{21}	P_{22}	P_{23}
3	P_{31}	P_{32}	P_{33}

空间马尔可夫转移概率矩阵如表4-2所示。

表4-2　空间马尔可夫转移概率矩阵（N=3）

空间滞后	t_i/t_{i+1}	1	2	3
1	1	$P_{11/1}$	$P_{12/1}$	$P_{13/1}$
	2	$P_{21/1}$	$P_{22/1}$	$P_{23/1}$
	3	$P_{31/1}$	$P_{32/1}$	$P_{33/1}$
2	1	$P_{11/2}$	$P_{12/2}$	$P_{13/2}$
	2	$P_{21/2}$	$P_{22/2}$	$P_{23/2}$
	3	$P_{31/2}$	$P_{32/2}$	$P_{33/2}$

空间滞后	t_i/t_{i+1}	1	2	3
3	1	$P_{11/3}$	$P_{12/3}$	$P_{13/3}$
	2	$P_{21/3}$	$P_{22/3}$	$P_{23/3}$
	3	$P_{31/3}$	$P_{32/3}$	$P_{33/3}$

三、收敛分析方法

（一）σ收敛

对于σ收敛，本书以要素市场化配置水平进行说明，即如果要素市场化配置水平与其平均水平的偏差随着时间的推移而呈现逐渐下降的趋势就是σ收敛，反之，则不是σ收敛。变异系数是一个无量纲值，主要用于反映一组数据的离散程度，可以避免单位和水平大小对离散程度的影响，因此本书使用变异系数来测度σ系数并判断各省份是否存在σ收敛，具体计算公式如下：

$$\sigma_i = \frac{\sqrt{\left[\sum_i^{n_i}(FM_{ij}-\overline{FM_i})^2\right]/n_i}}{\overline{FM_i}} \tag{4-24}$$

式（4-24）中，σ_i表示i地区的σ系数，FM_{ij}表示i地区中j省份的要素市场化配置水平，$\overline{FM_i}$表示i地区的要素市场化配置水平均值，这里用地区内各省份的算术平均值来表示，n_i表示地区所包含的省份数量。若某地区的σ系数随着时间的推移而逐渐减小，则说明该地区内各省份的要素市场化配置水平的离散程度越来越小，该地区存在σ收敛。

（二）β收敛

β收敛是指根据资本边际收益递减规律，具有类似经济特征的国家（地区）的经济增长趋于一致。更具体地说，在具有类似经济特征的两个国家（地区）中，落后的国家（地区）往往比发达国家（地区）的边际收益率高。由于利润动机，资本将转移到边际回报率较高的国家（地区），劳动力将转移到工资率较高的发达国家（地区），导致人均资本存量和经济增长的趋同。β收敛可分为绝对β收敛和条件β收敛，绝对β收敛主要研究落后国家（地区）的经济水平能否赶上发达国家（地区）的经济水平，最终实现相同的增速，条件β收敛是研究各个国家（地区）的经济水平是否会收敛到各自的稳态。

我国要素市场化配置水平的绝对β收敛是指在不受其他条件限制的情况下，落后地区的要素市场化配置水平追赶发达地区的趋势，即具有相同经济特征的各地区的要素市场化配置水平增速随着时间的推移而趋同。也就是说，要素市场化配置水平的增长率和初始水平间存在负相关关系，并且随着时间的推移，落后地区的要素市场化配置水平逐渐追赶上发达地区的要素市场化配置水平，最终达到趋同的状态。绝对 β 收敛模型设定如下：

$$\ln(FM_{i,t+1}/FM_{i,t}) = \alpha + \beta\ln(FM_{i,t}) + \mu_i + \varepsilon_{i,t} \tag{4-25}$$

式（4-25）中，i 表示省份，t 表示时间，$FM_{i,t}$ 表示 i 省份在第 t 期的要素市场化配置水平，$FM_{i,t+1}$ 表示 i 省份在第 $t+1$ 期的要素市场化配置水平，$\ln(FM_{i,t+1}/FM_{i,t})$ 表示 i 省份的要素市场化配置水平在第 t 期到第 $t+1$ 期的增长率，α 表示常数项，β 表示收敛系数，μ_i 表示地区固定效应，$\varepsilon_{i,t}$ 表示随机扰动项。如果 $\beta<0$ 且通过显著性检验，则表明要素市场化配置水平的初始值与其增长率之间存在负向关系，即存在绝对 β 收敛；如果 $\beta \geq 0$，则表明要素市场化配置水平不存在绝对 β 收敛。此外，由 β 收敛系数可计算出收敛速度 s 和收敛的半生命周期 τ，计算公式分别为：

$$s = -\frac{\ln(1+\beta)}{T}, \ \tau = \frac{\ln(2)}{s} \tag{4-26}$$

要素市场化配置水平的条件 β 收敛是指在考虑到各地区不同差异的基础上，要素市场化配置水平是否收敛到各自的稳定水平。具体为：

$$\ln(FM_{i,t+1}/FM_{i,t}) = \alpha + \beta\ln(FM_{i,t}) + \sum_{k=1}^{m}\varphi_k x_{k,i,t} + \mu_i + \varepsilon_{i,t} \tag{4-27}$$

式（4-27）中，$FM_{i,t+1}/FM_{i,t}$ 表示 i 省份的要素市场化配置水平在第 t 期到第 $t+1$ 期的增长率，α 表示常数项，β 表示收敛系数，$x_{k,i,t}$ 表示第 k 个控制变量，φ_k 表示第 k 个控制变量的系数，μ_i 表示地区固定效应，$\varepsilon_{i,t}$ 表示随机扰动项。如果 $\beta<0$ 且通过显著性检验，则表明要素市场化配置水平存在条件 β 收敛；如果 $\beta \geq 0$，则表明要素市场化配置水平不存在条件 β 收敛。

此外，面板模型假设各地区之间是相互独立的，但是随着各地区要素资源流动的日益频繁，地区要素市场化配置水平存在一定程度的空间依赖性，使用传统的面板模型很可能由于忽略空间相关性而导致模型设定存在偏误。因此，为考虑各地区之间的空间效应，本书同时将空间滞后效应和空间误差效应引入传统的 β 收敛模型中，建立空间误差模型（SEM）进行收敛性分析。绝对 β 收敛的空间误差模型分别表示为：

$$\ln(\frac{FM_{i,t+1}}{FM_{it}}) = \alpha + \beta\ln(FM_{it}) + \rho W\ln(\frac{FM_{i,t+1}}{FM_{it}}) + \mu_i + \varepsilon_{it} \tag{4-28}$$
$$\varepsilon_{it} = \lambda W\varepsilon_{it} + \eta_{ij}, \ \eta_{ij} \sim N(0, \sigma^2 I)$$

条件 β 收敛的空间误差模型设定如下：

$$\ln\left(\frac{FM_{i,t+1}}{FM_{it}}\right) = \alpha + \beta \ln(FM_{it}) + \rho W \ln\left(\frac{FM_{i,t+1}}{FM_{it}}\right) + \delta X + \mu_i + \varepsilon_{it} \qquad (4\text{-}29)$$

$$\varepsilon_{it} = \lambda W \varepsilon_{it} + \eta_{ij}, \ \eta_{ij} \sim N(0, \sigma^2 I)$$

其中，W 为空间权重矩阵，本书采用地理邻接矩阵来表示；ρ 为空间滞后系数，用来反映要素市场化配置水平的空间依赖作用；λ 为空间误差系数，用来反映存在于误差项中的空间依赖作用；η_{ij} 为随机误差项。

第二节　差异特征分析

一、区域差异

为了考察我国要素市场化配置水平的区域差异及其来源，本节计算了要素市场化配置水平的 Dagum 基尼系数，并对其进行分解，结果如表4-3所示。

1.要素市场化配置水平的总体区域差异

样本期内我国要素市场化配置水平的区域差异明显，通过对其演变态势分析可知要素市场化配置水平总体基尼系数演变有以下规律：2008—2019年要素市场化配置水平区域差异呈现上升态势，由0.253上升至0.271，2013年下降至0.257，随后逐年上升至2019年的0.305，年均增长率为1.721%，表明各省份要素市场化配置水平的差距逐年扩大。

2.要素市场化配置水平的区域内差异

要素市场化配置水平的区域内差异均出现不同程度的上升。分地区来看，东部地区要素市场化配置水平差异是造成地区内总体差异的主要原因。东部地区基尼系数总体表现为"平稳—上升"两个阶段，具体表现为：2008—2011年保持平稳水平，随后持续上升至2019年的0.265，增长幅度为0.048，年均增长率为1.827%，在三个地区中的增幅最大。中部地区与西部地区基尼系数交替变动，两者差距不大。其中，中部地区基尼系数在2011—2019年呈波动上升变化，具体表现为：2008—2010年呈上升趋势，2010年区域内差异出现转折开始下降，到2012年开始转变为上升，到2016年又转而表现为下降，整体上由2008年的0.174增长至2019年的0.207，增长幅度为0.033，年均增长率为1.569%。西部地区基尼系数总体表现为

"下降—上升"两个阶段，即先从2008年的0.214下降至2013年的0.166，下降幅度为0.048，随后持续上升至2019年的0.241，增长幅度为0.075，12年间年均增长率为1.094%，在三个地区中增幅最小。

从基尼系数的数值来看，东部地区大于中部地区，而中部地区大于西部地区，其均值分别为0.238、0.197和0.195，说明东部地区要素市场化配置水平的不均衡现象在三大地区中最为突出，中部地区次之，西部地区排在最后。可能的解释是，东部地区内各省区市的差异较大，东部地区中要素市场化配置水平排在前两位的省份是位于珠三角和长三角经济圈的广东和江苏，排在第三位的是我国首都北京，这些省区市在土地配置、劳动流动、资本规模、技术转化和数据交易等方面具有较大的优势，要素市场化配置水平较高，而河北、海南等地虽然处于东部沿海地区，但其要素市场化配置水平明显偏低；中部地区各省区市要素市场化配置水平差距相对较小，表现相对更为均衡；西部地区各省区市差距过于悬殊，其中重庆和四川两地要素市场化配置水平相对较高，云南、陕西和广西三省区稍差些，其余省区市则远低于上述省区市。

3.要素市场化配置水平的区域间差异

要素市场化配置水平的地区间差异也有所增大，并且主要来源于东部—西部、中部—西部。从演变趋势来看，2008—2019年，东部—中部的基尼系数稳步上升，由0.207上升至0.266，年均增长率为2.291%，增速大于东部—西部的基尼系数，小于中部—西部的基尼系数。东部—西部的基尼系数和中部—西部的基尼系数变化趋势较为相似，均表现为"上升—下降—上升"的变化过程。其中，东部—西部的基尼系数变化波动相对较为平缓，即从2008年的0.321上升至2011年的0.349，随后下降至2013年的0.322，最后上升至2019年的0.366，整体上东部—西部的基尼系数上升了0.045，年均增长率为1.193%。中部—西部的基尼系数上升和下降的幅度相对较大，即从2008年的0.295上升至2011年的0.332，随后下降至2013年的0.315，最后上升至2019年的0.381，整体上中部—西部的基尼系数变化幅度最大，年均增长率也最高，其增长幅度和年均增长率分别为0.086和2.341%。

从数值大小来看，2008—2019年我国要素市场化配置水平的地区间差异由大到小依次为东部—西部、中部—西部和东部—中部，其均值分别为0.343、0.336和0.232。原因在于东部地区多为沿海地区，具有天然的地理优势，基础设施建设相对完善，经济发展迅猛，劳动、资本等资源流动限制较小，且重视并逐步推进要素市场化改革。而中西部地区多为内陆城市，与东部地区相比，要素市场化配置略显不足，导致中西部地区要素市场化配置水平相对较低。

4.要素市场化配置水平区域差异的贡献率

就区域差异来源的变化趋势而言，地区内差异的贡献率呈现出先下降后上升的变化趋势，具体来说，2008—2012年由27.214%下降至25.152%，后上升至2019年的26.218%，总体呈现下降趋势，年均增长率为−0.339%。地区间差异的贡献率经历了"上升—下降—稳定"的波动变化过程，具体来说，2008—2011年由49.565%上升到54.973%，2011—2014年出现短暂下降后，2015—2019年趋于平稳，总体呈现上升趋势，年均增长率为0.702%。超变密度的贡献率经历了"下降—上升—下降"的波动变化过程，具体来说，首先由2008年的23.220%下降到2011年的19.793%，随后上升至2014的21.774%，最后下降至2019年的20.253%，总体呈现下降趋势，年均增长率为−1.235%。从数值大小来看，2019年地区间差异、地区内差异及超变密度的贡献率均值分别为53.095%、26.028%和20.877%。由此可见，造成要素市场化配置水平总体差异的原因主要来源于地区间差异，其次是地区内差异，最后是超变密度。

表4–3　要素市场化配置水平的Dagum基尼系数及分解结果

年份	整体	地区内差异			地区间差异			贡献率/%		
		东	中	西	东—中	东—西	中—西	地区内	地区间	超变密度
2008	0.253	0.217	0.174	0.214	0.207	0.321	0.295	27.214	49.565	23.220
2009	0.265	0.223	0.195	0.195	0.219	0.339	0.319	26.172	52.699	21.129
2010	0.271	0.224	0.200	0.199	0.222	0.349	0.331	25.864	53.230	20.906
2011	0.268	0.219	0.188	0.190	0.217	0.349	0.332	25.234	54.973	19.793
2012	0.263	0.224	0.188	0.169	0.218	0.341	0.325	25.152	54.829	20.020
2013	0.257	0.226	0.192	0.166	0.220	0.322	0.315	25.827	53.072	21.101
2014	0.268	0.233	0.200	0.180	0.226	0.338	0.326	25.967	52.259	21.774
2015	0.275	0.245	0.196	0.184	0.235	0.342	0.340	25.869	53.597	20.534
2016	0.284	0.254	0.212	0.190	0.249	0.346	0.348	26.206	53.185	20.610
2017	0.291	0.263	0.207	0.207	0.252	0.351	0.358	26.429	52.752	20.819
2018	0.292	0.259	0.209	0.209	0.258	0.348	0.363	26.186	53.452	20.362
2019	0.305	0.265	0.207	0.241	0.266	0.366	0.381	26.218	53.529	20.253
平均值	0.274	0.238	0.197	0.195	0.232	0.343	0.336	26.028	53.095	20.877
年均增长率/%	1.721	1.827	1.569	1.094	2.291	1.193	2.341	−0.339	0.702	−1.235

注：数据来源于模型测算，结果由作者整理得到。

二、结构差异

要素市场化配置水平涵盖土地市场化、劳动市场化、资本市场化、技术市场化和数据市场化等五个方面，本书基于结构分解的视角，采用方差分解方法来考察我国要素市场化配置水平差异的结构来源。

1.全国整体层面

图4-1显示了2008—2019年全国总体要素市场化配置水平差异的结构分解结果。从静态角度看，全国要素市场化配置水平的结构差异主要源于数据市场化差异，其差异贡献率的均值超过了30%，达到33.49%；技术市场化差异的贡献率也较大，其差异贡献率的均值接近30%，达到28.17%；资本市场化差异和劳动市场化差异对要素市场化配置水平差异的贡献率次之，其差异贡献率的均值在10%~20%，分别达到18.60%和12.66%；土地市场化差异对要素市场化配置水平差异的贡献率相对较小，均值仅为7.08%。从动态角度分析，土地市场化差异的贡献率呈显著下降趋势。其中，在2008—2009年下降幅度最大，由19.02%下降至10.90%，下降率高达42.706%；2009—2016年下降幅度稍微减缓，由10.90%下降至3.13%；2016—2019年土地市场化差异变动趋于平缓。劳动市场化差异的贡献率呈缓慢下降态势，由2008年的12.53%下降至2019年的10.87%，年均增长率为−1.290%。资本市场化差异的贡献率呈上升态势，但波动较为剧烈，年均增长率为2.580%。2008—2009年资本市场化差异由16.09%上升至19.38%，2009—2013年由19.38%下降至15.69%，

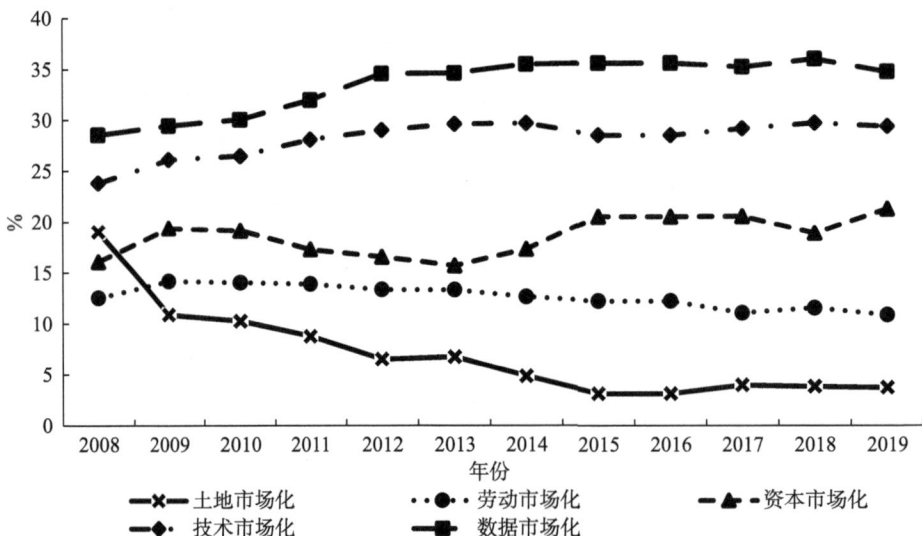

图4-1　2008—2019年全国要素市场化配置水平差异的结构来源

随后到2017年增加至20.56%，又在2018年小幅下降后增加至2019年的21.29%。技术市场化差异和数据市场化差异的贡献率呈缓慢上升态势，但技术市场化差异的贡献率比数据市场化差异的贡献率上升得快，年均增长率分别为1.928%和1.802%。其中技术市场化差异由2008年的23.81%增加至2019年的29.38%，数据市场化差异由2008年的28.55%增加至2019年的34.75%。通过对全国总体要素市场化配置水平结构差异的动、静态分析可知，缩小我国整体要素市场化配置水平的结构差异的主要方法是降低资本市场化差异、技术市场化差异和数据市场化差异。

2.三大区域层面

图4-2至图4-4分别描述了我国东部、中部和西部三大区域2008—2019年要素市场化配置水平差异的结构分解结果。分区域来看，我国三大区域要素市场化配置水平差异的结构来源存在一定的异质性。

东部地区与全国层面的结构差异较为相似，从静态角度看，东部地区要素市场化配置水平的结构差异主要来源于数据市场化差异，差异贡献率的均值达到39.70%；技术市场化差异的贡献率也较大，差异贡献率的均值为27.73%；资本市场化差异和劳动市场化差异对要素市场化配置水平差异的贡献率次之，其差异贡献率的均值分别为18.57%和13.10%；土地市场化差异对要素市场化配置水平差异的贡献率最小，差异贡献率的均值仅为2.65%。从动态角度分析，土地市场化差异的贡献率呈波动下降趋势，且波动较为剧烈。其中，在2009—2012年下降幅度最大，由7.62%下降至0.70%；另一个下降幅度较大阶段在2013—2015年，由3.48%下降至1.04%。劳动市场化差异的贡献率呈缓慢下降态势，由2008年的17.67%下降至2019年的11.00%，年均增长率为-4.221。资本市场化差异的贡献率大致呈现先降后升的态势，年均增长率为1.619%。2009—2013年资本市场化差异由22.65%下降至15.61%，随后开始上升，增加至2017年的19.75%，又在2018年小幅下降后增加至2019年的21.26%。技术市场化差异的贡献率大致呈现"N"型变化，首先由2008年的26.97%上升至2012年的29.27%，随后下降至2016年的26.01%，最后再上升至2019年的27.72%，年均增长率为0.247%。数据市场化差异的贡献率呈下降态势，年均增长率为-0.698%。其中，2009—2012年存在一个较大的波动，即由2009年的41.34%下降至2010年的36.63%后，又回升至2012年的40.91%。可以发现，土地市场化差异、劳动市场化差异和数据市场化差异对我国东部地区要素市场化配置水平的结构差异起抑制作用。

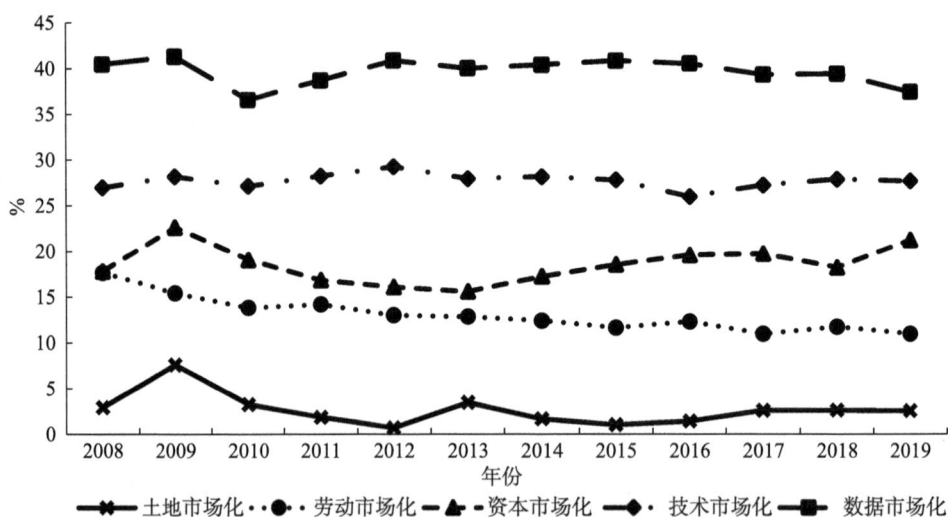

图4-2 2008—2019年东部要素市场化配置水平差异的结构来源

中部地区，从静态角度看，技术市场化差异的贡献率最大，差异贡献率的均值为26.81%；数据市场化差异的贡献率也较大，差异贡献率的均值为21.54%；劳动市场化差异和土地市场化差异对要素市场化配置水平差异的贡献率次之，其差异贡献率的均值分别为19.27%和19.15%；资本市场化差异对要素市场化配置水平差异的贡献率最小，差异贡献率的均值仅为13.22%。影响中部地区要素市场化配置水平结构差异的主要来源不断变化，2008—2009年结构差异主要来源于劳动市场化差异，2010—2011年主要来源于土地市场化差异，2012—2014年主要来源于技术市场化差异，2014年之后数据市场化差异超过技术市场化差异，成为中部地区要素市场化配置水平差异的最大结构来源。从动态角度分析，土地市场化差异的贡献率整体呈下降态势，且下降速度较快，年均下降率达到7.574%。其中，2009—2012年存在一个较大的波动，即由2009年的21.66%增加至2010年的54.10%后又开始急速回落。劳动市场化差异的贡献率同样呈下降态势，但下降速度慢于土地市场化差异，年均下降率为5.139%。其中，2009—2012年存在一个较大的波动，即由2009年的26.25%下降至2010年的11.18%后又开始上升。资本市场化差异大致呈现先降后升的"V"型波动变化，即由2008年的17.80%下降至2013年的4.96%，再上升至2019年16.98%，但资本市场化差异整体呈下降趋势，年均下降率为0.426%。技术市场化差异的贡献率大致呈现"W"型变化，首先由2008年的24.93%下降至2010年的19.02%后增加至2013年的35.89%，紧接着下降至2017年的23.62%后增加到2019年的27.30%。技术市场化差异整体呈现上升趋势，年均增长率为0.832%。数据市场化差异的贡献率呈急速上升态势，由2008年的5.37%增加至2019年的29.83%，年均增长率高达16.868%。可以发现，降低技术市场化差异和数据市场化差异可以有效缩小我国中部地区要素市场化配置水平的结构差异。

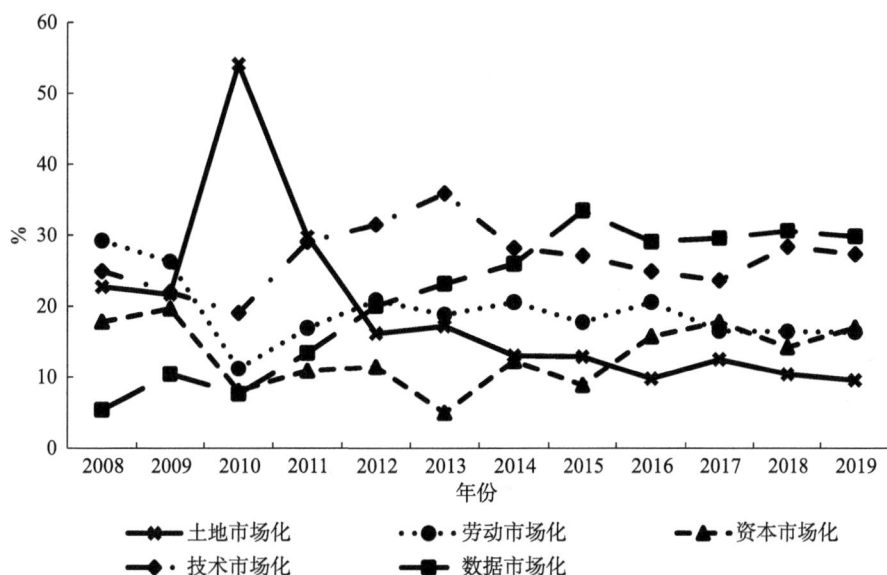

图4-3 2008—2019年中部要素市场化配置水平差异的结构来源

西部地区，从静态角度看，技术市场化差异的贡献率最大，差异贡献率的均值为25.96%；数据市场化差异的贡献率也较大，差异贡献率的均值为20.45%；资本市场化差异和劳动市场化差异对要素市场化配置水平差异的贡献率次之，其差异贡献率的均值分别为19.67%和13.78%；土地市场化差异对要素市场化配置水平差异的贡献率最小，差异贡献率的均值仅为20.14%。西部区域的要素市场化配置水平差异大多来自土地市场化差异、技术市场化差异和数据市场化差异。2008年、2011年和2012年西部地区的结构差异主要来源于土地市场化差异，2009—2010年以及2013—2016年主要来源于技术市场化差异，2016年之后数据市场化差异成为西部地区要素市场化配置水平结构差异的最大来源。从动态角度分析，土地市场化差异的贡献率整体呈下降态势，年均下降率为16.589%。其中，2008—2009年土地市场化差异急速下降，由51.62%下降至25.79%，下降率超过50%，2009年后下降速度稍有减缓。劳动市场化差异的贡献率同样呈波动下降态势，年均下降率为0.696%。其中，2008—2013年劳动市场化差异波动上升，由11.06%上升至17.80%；2013—2019年劳动市场化差异波动下降，由17.80%下降至10.24%。资本市场化差异大致呈现波动上升的变化趋势，年均增长率为7.579%。2008—2012年资本市场化差异由10.77%上升至21.46%，2015年下降至18.45%，随后增加至2019年的24.06%。技术市场化差异的贡献率呈上升态势，但波动较为剧烈，年均增长率为2.991%。2008—2010年技术市场化差异由19.52%上升至31.00%，2010—2012年由31.00%下降至23.11%，随后到2016年增加至29.00%，又在2018年小幅下降后增加至2019年的26.99%。数据市场化差异的贡献率呈急速上升态势，由2008年的7.03%增加至2019年的31.69%，年均增长率高达14.665%。可以发现，土地市场化差异和劳动市场化差异对我国西部地区要素市场化配置水平的结构差异起抑制作用。

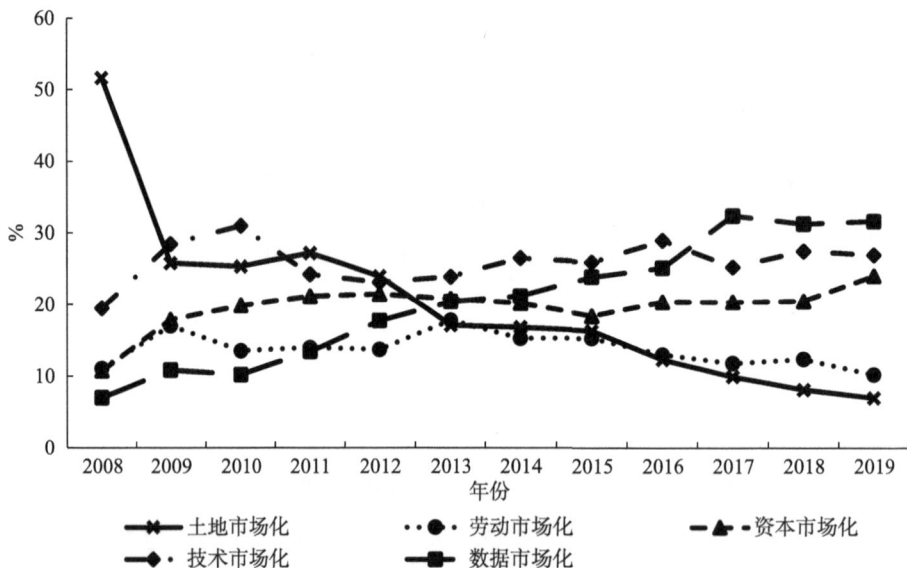

图4-4　2008—2019年西部要素市场化配置水平差异的结构来源

第三节　演进特征分析

一、动态演进特征

本节使用核密度估计方法分析要素市场化配置水平的动态演进特征，主要通过分布位置、形态、延展性和极化趋势等方面进行阐述。

1.全国整体层面

图4-5从整体层面描述了全国31个省区市的要素市场化配置水平在样本观察期内的核密度，横轴为要素市场化配置水平，纵轴为核密度值。可以发现：①从分布

位置来看，随着时间的推移，考察期内全国整体分布密度曲线的中心和变化区间逐渐向右移动，表明全国整体要素市场化配置水平呈显著上升趋势。②从分布形态来看，要素市场化配置水平分布密度曲线逐年下沉，波峰由陡峭向平坦转变，表明不同省份间要素市场化配置水平的绝对差异存在扩大趋势。③从分布延展性来看，全国整体要素市场化配置水平的分布密度曲线存在明显的右拖尾现象，表明全国范围内要素市场化配置水平高的省份与平均水平的差距持续拉大。④从极化趋势来看，全国市场化配置水平的分布经历了"单峰—双峰—多峰"的演变过程，具有明显的两级或多极化特征。不难理解，尽管全国的要素市场化配置水平取得了明显提升，但鉴于不同省份或区域间影响市场化配置水平和增速变化的土地供给程度、劳动流动规模、资本运行程度、技术成果转换、数据配置环境等因素存在明显异质性，短期内要素市场化配置水平低的省份发展受限制，难以快速赶上配置水平高的省份，两者之间的距离极有可能在一定时期内持续拉大。

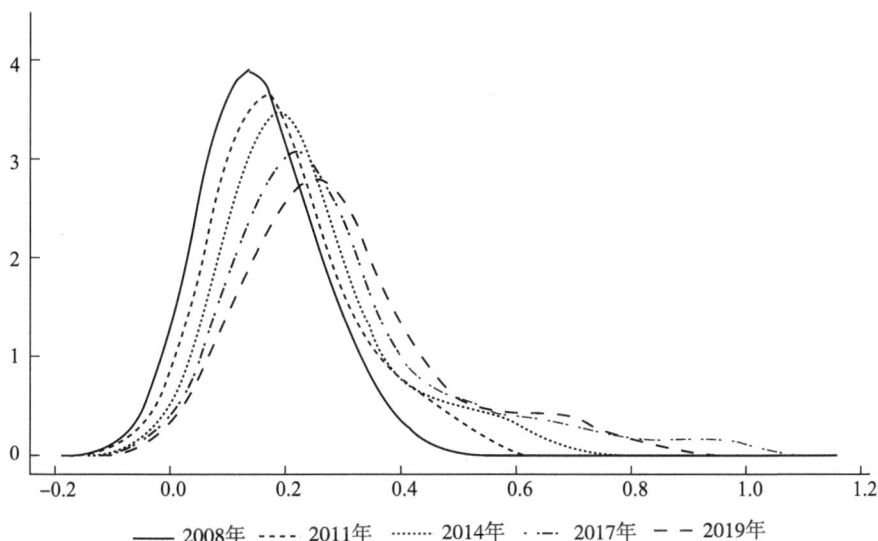

图4-5　2008—2019年全国要素市场化配置水平的核密度图

2.三大区域层面

图4-6至图4-8分别描述了样本考察期内东部、中部与西部要素市场化配置水平的动态演进特征。

从分布位置来看，伴随着时间的推移，考察期内三大区域的要素市场化配置水平分布密度曲线中心均向右移动，表明我国三大区域的要素市场化配置水平均有不同程度的提升，东部地区要素市场化配置始终处于最高水平，中部地区次之，西部地区最低。

从分布形态来看，东部与中部地区的要素市场化配置分布密度曲线的演进趋势基本一致，西部地区与之相反。具体来看，东部地区分布曲线峰值在2008—2017年呈现出持续降低的趋势，与之相对应的波宽逐步扩大；2017—2019年要素市场化配置分布密度曲线略微上升，波宽稍微收窄。这说明东部地区的要素市场化配置水平的绝对差异在持续扩大后稍有缩小，不平衡程度得到一定的改善。中部地区分布曲线峰值在2008—2017年同样呈现出持续降低的趋势，但下降幅度小于东部地区，与之相对应的波宽逐步扩大；2017—2019年要素市场化配置分布密度曲线略微上升，上升幅度大于东部地区，波宽变化不明显。这说明中部地区的要素市场化配置水平绝对差异的扩大程度不如东部地区，但改善程度优于西部地区。西部地区分布曲线峰值在2008—2011年呈现出持续上升的趋势，波宽略有收窄，2011—2019年分布密度曲线持续下降，波宽大幅拓宽。这说明西部地区要素市场化配置水平的绝对差异在稍有缩小后持续扩大，不平衡程度进一步加深。

从分布延展性来看，2008—2019年，东部地区要素市场化配置分布密度曲线呈现明显的右偏分布，此种模式反映出东部地区部分省份的要素市场化配置在较低水平上集中，譬如海南、河北等地；另一部分省份的要素市场化配置在较高水平上聚拢，其中以广东、江苏、北京等地为甚。2008—2019年，中部地区要素市场化配置分布密度曲线呈现明显的右偏分布，且存在明显的右拖尾现象，这代表中部地区要素市场化配置水平高的省份依然有明显的上升趋势，并与平均水平的差距逐渐拉大。2008—2019年，西部地区要素市场化配置分布密度曲线呈现明显的右偏分布，且存在拖尾现象，这表明西部地区各省区市的要素市场化配置水平存在显著的梯度差异。

从极化趋势来看，2014年后，东部地区要素市场化配置分布密度曲线由"单峰"向"双峰"转变，两极化趋势明显。2008年后，中部地区要素市场化配置分布密度曲线由单峰形态向"一主一侧"的双峰形态转变，两极化趋势初步显现。西部地区的要素市场化配置分布密度曲线经历了"单峰—双峰—多峰"的演变过程。2011—2014年西部地区要素市场化配置分布密度曲线由"单峰"向"一主一侧"的双峰形态转变，2017—2019年分布密度曲线表现为"一主二侧"格局。这意味着西部地区的多极化趋势明显。

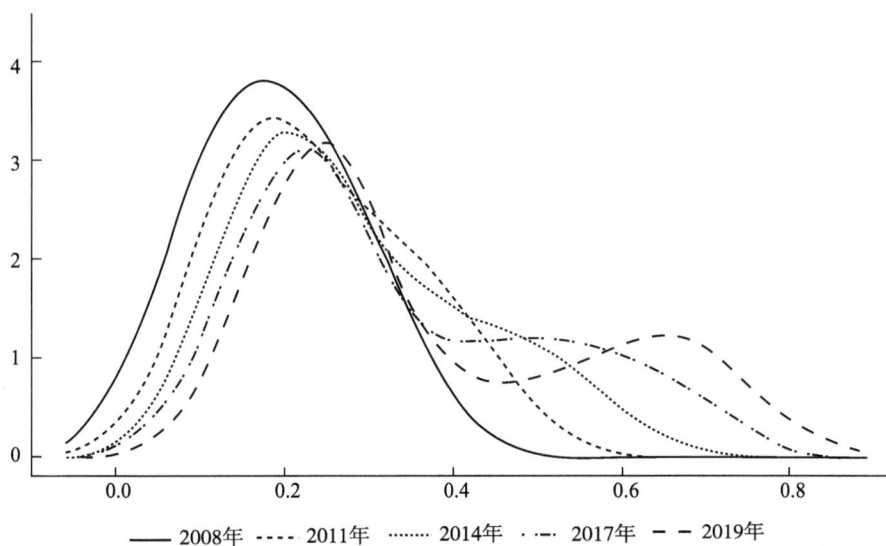

图4-6　2008—2019年东部地区要素市场化配置水平的核密度图

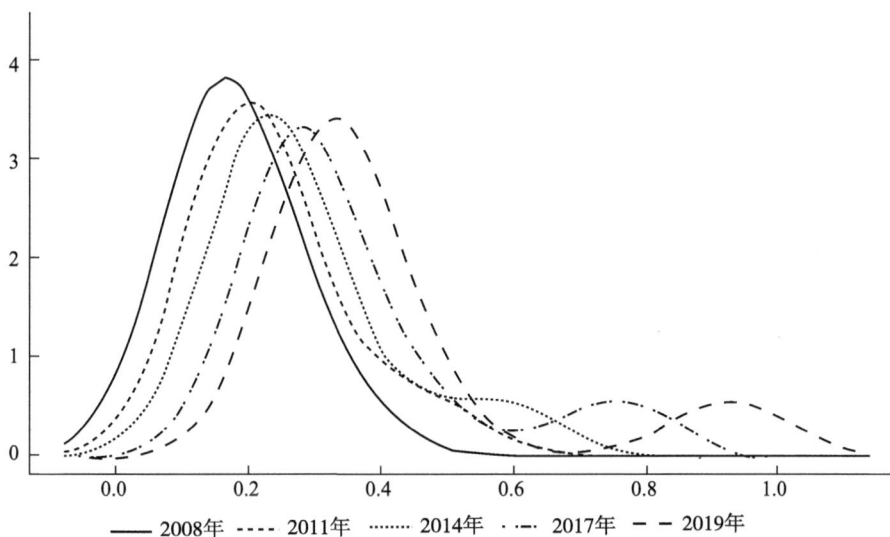

图4-7　2008—2019年中部地区要素市场化配置水平的核密度图

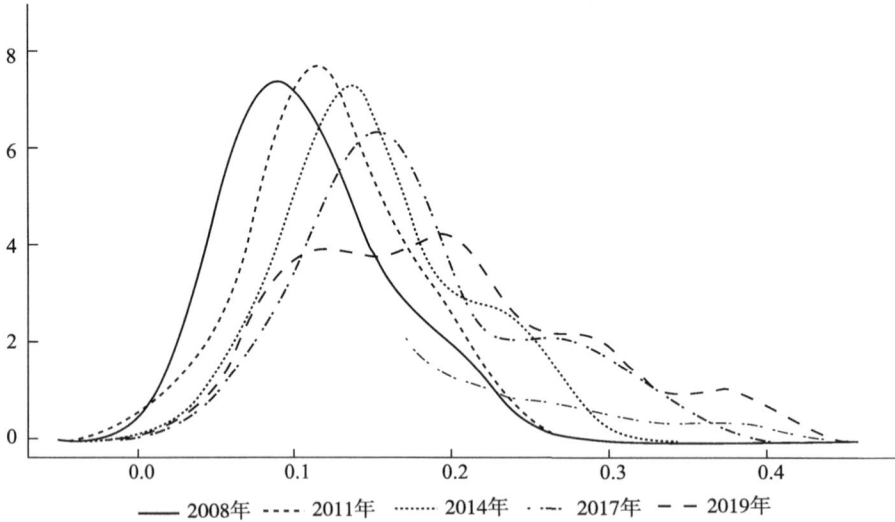

图4-8　2008—2019年西部地区要素市场化配置水平的核密度图

表4-4　全国及三大区域动态演进特征

区域	分布位置	分布形态	延展性	极化趋势
全国层面	右移	高度下降 宽度变大	右拖尾，延展拓宽	单峰—双峰—多峰
东部区域	右移	高度下降—上升 宽度变大—收窄	右拖尾，延展拓宽	单峰—双峰
中部区域	右移	高度下降—上升 宽度变大—收窄	右拖尾，延展拓宽	单峰—双峰
西部区域	右移	高度上升—下降 宽度收窄—变大	右拖尾，延展拓宽	单峰—双峰—多峰

注：资料来源于模型测算，结果由作者整理得到。

二、空间转移特征

为了进一步反映要素市场化配置水平的内部流动方向及其位置转移特征，本节引入马尔可夫转移概率矩阵进行分析。表4-5报告了要素市场化配置在时间维度上的动态转移特征与转移路径。马尔可夫转移概率矩阵中对角线元素用来衡量要素市场化配置水平类型保持不变的概率，而非对角线元素反映的是要素市场化配置水平在不同类型之间发生转移的概率。

不考虑相邻省份的影响时：（1）对角线上的元素高于其他元素，其中，处于三类水平的省份在1年以后维持原有状态的概率分别为99.1%、87.1%和88.2%，说明不同类型之间的要素市场化配置水平较为稳定，存在"俱乐部趋同"现象。另外，对角线两端的元素大于对角线中间的元素，说明要素市场化配置水平处于低水平和高水平类型的省份维持原类型的概率相对较高，存在更为明显的低水平俱乐部趋同现象和高水平俱乐部趋同现象。（2）非对角线元素不全为0，说明在相邻的两个年份中，要素市场化配置水平存在向相邻类型转移的可能性，但是类型转移均发生在相邻类型之间，说明要素市场化配置是一个循序渐进的过程，难以实现"跳跃式"转移。可能的原因是要素市场化配置水平的提升具有一定的连续性，在要素市场化配置的一般规律制约下，连续年份内出现要素市场化配置跨越式发展的可能性较小。同时，比较不同类型之间转移的概率发现，低水平存在较大的向中水平转移的可能性，中水平存在较大的向高水平转移的可能性，不存在向低水平转移的可能性，高水平存在较低的向中水平转移的可能性，也就是说，不同类型之间转移概率排序呈现出"低水平→中水平→高水平"趋势，即高水平俱乐部趋同规模存在扩大趋势。

表4-5　要素市场化配置水平的马尔可夫转移概率矩阵

模型	相邻地区水平	类型	高水平	中水平	低水平
传统Markov	无	高水平	0.991	0.009	0.000
		中水平	0.129	0.871	0.000
		低水平	0.000	0.118	0.882
空间Markov	高水平	高水平	0.984	0.016	0.000
		中水平	0.179	0.821	0.000
		低水平	0.000	0.125	0.875
	中水平	高水平	1.000	0.000	0.000
		中水平	0.102	0.898	0.000
		低水平	0.000	0.167	0.833
	低水平	高水平	1.000	0.000	0.000
		中水平	0.111	0.889	0.000
		低水平	0.000	0.082	0.918

注：数据来源于模型测算，结果由作者整理得到。

接下来，将空间因素加入马尔可夫转移概率矩阵中，用来反映相邻省份要素市场化配置水平类型对某一省份类型变动的影响。由表4-5可知，考虑相邻省份的影响时：（1）要素市场化配置水平类型的转移在空间上并不是独立的，而是与相邻省份要素市场化配置水平类型有较大的相关性。不同相邻省份类型下要素市场化配置水平的转移概率存在明显的差异，相邻省份类型为高水平省份时，要素市场化配置水平向上转移的概率高于相邻省份类型为低水平省份时向上转移的概率，表明相邻省份的要素市场化配置水平对本省份要素市场化配置水平的变化起着十分重要的作用，将空间因素纳入模型中是非常有必要的。（2）从主对角线分析不同相邻省份类型对本地要素市场化配置水平的影响。相邻省份类型为高水平时，高水平、中水平、低水平省份要素市场化配置水平的稳定概率分别为0.984、0.821和0.875；相邻省份类型为中水平时，高水平、中水平、低水平省份要素市场化配置水平的稳定概率分别为1.000、0.898和0.833；相邻省份类型为低水平时，高水平、中水平、低水平省份要素市场化配置水平的稳定概率分别为1.000、0.889和0.918。不同相邻省份类型下，不同类型省份的稳定概率均大于0.800，说明我国要素市场化配置水平具有集聚特征，且相邻省份要素市场化配置水平越低，本地要素市场化配置水平的流动性越差。（3）从非主对角线分析不同相邻省份类型对本地要素市场化配置水平的影响。在相邻省份要素市场化配置水平较低的条件下，本地中水平省份向上转移的概率较小，在一定程度上抑制了本省份要素市场化配置水平的提升。

第四节 收敛特征分析

为了研究要素市场化配置水平的长期发展是否存在收敛趋势，本节主要从σ收敛和β收敛两个层面检验中国要素市场化配置水平的收敛性。

一、要素市场化配置水平的σ收敛分析

表4-6展示了全国及三大地区要素市场化配置水平的σ收敛系数。从全国层面看，2008—2019年σ收敛系数呈现波动上升的趋势，年均增长率为2.45%，表明我国整体层面的要素市场化配置水平并不存在σ收敛，而是呈现发散特征。东部地区的σ收敛系数保持持续上升的趋势，年均增长率为5.02%，并没有出现σ收敛，且东部地区的σ收敛系数在三大区域中最大，说明东部地区各省份的要素市场化配置水平存在较大差异。中部区域的σ收敛系数呈现波动上升的趋势，年均增长率为4.77%，说明中部地区的要素市场化配置水平不存在σ收敛。西部区域的σ收敛系数呈现"V"型变化，2008—2013年σ收敛系数呈下降趋势，2013—2019年σ收敛系数逐步上升。整体来看西部区域的σ收敛系数呈下降趋势，年均增长率为-0.10%，

说明西部区域的要素市场化配置水平存在σ收敛。综上所述，我国要素市场化配置水平在全国、东部和中部呈现发散特征，西部区域支持σ收敛假设，说明仅有西部区域的要素市场化配置水平表现出均衡化发展的态势。

表4-6　2008—2019年要素市场化配置水平的σ收敛系数

年份	全国	东部	中部	西部
2008	0.466	0.304	0.122	0.421
2009	0.503	0.319	0.122	0.350
2010	0.517	0.380	0.186	0.387
2011	0.515	0.384	0.135	0.359
2012	0.516	0.390	0.136	0.329
2013	0.505	0.391	0.155	0.310
2014	0.528	0.417	0.165	0.334
2015	0.546	0.435	0.187	0.349
2016	0.572	0.457	0.179	0.351
2017	0.576	0.464	0.203	0.384
2018	0.585	0.493	0.210	0.375
2019	0.609	0.521	0.204	0.416

注：数据来源于模型测算，结果由作者整理得到。

二、要素市场化配置水平的β收敛分析

（一）绝对β收敛

本节利用面板数据模型和空间误差模型对β收敛机制进行检验，表4-7给出了绝对β收敛的回归结果。可以发现，全国及三大区域的β系数在1%的显著性水平下均为负值，说明在不考虑空间效应时，全国及三大地区的要素市场化配置水平都存在绝对β收敛，即要素市场化配置水平的增速正在趋同。进一步根据β系数来计算不同地区的收敛速度和收敛的半生命周期，全国、东部地区、中部地区和西部地区的收敛速度分别为0.010、0.009、0.059和0.065，半生命周期分别为66.065、80.846、11.763和10.719。由此可见，中部地区和西部地区具有较快的收敛速度，较短的收敛的半生命周期，而全国和东部地区具有较慢的收敛速度，较长的收敛的半生命周期。随后，在回归模型中加入空间效应，结果发现，东部地区和西部地区的β系数在1%水平下显著为负，中部地区的β系数在5%水平下显著为负，说明加入空间效应后，三大区域要素市场化配置水平仍然存在绝对β收敛。另外，除全国

层面外，空间滞后系数ρ和空间误差系数λ均通过了5%水平下的显著性检验，说明空间滞后效应和空间误差效应对区域要素市场化配置水平的收敛具有显著的影响，即要素市场化配置水平确实存在空间效应。

表4-7　2008—2019年要素市场化配置水平的绝对β收敛回归结果

	全国		东部地区		中部地区		西部地区	
	FE	SEM	FE	SEM	FE	SEM	FE	SEM
β	−0.109*** (−5.434)	−0.403** (−10.637)	−0.090*** (−3.430)	−0.214*** (−4.005)	−0.477*** (−5.395)	−0.126** (−2.478)	−0.509*** (−7.397)	−0.369*** (−6.987)
ρ		−0.085 (−0.460)		−0.531*** (−3.778)		0.504*** (3.418)		0.675*** (7.280)
λ		0.186 (1.218)		0.462*** (3.774)		−0.389** (−2.069)		−0.495*** (−2.781)
空间效应	YES	YES	YES	YES	YES	YES	YES	YES
样本数	372	372	132	132	96	96	144	144
R^2	0.087	0.368	0.097	0.314	0.297	0.155	0.334	0.196

注：***、**、*分别表示1%、5%、10%的显著性水平，括号内为t统计量。

（二）条件β收敛

本书在检验要素市场化配置水平的条件β收敛时，选择的控制变量包括产业结构升级（ISU）、财政自给率（FSR）、经济发展水平（EDL）、城镇化率（UBR）和对外开放水平（OWL）。分别选取第三产业增加值占GDP的比重、地方财政一般预算收入与地方财政一般预算支出的比值、人均GDP的对数、总人口中城镇人口占比、经营单位所在地进出口总额的对数表示。数据来源于《中国统计年鉴》。

表4-8给出了条件β收敛的回归结果。在加入相关控制变量后，全国及三大区域的β系数在1%的显著性水平下均为负值，说明在不考虑空间效应时，全国及三大地区的要素市场化配置水平存在明显的条件β收敛，即要素市场化配置水平的增速正在趋同。全国、东部、中部和西部地区的收敛速度分别为0.048、0.021、0.114和0.073，而收敛的半生命周期分别达到14.358、32.696、6.074和9.522。由此可见，中部和西部地区具有较快的收敛速度，较短的收敛的半生命周期，而全国和东部地区具有较慢的收敛速度，较长的收敛的半生命周期。进一步在回归模型中加入空间效应，结果发现，全国、东部地区和中部地区的β系数在1%的显著性水平下为负值，说明加入空间效应后，全国、东部地区和中部地区要素市场化配置水平仍存在

条件β收敛。另外，除西部地区外，空间滞后系数ρ和空间误差系数λ均通过了10%水平下的显著性检验，再次证明了要素市场化配置水平的空间效应的存在。

表4-8 2008—2019年要素市场化配置水平的条件β收敛回归结果

	全国		东部地区		中部地区		西部地区	
	FE	SEM	FE	SEM	FE	SEM	FE	SEM
β	-0.412*** (-10.198)	-0.412*** (-10.622)	-0.208*** (-3.971)	-0.204*** (-3.855)	-0.715*** (-5.535)	-0.748*** (-6.709)	-0.551*** (-7.932)	-0.553*** (-8.371)
ρ		-0.302* (-1.896)		-0.553*** (-4.198)		0.417*** (3.006)		-0.311 (-1.432)
λ		0.371*** (3.264)		0.507*** (4.585)		-0.307** (-2.061)		0.198 (1.310)
ISU	0.181 (1.349)	0.236** (2.000)	-0.052 (-0.239)	0.043 (0.252)	0.463* (1.736)	0.560** (2.421)	0.335 (1.219)	0.349 (1.429)
FSR	-0.453*** (-3.560)	-0.409*** (-3.682)	-0.231 (-1.517)	-0.239** (-2.068)	-0.598** (-2.400)	-0.614*** (-2.584)	-1.057*** (-3.304)	-1.059*** (-3.618)
EDL	0.221*** (5.895)	0.212*** (6.669)	0.126** (2.094)	0.114** (2.400)	0.266*** (3.914)	0.374*** (5.216)	0.510*** (5.110)	0.487*** (5.182)
UBR	-0.385* (-1.695)	-0.258 (-1.350)	-0.458* (-1.859)	-0.209 (-1.150)	0.362 (0.530)	-0.186 (-0.342)	-2.070*** (-2.642)	-1.795** (-2.451)
OWL	0.027* (1.775)	0.029** (2.282)	0.011 (0.264)	0.011 (0.382)	0.064** (2.065)	0.044* (1.735)	0.004 (0.188)	0.004 (0.223)
空间效应	YES	YES	YES	YES	YES	YES	YES	YES
样本数	372	372	132	132	96	96	144	144
R^2	0.294	0.376	0.194	0.315	0.400	0.367	0.434	0.453

注：***、**、*分别表示1%、5%、10%的显著性水平，括号内为t统计量。

本章小结

本章主要对要素市场化配置水平的差异特征、演进特征和收敛特征进行深入分析，研究发现：

首先，差异特征。从要素市场化配置水平的地区差异来看，2008—2019年要素市场化配置水平区域差异呈现上升态势，表明各省份要素市场化配置水平的差距逐年扩大。分地区来看，要素市场化配置水平的地区内差异主要来源于东部地区。要素市场化配置水平的地区间差异也有所增大，并且主要来源于东部—西部、中部—

西部。从要素市场化配置水平的结构差异来看，数据市场化差异、技术市场化差异是全国和东部区域要素市场化配置水平结构差异的主要原因。影响中部地区要素市场化配置水平结构差异的主要来源不断变化，2008—2011年结构差异主要来源于劳动市场化差异和土地市场化差异，2012年以后主要来源于技术市场化差异和数据市场化差异。西部区域的要素市场化配置水平差异大多来自土地市场化差异、技术市场化差异和数据市场化差异。

其次，演进特征。从要素市场化配置水平的动态演进特征来看，由 Kernel 密度估计可知，全国及三大区域的要素市场化配置水平均呈上升态势，其分布延展性呈现一定的拓宽趋势，两极化趋势持续突出。从要素市场化配置水平的空间转移特征来看，不考虑相邻省份的影响时，要素市场化配置水平的不同类型之间较为稳定。类型之间均难以实现"跳跃式"转移。比较不同类型之间转移的概率发现高水平俱乐部趋同规模存在扩大趋势。考虑相邻省份的影响时，相邻省份要素市场化配置水平越低，本地要素市场化配置水平的流动性越差。

最后，收敛特征。仅西部区域的要素市场化配置水平存在 σ 收敛。回归结果表明，在不考虑空间效应时，全国及三大区域的要素市场化配置均存在绝对 β 收敛和条件 β 收敛。空间计量模型回归结果表明，将空间效应纳入模型后，除全国层面外，东部、中部和西部区域的要素市场化配置存在绝对 β 收敛。除西部地区外，全国、东部和中部区域的要素市场化配置存在条件 β 收敛。

第五章
要素市场协调发展程度及影响因素分析

为深入分析要素市场中土地、劳动、资本、技术和数据等五大子系统的关系，探究要素市场协调发展程度，本章利用耦合协调模型对要素市场化配置水平的指标协调度和地区协调度进行测算。在此基础上，采用随机森林算法，对外部环境中的变量进行重要性排序，选取较为重要的变量构建决策树，进一步揭示我国要素市场协调发展的优化路径。

第一节　要素市场协调发展程度测度

一、理论基础

（一）系统理论

贝塔朗菲（L.V. Bertalanffy）在1932年提出的系统理论强调，所有系统都是有机的整体，而不仅仅是机械地添加或组合。不能孤立地看待一个系统的组成部分；它们总是与其他元素有着千丝万缕的联系，发挥着特定的作用，并占据着特定的位置。一个系统的元素形成一个有机的整体，如果一个或一些元素失效，整个系统的运作就会受到影响。系统理论的基本思想是把要研究的对象或功能当作一个系统。通过研究构成系统的元素、系统的外部环境和变化规律之间的关系，我们为系统提出优化的解决方案。

复杂系统由两个方面组成：构成系统的元素，即子系统，以及子系统之间的各种复杂关系。因此，一个复杂系统的整体水平可以通过其组成部分的相互关系来观察。这表明，对复杂系统的研究旨在了解简单的元素和基本过程是如何互动和结合以达到整体效果的。复杂系统的分类标准各不相同，钱学森等中国科学家对其进行了深入研究。钱学森认为，个体是复杂系统的基本要素，而个体的数量及其相互关系的复杂性是区分复杂系统的重要因素：如果有许多个体和强大的相互关系，一个中等规模的系统被称为中等规模系统；如果有非常多的个体和强大的相互关系，则称为复杂巨系统。

（二）耦合协调理论

耦合协调理论可以分为两部分："耦合"和"协调"。耦合起源于物理学，最早用于研究电路元件之间的相互影响。现如今，耦合指的是构成系统的元素彼此不可分割，并且由于其相互依存的性质而必须共同发展的过程。相应的耦合度表明构成系统的元素相互依赖的强度。由于耦合度只表明系统之间相互影响的程度，但不表明系统之间相互影响的方向，因此引入了协调的概念。

一个系统由许多元素组成，每个元素如果不与外界交换信息就不能独立存在，必须与其他元素进行互动，相互制约或发展。协调是指一个系统的各个要素以促进每个系统发展的方式进行互动的过程，也就是说，让系统从以前的随机无序状态逐渐发展到平衡稳定的协调模式。协调主要是指系统或元素之间的配合程度，也就是它们之间的互动强度。由于元素之间不可避免地会有差异，协调也是平衡元素之间的差异和研究出现的规律性的过程，从而使整体能够融合共生发展。

耦合协调将耦合和协调的研究结合起来，说明系统中的各要素相互影响、相互促进，形成互利共赢的发展关系。耦合协调的相应程度反映了协同发展的具体强度，在这种情况下，系统的各个要素相互合作，使整个系统从无序、混乱的状态转变为有序、规范的状态。本书将耦合协调理论应用到我国要素市场化配置水平的研究中，综合考虑土地、劳动、资本、技术、数据五类子系统，对我国要素市场化配置内部组织的相互作用关系进行深入分析，探究2008年以来要素市场的协调发展模式。图5-1展示了要素市场协调发展系统的网络关系。

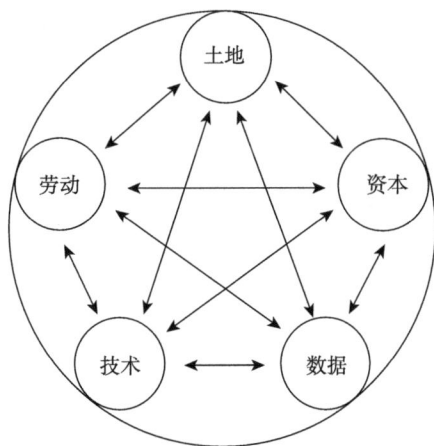

图5-1　要素市场协调发展系统网络关系图

二、测算方法

（一）协调度计算

关于协调度的研究可以分为两类，一类是以各个省份为研究对象，对各省份土地市场化、劳动市场化、资本市场化、技术市场化和数据市场化五个子系统进行协调发展研究，将其定义为指标协调度；另一类是以我国东部、中部、西部三个地区为研究对象，研究各地区之间的协调发展度，将其定义为区域协调度。

协调度包含两个部分，协调度系数 C 和协调指数 T。协调度系数 C 用于反映各子系统间相互协调、相互影响的程度，由于协调度系数仅能说明各子系统间的相互作用程度，一组低水平的子系统可能有较高的协调度系数，一组高水平的子系统也可能有较低的协调度系数，并不能完整描述协调发展的全貌，也并不是真正意义上的协调。因此，将用于反映各子系统整体发展水平的协调指数 T 纳入协调度模型，计算公式如下：

$$D = \sqrt{C \times T} \qquad (5-1)$$

其中，D 表示协调度，主要用于反映整体的协调发展程度，协调度系数 C 根据模型不同，计算方法也存在差异，$T = \gamma_1 U_1 + \gamma_2 U_2 + \cdots + \gamma_n U_n$，$U_i$ 表示各个子系统发展水平，γ_i 表示各个子系统所占权重。

本书参考以往研究成果的划分标准（储雪俭 等，2019；任栋 等，2021），对我国要素市场化配置水平耦合协调度结果进行归类，如表5-1所示。

表5-1　耦合协调度的等级划分标准

耦合协调类型	耦合协调度	耦合协调类型	耦合协调度
优质协调	(0.9, 1.0]	濒临失调	(0.4, 0.5]
良好协调	(0.8, 0.9]	轻度失调	(0.3, 0.4]
中级协调	(0.7, 0.8]	中度失调	(0.2, 0.3]
初级协调	(0.6, 0.7]	严重失调	(0.1, 0.2]
勉强协调	(0.5, 0.6]	极度失调	[0.0, 0.1]

（二）耦合协调模型

耦合是指两个或两个以上系统相互关联的程度，一般采用耦合度来度量其大小，耦合度越大，说明系统间的关联程度较高。鉴于此，本书参考任栋等（2021）引入 n 系统耦合度模型来计算耦合度，公式如下：

$$C_1 = \frac{\sqrt[n]{U_1 \times U_2 \times \cdots \times U_n}}{\dfrac{U_1 + U_2 + \cdots + U_n}{n}} \qquad (5-2)$$

已知 $(U_1 + U_2 + \cdots + U_n)/n \geqslant \sqrt[n]{U_1 \times U_2 \times \cdots \times U_n}$，仅当 $U_1 = U_2 = \cdots = U_n$ 时不等式取等号，即 $0 \leqslant C_1 \leqslant 1$，符合学术界对耦合度范围要求（金碚，2018；金昌东 等，2021）。为反映子系统之间的协调发展情况，加入协调指数 T_1，得到耦合协调模型：

$$D_1 = \sqrt{C_1 \times T_1} \qquad (5-3)$$

耦合协调模型主要用于研究子系统间的互动关系，也可以对各省份内不同子系统间的协调发展情况进行分析，本书将此模型用于测算指标协调度。

（三）离差系数模型

离差系数是数据集的标准差与平均值的比值，用来反映数据集的分散程度。将离差系数引入协调度模型中，得到离差系数协调度模型。计算公式如下：

$$
\begin{aligned}
C_v &= \frac{\sigma}{(U_1 + U_2 + \cdots + U_n)/n} = \frac{\sqrt{\dfrac{1}{n}\sum_{i=1}^{n}(U_i - \overline{U})^2}}{\overline{U}} \\
&= \frac{\sqrt{\dfrac{1}{n}\sum_{i=1}^{n}U_i^2 - \overline{U}^2}}{\overline{U}} = \sqrt{n \times \frac{U_1^2 + U_2^2 + \cdots + U_n^2}{(U_1 + U_2 + \cdots + U_n)^2} - 1}
\end{aligned} \qquad (5-4)
$$

C_v 越小，表示系统间的差异越小，系统越协调，即 $\dfrac{U_1^2 + U_2^2 + \cdots + U_n^2}{(U_1 + U_2 + \cdots + U_n)^2}$ 越小，系统的协调程度越高。定义离差系数协调度模型中的协调度系数：

$$C_2 = 1 - \frac{U_1^2 + U_2^2 + \cdots + U_n^2}{(U_1 + U_2 + \cdots + U_n)^2} \qquad (5-5)$$

为反映子系统之间的协调发展情况，加入协调指数 T_2，得到离差系数协调度模型：

$$D_2 = \sqrt{C_2 \times T_2} \qquad (5-6)$$

离差系数协调度模型对于系统间协调程度的衡量主要是通过距离来实现的，离差系数越小，说明系统之间的差异越小，协调程度越高，且模型对系统数量限制较小，可以对不同地区的同一方面的协调程度进行分析，本书将此模型用于测算区域协调度。

三、测算结果分析

（一）指标协调度

指标协调度是指对我国要素市场化配置水平评价指标体系中的5个一级指标的协调分析。耦合协调模型使用耦合协调度来反映一个区域内不同要素市场系统之间的互动关系，本书将其用于对各省份要素市场化配置中土地市场化、劳动市场化、资本市场化、技术市场化和数据市场化五个子系统的协调程度的分析，其中，采用各子系统的综合值表示其发展水平，采用各省份要素市场化配置水平表示其综合发展水平。本书根据耦合协调模型分别计算2008—2019年我国31个省份的指标协调度，具体测算结果如表5-2所示。

在样本考察期内我国各省区市五大要素市场子系统指标协调度的综合得分主要分布于0.202～0.738，我国各省份指标协调度的平均值、标准差分别为0.433和0.123，这说明2008—2019年我国各省区市五大要素市场子系统指标协调度整体处于中等偏下水平，并且在不同地区、不同省份之间存在着十分明显的差异。具体来说，三大地区中，东部地区要素市场化配置系统指标协调度的均值达到0.543，领先于全国水平0.433，领先幅度达到0.110；中部和西部地区要素市场化配置系统指标协调度的均值分别为0.417和0.343，均落后于全国平均水平，并且落后幅度依次为0.016和0.090。31个省区市中，五大要素市场子系统指标协调度最高的省份为广东，其指标协调度均值达到0.738，然后是江苏、北京、浙江，其指标协调度均值分别为0.702、0.643、0.601，以上4个省区市五大要素市场子系统指标协调度的得分较高，在一定程度上领先于剩余27个省区市。另外，五大要素市场子系统指标协调度超过平均得分的省区市还有11个，具体包括上海、山东、辽宁、福建、湖北、四川、河南、天津、湖南、重庆、安徽，其指标协调度均值分别为0.578、0.573、0.475、0.473、0.470、0.465、0.457、0.451、0.443、0.442、0.435。超过平均水平的省份占到所考察省份总数的48.39%，而得分最低的为西藏，其指标协调度的得分仅为0.202，广东是西藏的3.65倍，再次表明我国31个省区市五大要素市场子系统指标协调度的得分整体不高，且不同省份之间的差异比较显著。

从五大要素市场子系统指标协调度的变化趋势来看，2008—2019年全国各省区市五大要素市场子系统指标协调度总体上呈现上升趋势，平均值由0.336上升至0.523，年均增长率为4.10%，说明在经济发展新常态下，我国各省区市五大要素市场子系统间的协调程度在不断提升。地区间，东部地区各省区市的指标协调度普遍高于中西部地区，东部地区五大要素市场子系统指标协调度的平均值由0.433上升至0.642，年均增长率为3.65%，均值超过全国平均水平；中部地区和西部地区五大要素市场子系统指标协调度的增长幅度较大，其指标协调度分别由0.318和0.260上升至0.518和0.418，年均增长率分别达到4.53%和4.41%，年均增长率超过全国平均水平。我国31个省区市五大要素市场子系统指标协调度的综合得分在样本考察期内均有所提升。具体来看，广东、江苏、北京、浙江、上海、天津、河北、河南、安徽、江西、山西、黑龙江、陕西、广西、云南、贵州、新疆等省区市五大要素市场子系统指标协调度的得分都呈现出"持续上升"状态，指标协调度的年均增长率分别为4.65%、4.33%、3.40%、4.75%、2.72%、2.27%、5.67%、4.87%、6.05%、5.86%、4.03%、3.35%、4.88%、4.49%、4.69%、8.61%、4.95%。山东、辽宁、福建、湖北、湖南、吉林、四川、重庆、内蒙古、甘肃、宁夏等省区市五大要素市场子系统指标协调度的得分都呈现出"波动上升"状态，指标协调度的年均增长率分别为4.39%、2.41%、2.50%、4.54%、4.66%、2.82%、4.14%、3.76%、4.70%、4.67%、3.63%。海南、青海、西藏等省区市五大要素市场子系统指标协调度都呈现"上下波动"状态。整体而言，我国五大要素市场子系统指标协调度均得到了一定程度的提升。

表5-2 要素市场化配置水平的指标协调度测算结果

地区	省份	年份												均值
		2008	2009	2010	2011	2012	2013	2014	2015	2016	2017	2018	2019	
东部地区	北京	0.529	0.556	0.582	0.595	0.609	0.632	0.651	0.663	0.682	0.719	0.736	0.765	0.643
	天津	0.392	0.394	0.412	0.428	0.442	0.457	0.463	0.468	0.480	0.484	0.491	0.501	0.451
	河北	0.294	0.330	0.359	0.383	0.403	0.423	0.439	0.447	0.474	0.503	0.517	0.540	0.426
	辽宁	0.398	0.410	0.439	0.458	0.475	0.489	0.499	0.490	0.499	0.516	0.511	0.517	0.475
	上海	0.493	0.512	0.540	0.542	0.557	0.564	0.586	0.596	0.613	0.628	0.642	0.663	0.578
	江苏	0.528	0.564	0.607	0.639	0.678	0.702	0.729	0.743	0.769	0.803	0.816	0.842	0.702
	浙江	0.459	0.489	0.519	0.548	0.554	0.584	0.602	0.627	0.650	0.691	0.720	0.766	0.601
	福建	0.425	0.440	0.415	0.436	0.449	0.463	0.472	0.474	0.499	0.516	0.535	0.557	0.473
	山东	0.420	0.461	0.499	0.525	0.545	0.583	0.588	0.612	0.630	0.671	0.666	0.674	0.573
	广东	0.561	0.609	0.643	0.670	0.691	0.715	0.743	0.763	0.808	0.842	0.887	0.926	0.738
	海南	0.260	0.274	0.274	0.283	0.308	0.336	0.324	0.336	0.332	0.339	0.332	0.309	0.309
	均值	0.433	0.458	0.481	0.501	0.519	0.541	0.554	0.565	0.585	0.610	0.623	0.642	0.543
中部地区	山西	0.301	0.321	0.332	0.351	0.368	0.390	0.398	0.402	0.411	0.442	0.460	0.465	0.387
	吉林	0.334	0.337	0.342	0.355	0.354	0.360	0.383	0.377	0.412	0.401	0.417	0.453	0.377
	黑龙江	0.313	0.315	0.338	0.355	0.365	0.373	0.382	0.396	0.408	0.423	0.424	0.449	0.378
	安徽	0.295	0.332	0.362	0.382	0.406	0.426	0.445	0.465	0.492	0.518	0.533	0.563	0.435

地区	省份	年份												均值
		2008	2009	2010	2011	2012	2013	2014	2015	2016	2017	2018	2019	
中部地区	江西	0.271	0.298	0.316	0.345	0.362	0.378	0.392	0.422	0.436	0.462	0.478	0.506	0.389
	河南	0.335	0.362	0.376	0.399	0.426	0.459	0.478	0.492	0.508	0.531	0.548	0.565	0.457
	湖北	0.361	0.374	0.418	0.424	0.433	0.459	0.482	0.494	0.502	0.539	0.562	0.588	0.470
	湖南	0.336	0.342	0.367	0.404	0.421	0.439	0.442	0.491	0.476	0.508	0.533	0.554	0.443
	均值	0.318	0.335	0.356	0.377	0.392	0.411	0.425	0.442	0.456	0.478	0.494	0.518	0.417
西部地区	内蒙古	0.259	0.284	0.314	0.329	0.365	0.370	0.369	0.376	0.371	0.395	0.431	0.429	0.358
	广西	0.268	0.290	0.320	0.329	0.332	0.352	0.353	0.361	0.382	0.398	0.412	0.434	0.353
	重庆	0.350	0.366	0.404	0.397	0.400	0.421	0.453	0.465	0.496	0.507	0.519	0.526	0.442
	四川	0.382	0.365	0.390	0.412	0.433	0.453	0.470	0.486	0.486	0.548	0.563	0.596	0.465
	贵州	0.178	0.230	0.266	0.298	0.309	0.331	0.334	0.354	0.366	0.389	0.419	0.442	0.326
	云南	0.259	0.257	0.281	0.303	0.314	0.339	0.353	0.357	0.382	0.392	0.406	0.429	0.339
	西藏	0.207	0.183	0.128	0.139	0.161	0.210	0.181	0.216	0.225	0.234	0.266	0.270	0.202
	陕西	0.308	0.333	0.360	0.375	0.391	0.421	0.424	0.440	0.459	0.481	0.501	0.521	0.418
	甘肃	0.218	0.236	0.278	0.293	0.315	0.335	0.342	0.350	0.348	0.351	0.353	0.359	0.315
	青海	0.226	0.238	0.251	0.255	0.263	0.277	0.275	0.282	0.291	0.310	0.317	0.270	0.271
	宁夏	0.241	0.254	0.269	0.287	0.300	0.307	0.309	0.308	0.317	0.341	0.354	0.357	0.304
	新疆	0.226	0.247	0.273	0.291	0.312	0.333	0.340	0.344	0.364	0.364	0.372	0.385	0.321
	均值	0.260	0.274	0.294	0.309	0.324	0.346	0.350	0.361	0.374	0.393	0.409	0.418	0.343
全国	均值	0.336	0.355	0.377	0.395	0.411	0.432	0.442	0.455	0.470	0.492	0.507	0.523	0.433

注：数据来源于模型测算，结果由作者整理得到。

基于表5-2的测算结果，本书选取2008年、2014年、2019年的指标协调度值，按照表5-1的等级划分标准，分析我国各省份要素市场化配置系统耦合协调度的类型，如表5-3所示。从分布情况来看，我国各省份要素市场化配置系统指标协调度覆盖优质协调、良好协调、中级协调、初级协调、勉强协调、濒临失调、轻度失调、中度失调、严重失调等九种类型。

2008年并没有省份处于初级协调状态及以上。处于勉强协调状态的有广东、北京、江苏等3个省份，占全国省区市总数的9.68%，全部分布在东部地区，这些省份要素市场化配置系统指标协调度较高，在要素市场化配置过程中发展较快，综合表现较为优异。其余28个省份均处于失调状态。处于濒临失调状态的有上海、浙江、福建、山东等4个省区市，占全国省份总数的12.90%，全部分布在东部地区。处于轻度失调状态的包括辽宁、天津、四川、湖北、重庆、湖南、河南、吉林、黑龙江、陕西、山西等11个省份，占所考察省份总数的35.48%。在东部、中部、西部三大地区均有分布，但是中部地区处于轻度失调的省份占比最大，超过50%。中部地区能够重视要素市场化配置的协调发展，要素市场化配置系统指标协调度得分处在平均水平附近，具有一定的提升空间。处于中度失调状态的包括安徽、河北、江西、广西、海南、云南、内蒙古、宁夏、新疆、青海、甘肃、西藏等12个省区市，占所考察省份总数的38.71%，在东部、中部、西部三大地区均有分布，其中西部地区处于中度失调的省份占比最大，达到66.67%。另外，西部地区中的贵州处于严重失调状态。西部地区对于要素市场化配置协调发展的重视程度不足，协调度水平综合值也较低，因此具有较大的提升空间。

2019年，全国31个省区市中29个省区市的发展状态均有所提升。其中，广东的发展状态由勉强协调上升到优质协调，江苏的发展状态由勉强协调上升到良好协调，浙江、北京的发展状态分别由濒临失调和勉强协调上升到中级协调，山东、上海的发展状态由濒临失调上升到初级协调，福建的发展状态由濒临失调上升到勉强协调，辽宁、天津、四川、湖北、重庆、湖南、河南、陕西的发展状态由轻度失调上升到勉强协调，安徽、河北、江西的发展状态由中度失调上升到勉强协调，吉林、黑龙江、山西的发展状态由轻度失调上升到濒临失调，广西、云南、内蒙古的发展状态由中度失调上升到濒临失调，贵州的发展状态由严重失调上升到濒临失调，海南、宁夏、新疆、甘肃的发展状态由中度失调上升到轻度失调，青海、西藏的协调发展发展状态均保持不变。不难发现，勉强协调和濒临失调是我国各省份五大要素市场子系统协调发展的主要分布状态，处于初级协调状态及以上的省份相对较少。结合各省份协调发展水平还可以看出，我国五大要素市场子系统协调发展水平仍处于中等状态，三大地区中各省区市五大要素市场子系统的协调发展程度均发生较大的改善。

表5-3　耦合协调类型划分结果

类型	年份		
	2008	2014	2019
优质协调			广东
良好协调			江苏
中级协调		广东、江苏	浙江、北京
初级协调		北京、浙江	山东、上海
勉强协调	广东、北京、江苏	山东、上海	四川、湖北、河南、安徽、福建、湖南、河北、重庆、陕西、辽宁、江西、天津

类型	年份		
	2008	2014	2019
濒临失调	上海、浙江、福建、山东	辽宁、湖北、河南、福建、四川、天津、重庆、安徽、湖南、河北、陕西	山西、吉林、黑龙江、贵州、广西、内蒙古、云南
轻度失调	辽宁、天津、四川、湖北、重庆、湖南、河南、吉林、黑龙江、陕西、山西	山西、江西、吉林、黑龙江、内蒙古、云南、广西、甘肃、新疆、贵州、海南、宁夏	新疆、甘肃、宁夏、海南
中度失调	安徽、河北、江西、广西、海南、云南、内蒙古、宁夏、新疆、青海、甘肃、西藏	青海	青海、西藏
严重失调	贵州	西藏	

注：数据来源于模型测算，结果由作者整理得到。

（二）区域协调度

区域协调度分析是对某地区内不同省份之间的要素市场化配置水平协调程度进行分析。离差系数协调度模型可以通过距离来衡量系统间的协调程度，本节利用此模型来对东、中、西三个地区内各省份要素市场化配置水平协调程度进行分析，其中，各省份的指标协调度作为该子系统的指标值，某地区内各省份的指标协调度均值作为该地区的整体水平。具体测算结果如表5-4所示。

由表5-4可知，东部地区的区域协调度在三个地区中最高，并且呈现出逐年增加的变化趋势，由2008年的0.626上升至2019年的0.761，提升了21.62%。从地理位置来看，东部地区内多数省份为沿海地区，经济发达，各种要素市场资源较为充足，更容易带动地区内其他省份完善要素市场资源配置。区域协调度一部分表示地区内各省份之间相互影响、相互关联的程度，另一部分表示地区间各省份整体要素市场化配置水平，由于东部地区各省份的要素市场资源配置优于其他地区省份，所以其区域协调度情况也优于其他地区。

中部地区的区域协调度在2008—2019年呈现持续上升的变化趋势，由2008年的0.527上升至2019年的0.673，提升了27.59%，提升幅度在三大地区中位居首位。中部地区各省份大部分位于平原地区，省内协调度差异不大，除山西、吉林、黑龙江的指标协调度仍为濒临失调状态外，其他省份的指标协调度均已达到勉强协调，各省份之间的沟通较多，地区内关联程度也较强，但是由于中部地区各省份整体发展水平低于东部地区，其区域协调度居中。

西部地区区域协调度的发展趋势与中部地区类似，在2008—2019年呈现持续上升趋势，由2008年的0.487上升至2019年的0.618，提升了26.74%。西部地区各省份多位于我国高原地带，环境较为恶劣，各种要素资源匮乏，要素市场化配置水平的提升受到极大限制。从西部地区各省份的发展来看，区域协调度低于东部地区和中部地区，且随着四川、重庆等省份的快速发展，西部地区内各省份协调发展的差距将不断扩大。

整体来看，我国东部、中部、西部三大地区要素市场化配置的区域协调度分布同要素市场化配置的指标协调度类似，均呈现东部>中部>西部的空间分布特征，东部、中部和西部地区的区域协调度均值依次为0.699、0.602和0.558，属于初级协调类型和勉强协调类型。2008—2019年，三大地区的区域协调度均出现持续上升的变化趋势，但是中部地区的上升幅度大于东部和西部地区。

表5-4　要素市场化配置水平的区域协调度测算结果

年份	东部	中部	西部
2008	0.626	0.527	0.487
2009	0.644	0.541	0.500
2010	0.660	0.558	0.518
2011	0.673	0.574	0.531
2012	0.685	0.585	0.544
2013	0.700	0.599	0.562
2014	0.708	0.610	0.565
2015	0.715	0.622	0.575
2016	0.727	0.631	0.584
2017	0.743	0.646	0.599
2018	0.750	0.657	0.611
2019	0.761	0.673	0.618

注：数据来源于模型测算，结果由作者整理得到。

第二节　要素市场协调发展的影响因素分析

一、要素子系统

（一）经济子系统

经济子系统为要素市场协调发展提供财力资源供应。经济子系统的发展能够有效地改善人们生活条件，为要素市场协调发展提供财力支持。较为完善的经济子系统是提高要素市场协调发展水平的重要保障，开放的经济环境有利于培育发达的市场经济，形成资源投入的多元化，从而增加企业的资本积累。

（二）教育子系统

教育子系统为要素市场协调发展提供人力资源供应。教育子系统的有效供应有利于要素市场协调发展水平的持续提升，较为完善的教育子系统是提高要素市场协调发展的重要依托。一方面，通过教育投入加快区域人力资本的培育，为要素市场协调发展提供高水平人才与专业队伍；另一方面，教育是科学技术进步的基础，通过教育发展推动科技进步，可以提高劳动生产率并促进人才流动。

（三）社会子系统

社会子系统为要素市场协调发展提供民生资源供应。社会子系统的发展能够全面提升居民的生活福祉，提高生活品质，为要素市场协调发展提供民生保障。社会子系统的发展考虑了社会发展、社会服务、精神文化等方面的状况，为提高要素市场协调发展提供了和谐稳定的社会环境。

（四）制度子系统

制度子系统为要素市场协调发展提供制度资源供应。制度子系统为要素市场协调发展的建设提供法制保障，国家对市场经济的高度重视，所制定的各种法律、法规、政策、措施有利于要素市场协调发展的顺利进行。

二、研究方法及变量选取

（一）随机森林算法

1.回归树模型

本节涉及25个影响因素变量，计算时易产生估计问题，因此采用回归树模型。将省份 i 的观测数据记为 $(y_i, x_{i1}, x_{i2}, \cdots, x_{iJ})$，其中，$y_i$ 用来表示输出变量，而 $(x_{i1}, x_{i2}, \cdots, x_{iJ})$ 是输入变量。回归树模型的具体步骤如下：

（1）对所有数据进行分割，对于变量 x_j，如果已知一个阈值分割点 s，就可以将数据按照 x_j 大于或小于阈值 s 而分成两个数据集 R_1 和 R_2：

$$R_1(j, s) = \left\{ y_i, x_{i1}, x_{i2}, \cdots, x_{iJ} \mid x_j \leqslant s \right\} \tag{5-7}$$

$$R_2(j, s) = \left\{ y_i, x_{i1}, x_{i2}, \cdots, x_{iJ} \mid x_j > s \right\} \tag{5-8}$$

这样，每个数据集都可以得到输出值的平均值：

$$\hat{y}_{R_1} = \overline{y}_{R_1} = average(y_i \mid y_i \in R_1(j, s)) \tag{5-9}$$

$$\hat{y}_{R_2} = \overline{y}_{R_2} = average(y_i \mid y_i \in R_2(j, s)) \tag{5-10}$$

在变量 x_j 和阈值分割点 s 均未知时，可以通过式（5-11）计算最小化残差平方和得到：

$$\sum_{x_i \in R_1(j,s)} (y_i - \overline{y}_{R_1})^2 + \sum_{x_i \in R_2(j,s)} (y_i - \overline{y}_{R_2})^2 \tag{5-11}$$

对每个变量和每个数据点逐一按式（5-11）计算来最优化。

（2）在求出第一个 x_j 和 s 后，数据已经分裂成了两个数据集 R_1 和 R_2。接下来，在数据集 R_1 中寻找下一个变量及最佳的阈值分割点，并将其分成 R_3 和 R_4，然后再次采用最小化残差平方和进行优化。

（3）对 R_2、R_3、R_4 重复上述步骤，直到达到某种停止条件，例如只包含特定数量样本的终端节点。对数据结构分割后的结果类似一棵树，分割点就是树的分叉点。

（4）剪枝。若分割点过多，模型将会出现过拟合，通过这样方式训练出来的模型可以对训练样本拟合得很好，但是对新样本的预测效果将会很差，因而需要对数据分割的次数进行惩罚，以防止回归树生成过多的叶子节点，这通常称为剪枝。

2.随机森林

通常情况下仅依靠一棵树的计算结果不够理想，解决方法是对样本进行多次抽样，每一次抽样都计算得到一个对因变量的估计（即得到一棵树），将得到的估计值取平均值就可以作为最终的对因变量的估计值，这也是随机森林的估计思想。假设模型中包括b棵树$\{T_1(X), T_2(X), \cdots, T_b(X)\}$，其中$X = \{x_1, x_2, \cdots, x_J\}$是形成随机森林的$J$维输入向量，每棵树都会产生一个预测值。随机森林的基本流程如图5-2所示。

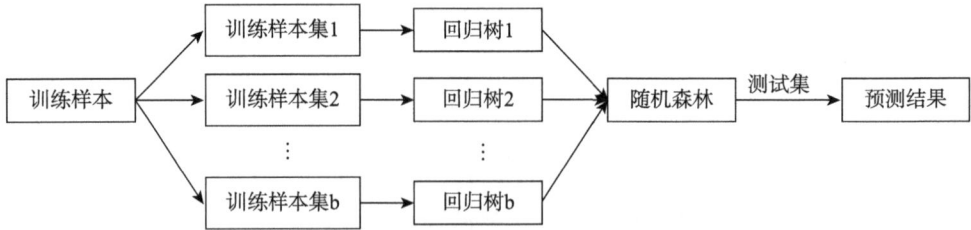

图5-2　随机森林的回归流程

采用Bootstrap方法从原始数据集中重复抽取训练样本集，据此构建b棵树，每次抽取训练样本时未被抽取出的样本组成测试样本集。基于生成的多棵树，对测试样本集的数据进行预测，计算回归树的平均预测结果。

这b棵树构成了随机森林回归模型，该模型的估计效果用测试集的均方误差来衡量，若测试集的样本数为m，则

$$MSE_{OOB} = \frac{\sum_{i=1}^{m}(y_i - \hat{y}_i)^2}{m} \tag{5-12}$$

$$R_{RF}^2 = 1 - \frac{MSE_{OOB}}{\hat{\sigma}_y^2} \tag{5-13}$$

y_i表示袋外数据（OOB）中因变量的真实值，$\hat{y}_i$表示随机森林回归模型得到的预测值，$\hat{\sigma}_y^2$表示OOB预测值的方差。

随机森林在对数据进行有效分析的同时，还能够给出变量的重要性评分，并通过变量重要性评分来评价各自变量对因变量的影响程度大小。变量重要性评分时一般使用基于排列随机置换的均方残差减小量和模型精确度的减小量来衡量自变量的影响。其中，均方残差减小量的计算过程为：

对每一个训练样本集分别建立回归树，然后用该模型来预测OOB，由此得到其均方残差，分别记为MSE_1，MSE_2，$\cdots$，MSE_b。

因为在构建回归树并进行分枝时，自变量是随机选取的，所以变量x在OOB数据集中随机置换，便形成了新的OOB测试集，用已经建立的随机森林回归模型对新的测试集进行预测，进而得到随机置换后的OOB均方残差：

$$\begin{bmatrix} MSE_{11} & MSE_{21} & \cdots & MSE_{b1} \\ MSE_{12} & MSE_{22} & \cdots & MSE_{b2} \\ \vdots & \vdots & & \vdots \\ MSE_{1k} & MSE_{2k} & \cdots & MSE_{bk} \end{bmatrix} \tag{5-14}$$

用 MSE_1，MSE_2，$\cdots$，MSE_b 与矩阵的第 j 列元素对应相减，取平均值后除以对应的标准差（S_E）就得到变量 x_j 的均方残差平均减小量，即变量重要性评分，具体公式如下：

$$VIM_j(MSE) = \left[\frac{1}{b} \sum_{i=1}^{b} (MSE_i - MSE_{ij}) \right] / S_E, \quad j = 1, 2, \cdots, J \tag{5-15}$$

变量的均方残差平均减小量越大，则认为自变量重要性越高，对因变量的影响程度较大。

变量的重要性是通过回归平方和（RSS）的减小量来衡量的，其主要思想是在给各个变量增加随机干扰后，记录模型精准的变化情况，根据模型精准的变化幅度来衡量变量的重要性。若增大某一自变量的噪声后模型的精准度有明显下降的趋势，则说明该变量的重要程度越低，反之则越高。

（二）影响因素变量

影响要素市场协调发展的因素除了土地、劳动、资本、技术、数据等要素市场子系统以外，经济、教育、社会、制度等外部环境子系统同样为要素市场耦合协调度提供各种各样的输入因素，也会影响着要素市场协调发展水平的提升。因此，本节从经济、教育、社会和制度四个子系统中选取了25种要素。其中，经济子系统是指影响要素市场协调发展的宏观经济因素，包含GDP、人均GDP、GDP增长率、固定资产投资总额、城市工业用地、城镇居民人均可支配收入、第二产业占GDP的比重、第三产业占GDP的比重等8种要素；教育子系统为要素市场协调发展提供高水平的人力资源，包含教育支出占财政支出比重、每十万人高等学校在校学生数、就业人员中未上过学和小学学历占比、就业人员中初中和高中学历占比、就业人员中大学专科和本科学历占比、就业人员中研究生文化程度占比等6种要素；社会子系统为要素市场协调发展提供外部资源供应，包含失业率、人口自然增长率、城乡居民收入差距、城镇化水平、卫生机构床位数、社会保障和就业支出占GDP比重、人均拥有公共图书馆藏量、群众文化机构数等8种投入要素；制度子系统为要素市场协调发展提供制度保障，包含进出口总额占GDP比重、地方财政支出占GDP比重和非公有制单位职工数占职工总数比重等3种投入要素。具体如表5-5所示。

表5-5　外部环境变量选取

子系统	具体指标选取	符号
经济子系统	GDP	x1
	人均GDP	x2
	GDP增长率	x3
	固定资产投资总额	x4
	城市工业用地	x5
	城镇居民人均可支配收入	x6
	第二产业占GDP的比重	x7
	第三产业占GDP的比重	x8
教育子系统	教育支出占财政支出比重	x9
	每十万人高等学校在校学生数	x10
	就业人员中未上过学和小学学历占比	x11
	就业人员中初中和高中学历占比	x12
	就业人员中大学专科和本科学历占比	x13
	就业人员中研究生文化程度占比	x14
社会子系统	失业率	x15
	人口自然增长率	x16
	城乡居民收入差距	x17
	城镇化水平	x18
	卫生机构床位数	x19
	社会保障和就业支出占GDP比重	x20
	人均拥有公共图书馆藏量	x21
	群众文化机构数	x22
制度子系统	进出口总额占GDP比重	x23
	地方财政支出占GDP比重	x24
	非公有制单位职工数占职工总数比重	x25

三、实证结果与分析

（一）影响因素分析

1.模型构建

随机森林回归模型中包含两个重要参数：一个是回归树的棵数 *ntree*，另一个是随机变量的个数 *mtry*。

（1）参数 *ntree* 的确定。在构建回归树之前，需要使用Bootstrap法对因变量观测值进行随机抽取，解释变量也是随机抽取的，以确定分类树的节点，所以一般可以快速生成数百或数千棵树。参数 *ntree* 可以理解为回归树的数量。研究结果表明，一方面，随着回归树的数量增加，模型的泛化误差在逐步减小，回归树的数量与模型的泛化误差呈反比关系，因此要想保证模型的准确度需要生成足够多的回归树；另一方面，当回归树的数量过大时，模型的训练时间也会随之延长，因此在建模时需要协调模型的精确度和训练时间来选择合适的回归树棵数。将训练集作为随机森林建模的样本，*mtry* 参数的默认值设置为解释变量总数的三分之一，*ntree* 的值依次设置为50、100、200和500，确定最佳 *ntree* 值。图5-3显示了随机森林回归模型不同 *ntree* 值下OOB误差的演变，横轴代表回归中的树数，纵轴代表相应的OOB误差。从图5-3中不难看出，当 *ntree* 为50时，回归树数量从1增加到50，OOB误差呈现下降趋势，即使在50时，下降趋势也很明显，必须增加回归树的数量。当 *ntree* 为100时，OOB误差也呈现明显的下降趋势。当 *ntree* 为200时，OOB误差也呈现轻微下降趋势。当 *ntree* 设置为500时，OOB误差稳定。这表明，如果 *ntree* 设置为400，随机森林模型可以满足要求。因此，本书中 *ntree* 的值被设定为400。

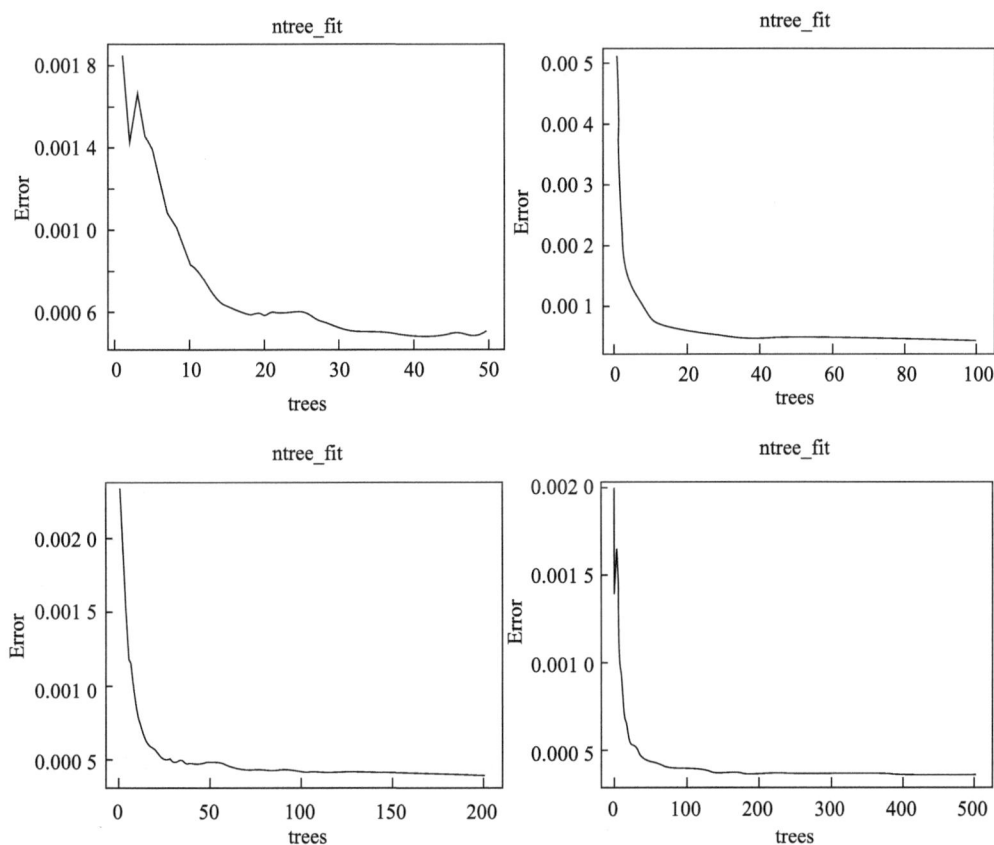

图5-3　参数 *ntree* 选择

（2）参数*mtry*的确定。*mtry*是在构建回归树模型时随机选择的用于确定分支节点的解释变量的数量。变量的数量对模型的准确性也很重要，因为随机选择的目的是放大树之间的差异，提高模型的通用性。在前文中，我们将随机森林回归模型的*ntree*值设定为400，因此，我们将*ntree*设定为400，并使用五折交叉验证法，反复选择参数*mtry*，以确定最佳*mtry*值。五折交叉验证的基本思路是将原始数据分为五个样本，其中四个子样本构成训练集，用于建立模型，剩余的子样本构成测试集，用相应的预测值和误差值验证随机森林模型，重复五次，直到所有子样本都在测试集中。经过五轮交叉验证，得到平均误差，并选择最小的随机变量集作为最佳*mtry*值。表5-6显示了对样本数据进行交叉验证测试的结果。从表5-6可以看出，随机选择一个变量来确定分支时，平均误差最大，随着随机变量数量的增加，平均误差急剧下降，当随机变量数量为9个时达到最小。五折交叉验证的结果表明，当*mtry*值设为9时，平均误差最低，随机性较高，这保证了模型的通用性。因此，在本书中，模型的*mtry*值被设定为9。

表5-6　参数*mtry*选择

随机变量个数	平均误差	随机变量个数	平均误差
1	0.000 109 7	11	0.000 043 0
2	0.000 065 8	12	0.000 039 8
3	0.000 059 6	13	0.000 040 8
4	0.000 050 5	14	0.000 041 5
5	0.000 045 8	15	0.000 043 5
6	0.000 046 0	16	0.000 041 3
7	0.000 042 6	17	0.000 043 6
8	0.000 044 8	18	0.000 041 6
9	0.000 040 4	19	0.000 041 5
10	0.000 041 0	20	0.000 044 0

注：数据来源于模型测算，结果由作者整理得到。

2.重要性分析

随机森林回归模型可以通过均方误差的平均递减和模型精度的平均递减两个变量来评价各个解释变量对被解释变量的影响程度。图5-4给出了不同影响因素的重要性排序。

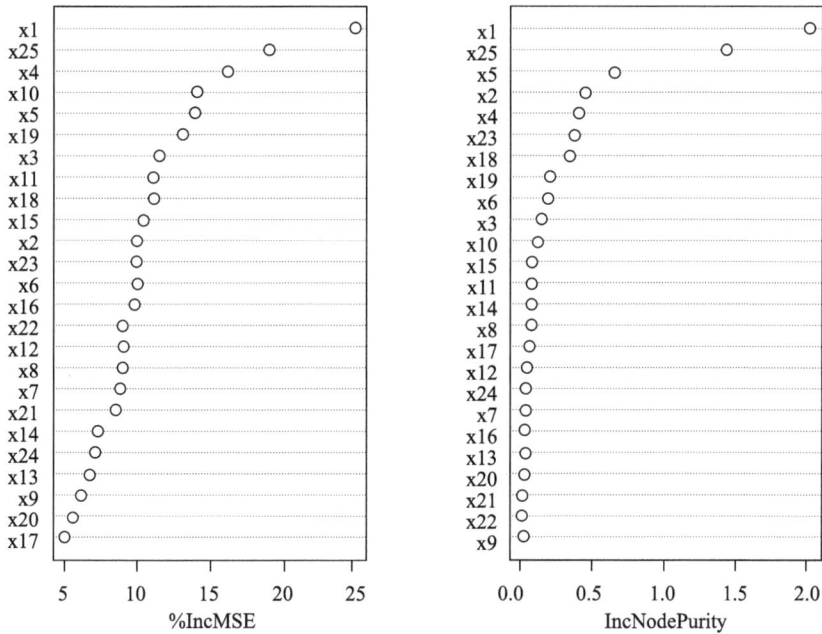

图5-4　特征重要性

由图5-4不难发现，从均方误差的平均递减来看，影响要素市场协调发展度的
25个因素指标中，重要性排在前五名的指标分别为GDP（x1）、非公有制单位职工
数占职工总数比重（x25）、固定资产投资总额（x4）、每十万人高等学校在校学生
数（x10）以及城市工业用地（x5）；从模型精度的平均递减来看，重要性排在前五
名的指标分别是GDP（x1）、非公有制单位职工数占职工总数比重（x25）、城市工业
用地（x5）、人均GDP（x2）以及固定资产投资总额（x4）。

分维度来看，经济子系统方面，GDP、固定资产投资总额和城市工业用地对要
素市场耦合协调度的影响较大。对于一些省份来说，其经济基础较好，对固定资产
投资和城市工业用地的投入也较充足，促进了要素市场耦合协调。但仍有一些省份
存在固定资产投资和城市工业用地配置比例不合理导致资源浪费的现象存在，影响
了经济发展对要素市场耦合协调的促进作用。教育子系统方面，对要素市场耦合协
调影响最大的指标是每十万人高等学校在校学生数。教育子系统的良好发展一方面
可以调节人力资本结构，加快科技成果转化，促进经济增长由人口红利向人才红利
驱动；另一方面可以优化人力资本合理配置，打破长期形成的垄断格局，实现人力
资本在区域间和产业间的自由流动，提高人力资本的市场配置效率，助力要素市场
耦合协调发展。社会子系统方面，各指标对要素市场耦合协调度的影响较小。制度
子系统方面，对要素市场耦合协调度影响较大的指标是非公有制单位职工数占职工

总数比重。党的十八大报告指出要毫不动摇鼓励、支持、引导非公有制经济发展，这一要求强调了对非公有制经济发展的保护和支持，意味着有更多的领域、更多生产要素向民营企业开放，有利于营造规范有序、公平竞争的生产要素市场环境，扭转国有企业利用行政垄断地位获取大量廉价生产要素的现象，使生产要素在市场的作用下得到有效配置，推进要素市场化改革。非公有制单位职工数占比越大，在一定程度上说明市场经济的发展越好。

图5-5为回归树的结构图。通过分析回归树的结构图可以看出，图形中位于树顶端的变量依次为非公有制单位职工数占职工总数比重（x25）、GDP（x1）、固定资产投资总额（x4）、就业人员中未上过学和小学学历占比（x11）、城镇化水平（x18），这与基于全样本估计得到的特征重要性排名基本一致，验证了实证结果的可靠性。

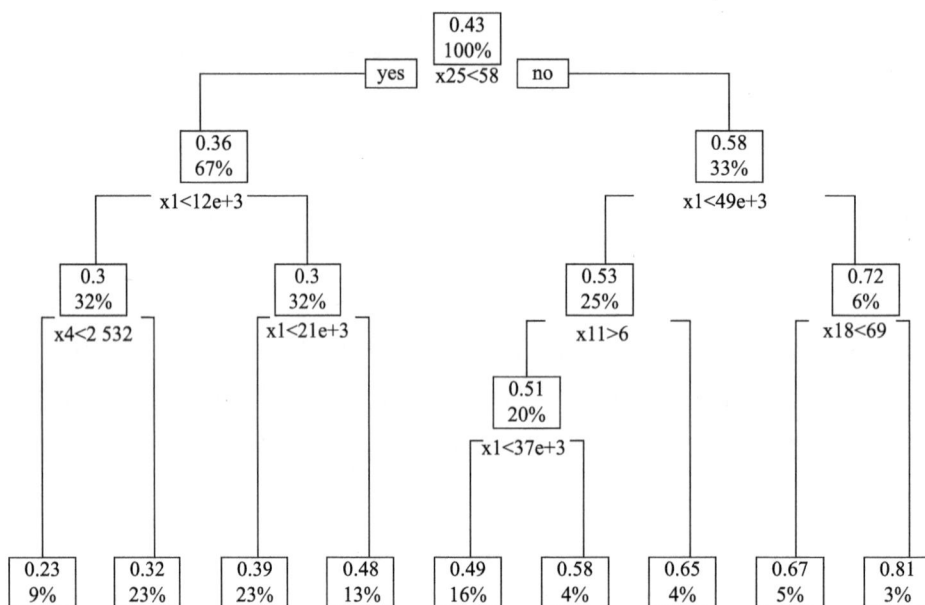

图5-5　回归树结构图

3.异质性分析

（1）地区异质性

图5-6展示了以模型精度的平均递减为评价标准，我国东部地区、中部地区、西部地区中各个解释变量对要素市场协调发展的影响程度排名。从图5-6可以看出，东部地区中，重要性排在前五名的指标分别为GDP（x1）、GDP增长率（x3）、非公有制单位职工数占职工总数比重（x25）、城市工业用地（x5）、卫生机构床位数（x19）；中部地区中，重要性排在前五名的指标分别为固定资产投资总额（x4）、非

公有制单位职工数占职工总数比重（x25）、GDP（x1）、城镇居民人均可支配收入（x6）、卫生机构床位数（x19）；西部地区中，重要性排在前五名的指标分别为固定资产投资总额（x4）、GDP（x1）、每十万人高等学校在校学生数（x10）、卫生机构床位数（x19）、非公有制单位职工数占职工总数比重（x25）。

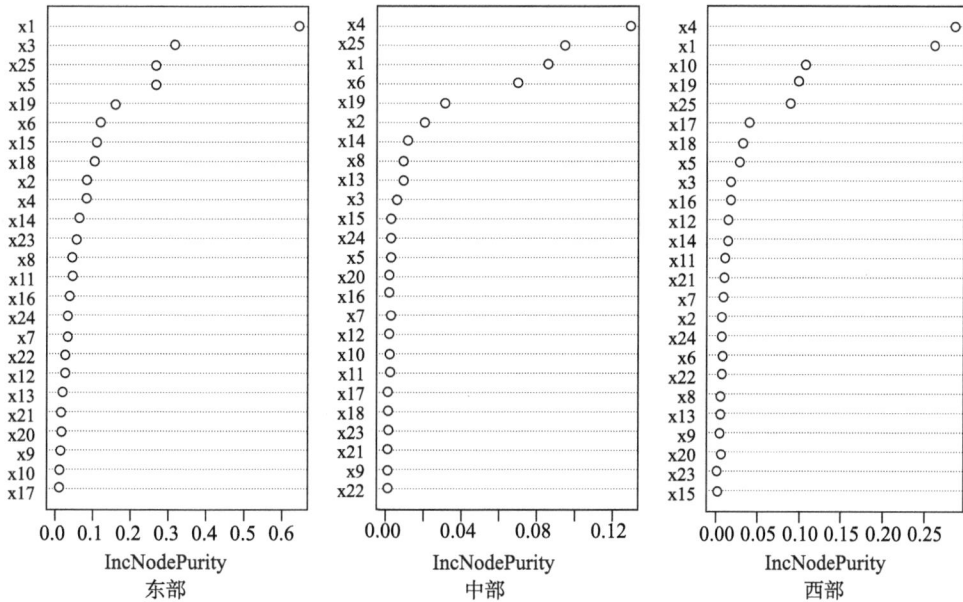

图5-6　不同地区的特征重要性

整体来看，当按照模型精度的平均递减排序时，在东部地区、中部地区和西部地区均处在前五名的指标有GDP（x1）、卫生机构床位数（x19）、非公有制单位职工数占职工总数比重（x25）三个，固定资产投资总额（x4）在中部地区和西部地区均处在前五名，而GDP增长率（x3）、城市工业用地（x5）只有在东部地区均处在前五名，城镇居民人均可支配收入（x6）只有在中部地区均处在前五名，而每十万人高等学校在校学生数（x10）只有在西部地区均处在前五名。

由此可知，不同地区的差异性比较显著，不管是在东部、中部还是西部，GDP都是衡量经济状况的重要指标，非公有制单位职工数占职工总数比重则体现了市场化配置的发展水平，这些指标是促进经济发展、资源有效配置的基础。然而，一些指标如城市工业用地、城镇居民人均可支配收入、每十万人高等学校在校学生数等在不同的区域具有较强的针对性。城市工业用地指标对于地广人稀的中西部地区，其重要性并不大，反之，东部的土地资源有限，而且人口众多，作为城市工业经济增长的重要载体，城市工业用地的重要程度有所提高，城市工业用地供给的增长对要素市场协调发展具有正向的促进作用，城市工业用地的短缺会制约要素市场资源配置效率的提升。相对于东中部地区，西部地区人才总量不足、人才分配失调问题严重，加强西部地区教育，培养西部地区人才，有利于优化西部地区的劳动资源配置，推动西部地区社会经济的发展和科技水平的提高。

（2）时期异质性

2013年，党的十八届三中全会指出使市场在资源配置中起决定性作用和更好发挥政府作用。基于此，本节以2013年为时间节点，探究前后两个时期各个解释变量对要素市场协调发展的影响程度。图5-7是以模型精度的平均递减为评价标准，2008—2012年和2013—2019年各个解释变量对要素市场协调发展的影响程度排名。2008—2012年排在前五名的指标分别为非公有制单位职工数占职工总数比重（x25）、进出口总额占GDP比重（x23）、GDP（x1）、城市工业用地（x5）、城镇化水平（x18）；而2013—2019年排在前五名的指标分别为GDP（x1）、非公有制单位职工数占职工总数比重（x25）、进出口总额占GDP比重（x23）、城市工业用地（x5）、人均GDP（x2）。

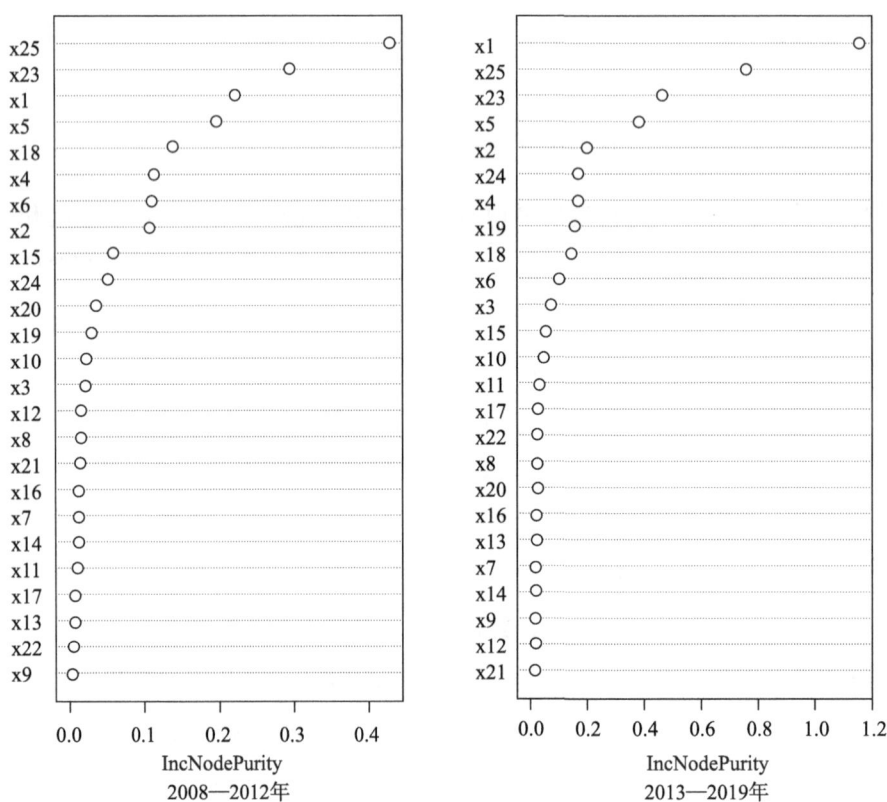

图5-7　不同时期的特征重要性

整体来看，当按照模型精度的平均递减排序时，在2008—2012年、2013—2019年均处在前五名的指标分别是GDP（x1）、城市工业用地（x5）、进出口总额占GDP比重（x23）、非公有制单位职工数占职工总数比重（x25）。这些要素对要素市场协调发展水平的提升一直起着重要的作用，因此，可以从增加重要性程度较高的要素投入数量并提高其使用效率来促进要素市场协调发展。

（二）优化路径分析

图5-8展示了要素市场协调发展影响因素的偏效应，为了便于分析与展示，这里仅仅绘制了重要性程度排在前四名的指标，具体包括GDP（x1）、非公有制单位职工数占职工总数比重（x25）、固定资产投资总额（x4）、每十万人高等学校在校学生数（x10）。其中，横轴为相应的影响因素的投入量，纵轴则表示影响因素的边际变化对被解释变量的影响程度。偏效应曲线反映了在其他条件不变的情况下，增加某一影响因素的投入后，对要素市场协调发展的边际影响。

偏效应曲线的斜率衡量的是单位影响因素的投入对要素市场协调发展的影响程度，斜率越大，代表单位投入带来的要素市场耦合协调度提升程度越高，斜率最大的阶段就是影响因素投入的最优区间。根据偏效应图来优化要素市场协调发展的基本思想就是通过调整影响因素的投入规模，使其处于最优区间内，以最低的投入获得最大限度的要素市场协调发展水平的提升。观察图5-8中偏效应曲线的变化趋势可以发现：GDP（x1）的偏效应曲线在19 000亿~23 000亿元的斜率最大，我国平均GDP投入在21 000亿元左右，部分省份GDP已处于最优区间内，但还有一部分省份GDP未达到最优区间，因此适当地提高GDP能够有效地提高要素市场协调发展水平。非公有制单位职工数占职工总数比重（x25）的偏效应曲线在76%~78%的斜率最大，但我国非公有制单位职工数占职工总数比重平均在50%左右，进一步提高非公有制单位职工数的占比，可以显著提升要素市场协调发展水平。固定资产投资总额（x4）的偏效应曲线的斜率在5 000亿~8 000亿元最大，然而，有半数以上东中部地区省份的固定资产投资总额超过8 000亿元，还有部分西部地区省份的固定资产投资总额不足5 000亿元，由此可见，我国固定资产总额存在严重错配，应减小东中部地区固定资产投资，增加西部地区固定资产投资，才能促进要素市场协调发展水平的提升。每十万人高等学校在校学生数（x10）的偏效应曲线的斜率在2 000~2 500人最大，我国每十万人高等学校在校学生平均数在2 500人左右，但西部地区大部分省份每十万人高等学校在校学生数未达到最优区间，因此适当地提高每十万人高等学校在校学生数能够有效地提高要素市场协调发展水平。

总体来看，我国各省份在GDP（x1）、非公有制单位职工数占职工总数比重（x25）、每十万人高等学校在校学生数（x10）等方面的投入还没有达到最优区间，而固定资产投资总额（x4）的地区间错配在一定程度上阻碍了要素市场协调发展水平的提升，未来在优化要素市场协调发展的目标下，应重点提高国内生产总值，促进经济增长；加大非公有制单位职工数占职工总数的比重，注重激发市场活力；扩大在校学生数，重视人才培养；调整对各省份固定资产的投资，实现资源合理配置。

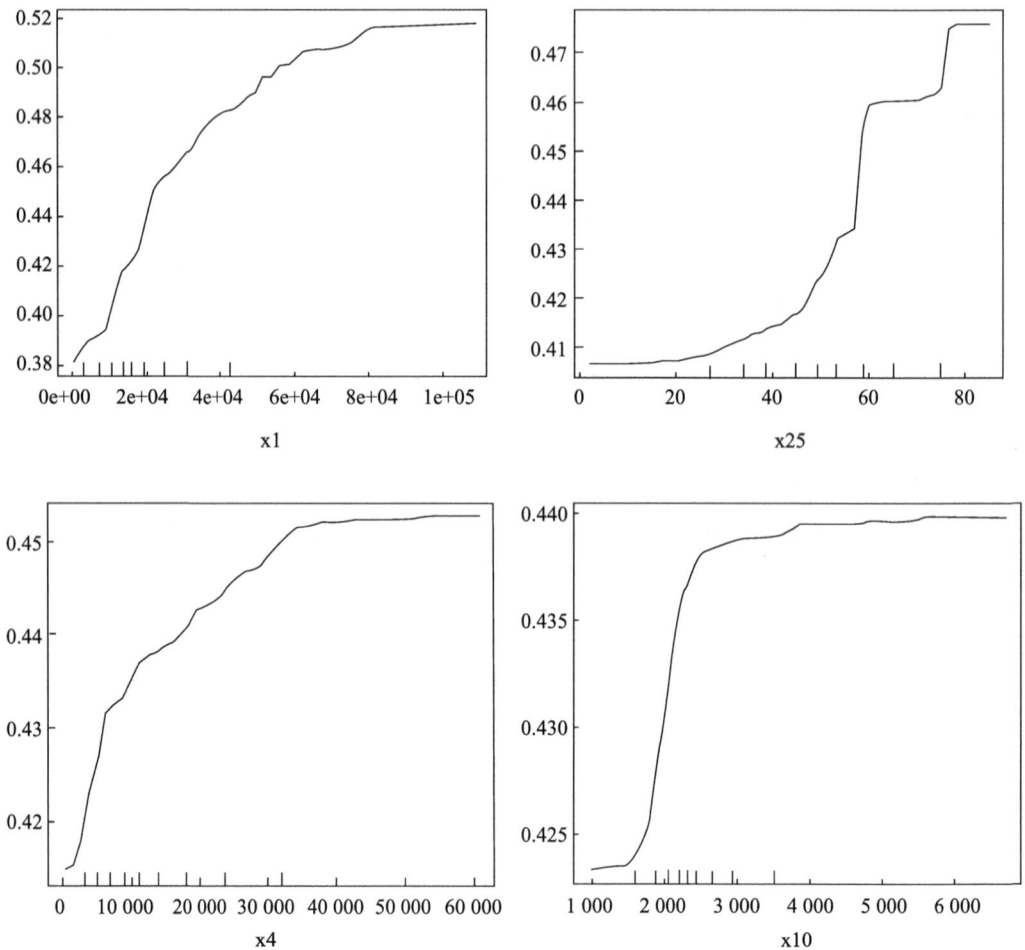

图 5-8　重要影响因素偏效应图

本章小结

本章利用耦合协调模型深入分析了要素市场中土地市场、劳动市场、资本市场、技术市场和数据市场等五大子系统的关系。并在此基础上，采用随机森林算法，对外部环境中的变量进行重要性排序，选取较为重要的变量构建决策树，进一步揭示我国要素市场协调发展的优化路径。本章具体研究结论如下：

首先，通过对指标协调度的测算发现，2008—2019年我国各省份五大要素市场子系统指标协调度整体处于中等偏下水平，并且在不同地区、不同省份之间存在着十分明显的差异。具体来说，三大地区中，东部地区要素市场化配置系统指标协调度领先于全国水平，中部和西部地区要素市场化配置系统指标协调度均落后于全国平均水平。31个省区市中，五大要素市场子系统指标协调度最高的省份为广东，然后是江苏、北京、浙江等省区市。从变化趋势来看，全国各省区市五大要素市场子系统指标协调度总体呈现上升趋势。从分布情况来看，2008年并没有处于初级协调状态及以上的省份。2019年，全国31个省区市中29个省区市的发展状态均有所提升，指标协调度覆盖优质协调至严重失调等九种类型。通过对区域协调度的测算发现，我国东部、中部、西部三大地区要素市场化配置的区域协调度分布同要素市场化配置的指标协调度类似，均呈现东部>中部>西部的空间分布特征，三大地区的区域协调度属于初级协调类型和勉强协调类型。2008—2019年，三大地区的区域协调度均出现持续上升的变化趋势，但是中部地区的上升幅度大于东部和西部地区。

其次，通过随机森林算法对影响要素市场协调发展的外部环境变量进行重要性排序，排在前五名的变量分别为GDP（x1）、非公有制单位职工数占职工总数比重（x25）、固定资产投资总额（x4）、每十万人高等学校在校学生数（x10）以及城市工业用地（x5），且在不同地区和不同时期存在一定的异质性。在东部地区、中部地区和西部地区均处在前五名的指标有GDP（x1）、卫生机构床位数（x19）、非公有制单位职工数占职工总数比重（x25）三个。在2008—2012年和2013—2019年均处在前五名的指标分别是GDP（x1）、城市工业用地（x5）、进出口总额占GDP比重（x23）、非公有制单位职工数占职工总数比重（x25）。

最后，利用偏效应曲线具体分析了GDP（x1）、非公有制单位职工数占职工总数比重（x25）、固定资产投资总额（x4）、每十万人高等学校在校学生数（x10）这四个指标对要素市场协调发展程度的影响。我国应进一步提高国内生产总值，促进经济增长；加大非公有制单位职工数占职工总数的比重，注重激发市场活力；扩大在校学生数，重视人才培养；调整对各省份固定资产的投资，实现资源合理配置。

第六章
要素市场化配置与经济高质量发展的
关系分析

为了研究要素市场化配置与经济高质量发展的关系，首先，本章对经济高质量发展与资源错配进行测算。随后，选取工具变量采用二阶段最小二乘估计对内生性问题进行处理，并采用面板模型对"要素市场化配置可以促进经济高质量发展"的核心观点进行验证。其次，以地区和要素结构分组，对要素市场化配置影响经济高质量发展的区域异质性和结构异质性进行检验，通过改变被解释变量、替换模型、缩短年份、剔除直辖市样本等方式检验核心结论的稳健性。最后，基于中介效应模型验证要素市场化配置影响经济高质量发展的理论机制。

第一节　研究假说

一、直接效应影响

对要素配置的研究源于资源的稀缺性。为了促进经济增长，必须提高资源的生产效率，因为资源不可能无限期地投入。通过技术改进可以提高微观层面的资源生产效率，资源的有效配置可以提高宏观层面的资源生产效率。依据主流经济理论，只有市场才能实现有效的资源配置，因为市场具有有效的价格机制和竞争机制。一方面，在要素市场上，市场的要素配置可以通过高效合理的价格体系，促使人们把要素放在实际需要的地方，提高产出的交换价值，改善供需双方的信息不对称。另一方面，基于市场的竞争机制可以通过形成各种经济主体并驾齐驱的市场模式，实现要素自由流动。促进生产要素向更有效率的地区、产业和部门流动，从而提高资源的边际生产效率，促进全要素生产率的提升。通过这两种机制优化经济管理的效果，符合经济高质量发展的根本目标和基本内涵，能够有效促进经济高质量发展。基于上述分析，本书提出如下假设。

假设1：要素市场化配置对经济高质量发展具有显著的正向影响。

二、间接效应影响

中国经济已经从高速增长阶段进入高质量发展阶段，经济发展以提升全要素生产率为重点，推动质量变革、效率变革、动力变革。现阶段的要素配置效率低下，主要是由于"要素没有全部进入市场"以及"要素报酬不完全取决于要素市场的供求关系"（洪银兴，2020）。

首先，要素市场化改革可以减少政府对要素资源的行政干预，有效促进要素的市场进入，促进要素按照市场竞争机制和价格激励机制自由进出市场，在保证资源供给的同时提升闲置资源的利用率，改善要素供给与市场需求之间的不平衡和不匹配（刘世锦，2016；李明珊、孙晓华、孙瑞，2019）。其次，要素市场化改革可以通过取消对要素流动的行政限制，促进要素在市场上的自由流动，消除现有要素资源的错配。具体来说，要素市场化减少了国家干预，使各类经济主体处于平等地位，消除了依靠行政权力保护从而获得要素资源的企业和部门的主导地位，加速了要素资源在企业和部门之间的自由流动，并确保要素资源继续流向合适的企业。要素资源的优胜劣汰竞争有效地改善了高效和低效企业之间的资源错配，提高了行业的进入和退出壁垒（Midrigan，Xu，2014；李俊青、苗二森，2020）。

要素资源自由流动的好处不仅体现在单个资源上，也体现在要素组合所发挥的综合力量上。要素资源在市场的作用下形成价格与供求的良性互动，自行形成最有效的要素组合（刘翔峰、刘强，2019；徐长生，2020）。简单地说，单个要素的供求关系决定了市场的价格，将市场上各种要素的价格简单相加，考虑所有要素的供求关系，就形成了低成本、低延时的要素组合调节机制。因此，基于要素价格与价值的对应关系，应通过要素市场化改革，不断提高要素组合效率，解决生产过程中高效部门与低效部门的要素错配、要素供需错配和要素组合错配，有效提高要素资源利用效率，促进经济高质量发展。基于上述分析，本书提出如下假设。

假设2：要素市场化通过改善资源错配促进经济高质量发展。

中国经济正处于发展模式和增长动力转型的攻坚期。制约经济发展的矛盾主要体现在供给方面，深化改革是保证供给质量的根本途径。Muphy等（1993）指出，当寻租的收益高于寻租的成本时，要素资源将被转移到非生产性的寻租行为。因此，要素资源的不平衡配置很可能导致企业的寻租行为，进而影响到企业的自主创新能力。

当低效企业退出市场竞争后，就会释放出原来占据的生产要素，重新进入市场的要素资源为具有市场优势的创新主体提供了丰富的要素，也为具有竞争优势的潜在主体提供了进入产业的机会，这可以提高当地产业的市场进入率。市场进入率较高的产业和地区的增长表现优于市场进入率较低的产业和地区，新进入者在进入市场时往往具有创新优势和活力，有利于提高整个地区的创新水平和生产效率（李坤望 等，2015）。同时，原本具有政策优势的企业被迫通过自主创新和技术升级来提高市场竞争优势，以应对激烈的市场竞争。原本资源匮乏的企业在获得要素资源和研发投入方面更加平等。激励机制得到扩大，单个市场主体的自主创新能力得到有效加强。

综上所述，要素市场改革促进了各类市场主体对要素资源的平等获取，提高了各行业的市场准入和退出门槛，激发了各类市场主体在市场竞争中发挥创新活力，从而有效促进了整体创新水平的提高和经济向高质量发展阶段的动态转变。基于上述分析，本书提出如下假设。

假设3：要素市场化通过促进自主创新能力推动经济高质量发展。理论假说推演路径如图6-1所示。

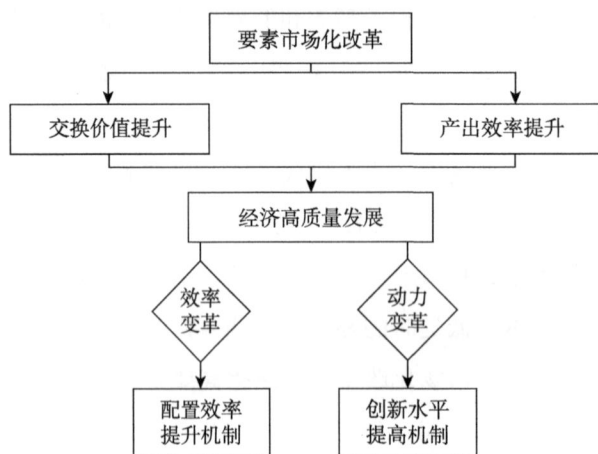

图6-1 理论假说路径图

第二节 模型设定与数据说明

一、模型设定

为检验要素市场化配置对经济高质量发展指数的影响效应，本书利用我国31个省区市2008—2019年的面板数据，建立如下基本计量模型：

$$EHD_{it} = \alpha + \beta FM_{it} + \gamma X_{it} + \mu_i + \lambda_t + \varepsilon_{it} \qquad （6-1）$$

添加控制变量后，基本计量模型扩展为

$$EHD_{it} = \alpha + \beta FM_{it} + \gamma_1 ICL_{it} + \gamma_2 ISU_{it} + \gamma_3 FR_{it}$$
$$+ \gamma_4 HC_{it} + \gamma_5 ER_{it} + \gamma_6 OPEN_{it} + \mu_i + \lambda_t + \varepsilon_{it} \qquad （6-2）$$

其中，被解释变量 EHD_{it} 表示第 i 个省份第 t 年的经济高质量发展指数。核心解释变量 FM_{it} 表示第 i 个省份第 t 年的要素市场化配置水平。X_{it} 为其他影响经济高质量发展的控制变量集合，本书的控制变量包含基础设施建设（ICL）、产业结构升级（ISU）、财政收入（FR）、人力资本（HC）、环境规制（ER）、对外开放水平（OPEN）等6个变量。此外，模型中 α 为常数项，β 为要素市场化配置水平（FM）的回归系数，γ_1，γ_2，γ_3，γ_4，γ_5，γ_6 为控制变量的回归系数，μ_i 为个体固定效应，λ_t 为时间固定效应，ε_{it} 为误差项。本书重点关注的是系数 β，它的方向和大小反映了要素市场化配置水平对经济高质量发展的影响方向和影响程度。

二、数据来源与变量说明

1.被解释变量

经济高质量发展指数（EHD）。参考屈小娥和刘柳（2021）的指标体系，本书从"创新、协调、绿色、开放、共享"五个维度衡量经济高质量发展，如表6-1所示。在建立指标体系的基础上，采用熵值法对各指标进行赋权。

表6-1　经济高质量发展评价指标体系

一级指标	二级指标	基础指标	基础指标度量方法	属性
经济高质量发展	创新	创新产出水平	三种专利授权量/总人口	+
		研发投入强度	研发试验经费内部支出/GDP	+
		科技研发投入	科学技术支出/财政支出	+
		高新技术企业比重	高新技术产业产值/工业产值	+
	协调	经济增长波动率	前后一年经济增速的方差	−
		产业结构优化	不同产业占GDP比重乘以相应的权重	+
		就业结构优化	不同产业就业人数占总就业人数的比重乘以相应的权重	+
		城镇化率	城镇人口/总人口	+
		城乡居民人均收入差距	城镇居民人均收入/农村居民人均收入	−
	绿色	单位GDP能源消耗	能源消耗量/GDP	−
		单位GDP污染排放	废水、废气和固体废物排放总量/GDP	−
		环境治理强度	环境污染治理投资总额/GDP	+

一级指标	二级指标	基础指标	基础指标度量方法	属性
经济高质量发展	开放	对外直接投资	非金融类对外直接投资流量/GDP	+
		外商直接投资	外商投资注册资本总额/GDP	+
		贸易开放度	进出口总额/GDP	+
	共享	人均教育经费	教育经费/总人口	+
		人均医疗服务	卫生机构床位数/总人口	+
		人均文化事业经费	文化事业经费支出/总人口	+

2. 核心解释变量

要素市场化配置水平。市场化程度反映了计划经济向市场经济转变过程中各个时点状态。本书采用第三章测度的要素市场化配置指数代表要素市场化程度。该套指数分为土地、劳动、资本、技术和数据五个分要素市场化指数，每一分项指数又由若干个二级分项指数构成。

3. 中介变量

资本错配程度（KC）。市场经济体系五大要素市场中，资本要素价格作为要素配置的基本手段，不仅反映了市场要素配置效率的高低，还反映了市场要素的机会成本和稀缺性。因而，本书将资本错配程度作为要素市场资源错配的衡量标准，反映其配置效率。

基于陈永伟和胡伟民（2011）构建的错配测度模型，对中国31个省区市的资源错配程度进行测算。对于i省份，资本投入相对扭曲系数和劳动投入相对扭曲系数的计算公式如下：

$$\tilde{\mu}_{K_i} = (\frac{K_i}{K}) / (\frac{\alpha_i \sigma_i}{\tilde{\alpha}}) \tag{6-3}$$

$$\tilde{\mu}_{L_i} = (\frac{L_i}{L}) / (\frac{\beta_i \sigma_i}{\tilde{\beta}}) \tag{6-4}$$

式（6-3）和式（6-4）中，K_i、L_i分别表示各省份的资本要素投入和劳动要素投入，K、L表示全国的资本要素投入和劳动要素投入，$\sigma_i = Y_i/Y$表示产出份额，α_i、β_i表示产出弹性，并且$\alpha_i + \beta_i = 1$，即满足规模报酬不变的性质。

计算相对扭曲系数所需要的数据，具体如下：（1）总产出Y。选取2008—2019年全国31个省（区、市）的地区生产总值，并运用GDP平减指数，将生产总值换算为以2008年为基准年的不变价格GDP。（2）资本要素投入K。选取2008—2019

年"全社会固定资产投资总额",并借助永续盘存法进行估算,最终确定资本要素投入。(3)劳动要素投入*L*。遵循数据可得性原则选择"全部就业人员"代表劳动要素投入。

自主创新能力（IA）：自主创新能力是中国能否摆脱中等收入陷阱的关键。推进要素市场化可以通过改善市场信息不对称、调节营商环境、加快信息流转速度等方式增强自主创新能力,进而推动经济高质量发展。本书以地方财政科学技术支出占GDP的比重来衡量自主创新能力。

4.控制变量

基础设施建设：基础设施是区域发展的重要基础和先决条件,完善的基础设施可以降低交易成本,提升人民生活水平,增强市场活力,是推动经济高质量发展的重要依托。本书采用公路里程对数来衡量基础设施建设水平（唐安宝　等,2020）。

产业结构升级：产业结构优化升级将充分发挥市场的自发力量,从供给侧角度影响生产要素的配置效率和高效利用进而影响经济增长质量。适宜的产业结构可以提高整个社会的生产效率,推动经济质效同步提升,促进经济高质量发展。经济服务化是产业升级的一个重要特征,本书采用第三产业与第二产业的比值来衡量产业结构升级程度（何维达　等,2020）。

财政收入：财政收入决定财政支出的分配,而财政支出在扩大内需和公共投资方面对经济增长的拉动作用十分显著。同时,财政收入关系到收入再分配,与收入不平等问题也具有复杂关系。政府在医疗教育、社会保障等方面的支出会促进人力资本的合理分配,缓解收入不平等问题,促进经济健康稳健发展。本书用一般预算收入对数来代表财政收入（王克强　等,2019）。

人力资本：人力资本包含劳动者的知识技能和文化水平等。人才是技术创新和产业升级中的重要因素,劳动者的质量决定了经济发展的路径选择。因此,相较于人口红利的数量优势,质量优势对经济高质量发展的推动作用更加强劲。优化人口结构、拓展人口质量红利,提升人力资本水平,才能够更加匹配经济高质量发展的严格要求。本书采用平均受教育年限来衡量人力资本质量,即受教育年数总额与六岁以上总人口数之间的比率来反映人均受教育年限（张红霞　等,2022）。

环境规制：经济高质量发展要求合理控制环境规划强度,协调好经济增长与环境保护之间的关系,避免因环境规制强度过低对环境造成不可逆的影响,也避免因盲目加大环境规制强度而对经济增长产生抑制作用。在尽量不污染环境的前提下,最大限度地实现经济质效提升。环境规制分为命令控制型环境规制和市场激励型环境规制两种，本书采纳命令控制型环境规制，采用工业污染治理完成投资占GDP的比例来衡量地区的环境规制强度（王斌会、伍桑妮，2022）。

对外开放水平：区域对外开放是促进地区参与以国内大循环为主体、国内国际双循环发展格局的重要手段。区域对外开放可以降低信息不对称带来的成本问题，加速区域内商品与服务对外流通，通过促进专业分工换来推动技术进步进而提高资源的配置效率。另外，过度依赖外贸也容易受到国际市场需求波动的影响，对经济平衡发展造成不利影响。本书采用进出口总额在GDP中的占比来衡量对外开放水平（吴刚 等，2022）。

本书相关数据主要来源于《中国统计年鉴》《中国科技统计年鉴》《中国环境统计年鉴》《中国能源统计年鉴》《中国高技术产业统计年鉴》《中国人口和就业统计年鉴》以及各省级行政单位历年统计年鉴。部分地区个别年份个别指标数据缺失的，使用插值法填补缺漏值。针对产业结构优化与就业结构优化等指标，本书参考徐敏和姜勇（2015）的研究，设定地区产业结构优化和就业结构优化的权重分别为1/6、1/3、1/2（分别对应地区第一、第二、第三产业）。各控制变量如表6-2所示，各控制变量描述性统计如表6-3所示。

表6-2 控制变量描述

变量名称	变量符号	指标说明	指标单位
基础设施建设	ICL	公路里程对数	公里
产业结构升级	ISU	第三产业/第二产业	%
财政收入	FR	一般预算收入对数	亿元
人力资本	HC	平均受教育年限	年
环境规制	ER	工业污染治理完成投资/GDP	%
对外开放水平	OPEN	进出口总额/GDP（境内目的）	%

由表6-3可知，经济高质量发展指数的均值为0.190，标准差为0.113，最大值为0.625，最小值为0.067，最大值约是最小值的9倍，这表明我国各省区市之间的经济高质量发展水平相差较大。要素市场化配置水平的均值为0.229，标准差为0.136，最大值为0.930，最小值为0.029，最大值约是最小值的32倍，这表明我国各省区市之间的要素市场化配置极度不平衡，部分地区的要素市场化配置水平有待进一步提升。同时，不同地区间在基础设施建设、产业结构升级、财政收入、人力资本、环境规制、对外开放水平上也都存在一定差距。

表6-3　控制变量描述性统计

变量符号	平均值	标准差	最小值	最大值
EHD	0.190	0.113	0.067	0.625
FM	0.229	0.136	0.029	0.930
ICL	11.614	0.841	9.350	12.728
ISU	1.114	0.629	0.500	5.169
FR	7.267	1.053	3.214	9.446
HC	8.902	1.163	4.222	12.681
ER	0.003	0.010	0.000	0.134
OPEN	0.264	0.292	0.011	1.550

第三节　资源错配与经济高质量发展测算结果分析

一、经济高质量发展的测算结果

2008—2019年我国31个省区市经济高质量发展指数的测算结果如表6-4所示。

表6-4　2008—2019年31个省区市经济高质量发展指数

地区	年份												历年平均值
	2008	2009	2010	2011	2012	2013	2014	2015	2016	2017	2018	2019	
北京	0.545	0.479	0.517	0.503	0.522	0.562	0.590	0.621	0.625	0.583	0.611	0.623	0.565
天津	0.332	0.261	0.259	0.255	0.265	0.283	0.306	0.307	0.424	0.321	0.347	0.420	0.315
河北	0.140	0.096	0.101	0.106	0.101	0.109	0.115	0.115	0.125	0.126	0.123	0.139	0.116
山西	0.147	0.107	0.099	0.106	0.116	0.133	0.129	0.124	0.143	0.126	0.134	0.136	0.125
内蒙古	0.141	0.109	0.100	0.109	0.114	0.117	0.125	0.122	0.128	0.131	0.119	0.119	0.119
辽宁	0.224	0.193	0.194	0.184	0.197	0.182	0.179	0.176	0.194	0.205	0.212	0.221	0.197
吉林	0.171	0.127	0.130	0.128	0.125	0.141	0.141	0.148	0.142	0.138	0.134	0.156	0.140
黑龙江	0.162	0.120	0.121	0.122	0.129	0.141	0.132	0.127	0.130	0.127	0.128	0.137	0.131
上海	0.483	0.444	0.455	0.445	0.459	0.441	0.460	0.569	0.566	0.531	0.551	0.506	0.493
江苏	0.323	0.275	0.297	0.310	0.332	0.322	0.311	0.325	0.324	0.300	0.315	0.317	0.312
浙江	0.281	0.217	0.247	0.237	0.259	0.264	0.264	0.289	0.300	0.291	0.323	0.323	0.275
安徽	0.161	0.118	0.137	0.137	0.147	0.162	0.167	0.182	0.192	0.192	0.197	0.194	0.166
福建	0.231	0.174	0.179	0.181	0.181	0.191	0.186	0.209	0.216	0.215	0.235	0.226	0.202
江西	0.150	0.116	0.126	0.126	0.133	0.138	0.148	0.162	0.171	0.175	0.186	0.202	0.153

地区	年份												历年平均值
	2008	2009	2010	2011	2012	2013	2014	2015	2016	2017	2018	2019	
山东	0.190	0.145	0.154	0.157	0.165	0.170	0.168	0.175	0.186	0.176	0.174	0.213	0.173
河南	0.131	0.090	0.091	0.094	0.103	0.113	0.120	0.133	0.145	0.141	0.145	0.148	0.121
湖北	0.165	0.125	0.123	0.132	0.129	0.141	0.155	0.157	0.169	0.174	0.183	0.193	0.154
湖南	0.138	0.107	0.098	0.105	0.104	0.111	0.117	0.135	0.135	0.145	0.147	0.154	0.125
广东	0.342	0.294	0.334	0.300	0.298	0.306	0.303	0.330	0.362	0.361	0.403	0.402	0.336
广西	0.140	0.094	0.097	0.096	0.105	0.110	0.119	0.125	0.126	0.124	0.124	0.128	0.116
海南	0.209	0.173	0.168	0.207	0.164	0.170	0.168	0.175	0.223	0.299	0.308	0.301	0.214
重庆	0.153	0.119	0.132	0.154	0.164	0.175	0.187	0.202	0.208	0.224	0.210	0.206	0.178
四川	0.179	0.145	0.160	0.160	0.170	0.180	0.188	0.186	0.187	0.185	0.196	0.210	0.179
贵州	0.104	0.071	0.067	0.075	0.078	0.088	0.098	0.101	0.099	0.109	0.110	0.114	0.093
云南	0.145	0.096	0.103	0.095	0.105	0.108	0.110	0.106	0.115	0.114	0.115	0.114	0.111
西藏	0.130	0.081	0.075	0.114	0.102	0.117	0.105	0.128	0.095	0.127	0.142	0.114	0.111
陕西	0.202	0.177	0.170	0.156	0.163	0.173	0.178	0.192	0.210	0.207	0.207	0.204	0.187
甘肃	0.148	0.091	0.099	0.108	0.136	0.124	0.113	0.116	0.124	0.129	0.133	0.136	0.121
青海	0.143	0.102	0.082	0.080	0.083	0.103	0.105	0.117	0.121	0.117	0.110	0.118	0.107
宁夏	0.139	0.099	0.104	0.099	0.100	0.109	0.128	0.172	0.158	0.171	0.161	0.162	0.133
新疆	0.154	0.109	0.097	0.112	0.127	0.128	0.132	0.124	0.131	0.129	0.110	0.119	0.123
东部	0.300	0.250	0.264	0.262	0.267	0.273	0.277	0.299	0.322	0.310	0.327	0.335	0.291
中部	0.153	0.114	0.116	0.119	0.123	0.135	0.139	0.146	0.153	0.152	0.157	0.165	0.139
西部	0.148	0.108	0.107	0.113	0.121	0.128	0.132	0.141	0.142	0.147	0.145	0.145	0.131
全国	0.203	0.160	0.165	0.167	0.173	0.181	0.185	0.198	0.209	0.206	0.213	0.218	0.190

注：数据来源于模型测算，结果由作者整理得到。

从整体上来看，我国经济高质量发展指数从2008年的0.203上升到2019年的0.218，历年平均值为0.190，年均增长率0.630%，表明我国经济高质量发展整体上呈现向好态势，但整体上还是处于较低水平。其原因在于中国31个省区市经济高质量发展指数差距较大，虽然东部地区中北京、上海、广东等省区市经济高质量发展指数较高，但中西部地区大部分省区市经济高质量发展指数均较低，经济高质量发展指数在地区间较大程度的不均衡导致了全国整体均值偏低。三大地区中，东部地区的经济高质量发展指数最高，历年平均值为0.291，大于全国平均发展水平，这是因为东部地区无论是人口规模、经济总量还是科技创新能力都领先全国水平，并且具有自然条件和地理位置优势以及完善的基础设施。中部地区的经济高质量发展指数居中，历年平均值为0.139；西部地区的经济高质量发展指数较为靠后，历年平均值为0.131，历年均低于全国平均水平，但同样呈现上升趋势，这是因为中部地区和西部地区近年来快速发展，在教育、医疗、基础设施等方面已取得巨大进步。各区域的经济高质量发展指数具体情况如下。

东部地区，北京和上海的经济高质量发展指数排名稳居我国前两名，年均增长率分别为1.22%和0.41%。天津、浙江、海南、山东、河北等省份经济高质量发展指数的全国排名均有所提升。其中，河北的提升较为明显，从2008年的第26名提升至2019年的第21名，但年均增长率为－0.08%；海南从2008年的第9名提升至2019年的第7名，但年均增长率最高，为3.38%；天津、浙江和山东等省份均提升一个名次，分别从第4名、第6名和第11名提升至第3名、第5名和第10名，年均增长率分别为2.16%、1.29%和1.06%。广东、江苏、福建和辽宁等省份经济高质量发展指数的全国排名均有所下降，且均下降一个名次，分别从第3名、第5名、第7名和第8名下降至第4名、第6名、第8名和第9名，年均增长率分别为1.49%、－0.19%、－0.18%和－0.15%。

中部地区，安徽、江西、湖南、河南等省份经济高质量发展指数的全国排名均有所提升。其中，湖南和河南的提升较为明显，年均增长率也较高，湖南从2008年的第28名提升至2019年的第19名，河南从2008年的第29名提升至2019年的第20名，两省的年均增长率分别为0.98%和1.14%；安徽和江西的排名稍有提升，安徽从2008年的第16名提升至2019年的第15名，江西从2008年的第19名提升至2019年的第14名，年均增长率分别为1.69%和2.70%。湖北、吉林、黑龙江、山西等省份经济高质量发展指数的全国排名均有所下降。其中，吉林和黑龙江的下降较为明显，吉林从2008年的第13名下降至2019年的第18名，黑龙江从2008年的第15名下降至2019年的第22名，两省的年均增长率分别为－0.81%和－1.50%；湖北和山西的排名稍有下降，湖北从2008年的第14名下降至2019年的第16名，山西从2008年的第21名下降至2019年的第23名，年均增长率分别为1.43%和－0.71%。

西部地区，四川、重庆、宁夏、贵州等省份经济高质量发展指数的全国排名均有所提升。其中，重庆和宁夏的提升较为明显，年均增长率也较高，重庆从2008年的第18名提升至2019年的第12名，宁夏从2008年的第27名提升至2019年的第17名，两个省区市的年均增长率分别为2.75%和1.37%；四川和贵州的排名稍有提升，四川从2008年的第12名提升至2019年的第11名，贵州从2008年的第31名提升至2019年的第29名，年均增长率分别为1.45%和0.84%。广西经济高质量发展指数的全国排名保持不变，列第25名，年均增长率为–0.85%。陕西、新疆、甘肃、内蒙古、西藏、云南等省份经济高质量发展指数的全国排名均有所下降。其中，新疆、云南和青海的下降较为明显，新疆从2008年的第17名下降至2019年的第27名，云南从2008年的第22名下降至2019年的第30名，青海从2008年的第23名下降至2019年的第28名，三省区的年均增长率分别为–2.34%、–2.12%和–1.73%；陕西、甘肃、内蒙古和西藏的排名稍有下降，陕西从2008年的第10名下降至2019年的第13名，甘肃从2008年的第20名下降至2019年的第24名，内蒙古从2008年的第24名下降至2019年的第26名，西藏从2008年的第30名下降至2019年的第31名，年均增长率分别为0.11%、–0.75%、–1.54%和–1.21%。

二、资源错配的测算结果

（一）资源产出弹性估计

对于要素资源产出弹性，本书基于索洛余值法，利用2008—2019年我国31个省区市的数据进行估计，结果如表6–5所示。由表6–5可以看出，我国31个省区市的资本产出弹性与劳动产出弹性存在明显差异。分省份看，上海、广东等2个省份的资本产出弹性分布于0.6～0.7，分别为0.699、0.602；北京、天津、内蒙古、辽宁、江苏、浙江、山东等7个省区市的资本产出弹性分布于0.5～0.6，说明这9个省区市的资本产出弹性高于劳动产出弹性，表明资本投入可以带来更大的产出。贵州、西藏、甘肃、青海、新疆等5个省区市的劳动产出弹性分布于0.6～0.7，分别为0.631、0.645、0.624、0.601、0.618；河北、山西、吉林、黑龙江、安徽、福建、江西、河南、湖北、湖南、广西、海南、重庆、四川、云南、陕西、宁夏等17个省区市的劳动产出弹性分布于0.5～0.6，说明这22个省区市的劳动产出弹性高于资本产出弹性，表明劳动投入可以带来更大的产出。从资本投入和劳动投入对产出的贡献来看，劳动资源占据重要的地位。

分地区来看，在资本产出弹性大于0.5的省份中，有8个省份属于东部地区，占东部地区省份总数的72.73%；无省份属于中部地区；有1个省份属于西部地区，占西部地区省份总数的8.33%。在劳动产出弹性大于0.5的省份中，有3个省份属于东部地区，占东部地区省份总数的27.27%；有8个省份属于中部地区，占中部地区省份总数的100%；有11个省份属于西部地区，占西部地区省份总数的91.67%。因此，我国要素资源产出弹性的地区差异明显，东部地区对资本的依赖较大，而中、西部地区对劳动的依赖相对较大。

表6-5　分地区要素资源产出弹性

地区	资本产出弹性	劳动产出弹性	地区	资本产出弹性	劳动产出弹性
北京	0.541	0.459	湖北	0.446	0.554
天津	0.558	0.442	湖南	0.419	0.581
河北	0.446	0.554	广东	0.602	0.398
山西	0.443	0.557	广西	0.443	0.557
内蒙古	0.550	0.450	海南	0.419	0.581
辽宁	0.519	0.481	重庆	0.445	0.555
吉林	0.469	0.531	四川	0.452	0.548
黑龙江	0.489	0.511	贵州	0.369	0.631
上海	0.699	0.301	云南	0.401	0.599
江苏	0.540	0.460	西藏	0.355	0.645
浙江	0.511	0.489	陕西	0.413	0.587
安徽	0.423	0.577	甘肃	0.376	0.624
福建	0.461	0.539	青海	0.399	0.601
江西	0.419	0.581	宁夏	0.415	0.585
山东	0.538	0.462	新疆	0.382	0.618
河南	0.419	0.581			

（二）资源相对扭曲系数

根据上一节估计出的资源产出弹性，可以计算出资本投入和劳动投入在我国31个省区市的配置情况。表6-6、表6-7给出了2008—2019年我国31个省区市资本投入和劳动投入相对扭曲系数的详细情况。根据理论分析，要素投入相对扭曲系数在1的两侧满足倒数对称特征，参考王文和孙早（2020）的做法，以0.8、1.25为界将资本投入和劳动投入相对扭曲系数划分为三个区间，如果某地区要素投入相对扭曲系数小于0.8，可以认为该地区的要素资源配置不足；如果某地区要素投入相对扭曲系数位于0.8～1.25，可以认为该地区的要素资源配置相对较为合理；如果某地区要素投入相对扭曲系数大于1.25，可以认为该地区的要素资源配置过度。

可以看出：（1）与资本投入相比，各省份劳动投入相对扭曲系数更多集中在0.8～1.25，即各省份之间资本投入的错配程度高于劳动投入的错配程度。（2）在观察期内资本投入相对扭曲系数最大值达到3.208，最小值为0.221，劳动投入相对扭曲系数最大值和最小值分别为1.950和0.623，即资本投入相对扭曲系数的离散程度大于劳动投入相对扭曲系数的离散程度。（3）对于资本投入相对扭曲系数而言，相对扭曲系数大于1.25的省份明显多于相对扭曲系数小于0.8的省份，说明在2008—2019年我国大多数地区呈现资源使用成本过低的现象，即多数地区倾向于资源配置过度。对于劳动投入相对扭曲系数而言，2008—2011年相对扭曲系数大于1.25的省份多于相对扭曲系数小于0.8的省份，2012年相对扭曲系数大于1.25的省份等于相对扭曲系数小于0.8的省份，2013—2018年相对扭曲系数大于1.25的省份少于相对扭曲系数小于0.8的省份，2019年相对扭曲系数大于1.25的省份等于相对扭曲系数小于0.8的省份，说明在2008—2019年我国大多数地区由资源配置过度向资源配置不足转变。（4）资本投入的相对扭曲系数，在2011年以前的离散程度相对较低，自2011年开始资本投入相对扭曲系数呈现明显的扩张趋势。劳动投入相对扭曲系数在2008—2019年变动趋势相对平缓。从总体上来说我国各省份间的资源错配情况呈现扩张趋势。

表6-6　资本投入相对扭曲系数

地区	年份											
	2008	2009	2010	2011	2012	2013	2014	2015	2016	2017	2018	2019
北京	0.627	0.593	0.574	0.543	0.504	0.480	0.426	0.423	0.417	0.417	0.372	0.345
天津	0.892	0.922	0.949	0.909	0.819	0.766	0.757	0.763	0.750	0.647	0.594	0.646
河北	1.224	1.328	1.326	1.282	1.282	1.279	1.302	1.318	1.322	1.321	1.324	1.330
山西	1.076	1.232	1.209	1.236	1.285	1.344	1.353	1.464	1.403	0.565	0.564	0.584
内蒙古	1.156	1.143	1.102	1.109	1.041	1.046	1.132	0.802	0.817	0.740	0.507	0.519
辽宁	1.393	1.303	1.357	1.323	1.360	1.316	1.155	0.796	0.303	0.294	0.290	0.278
吉林	1.650	1.593	1.567	1.289	1.344	1.191	1.198	1.237	1.259	1.155	1.132	0.928
黑龙江	0.887	0.945	1.035	1.001	1.079	1.079	0.827	0.794	0.777	0.785	0.720	0.740
上海	0.484	0.403	0.338	0.300	0.263	0.247	0.231	0.224	0.221	0.225	0.223	0.223
江苏	0.903	0.858	0.849	0.872	0.837	0.823	0.823	0.819	0.811	0.822	0.819	0.817
浙江	0.839	0.765	0.718	0.748	0.787	0.784	0.802	0.819	0.838	0.825	0.831	0.862
安徽	1.777	1.809	1.847	1.739	1.755	1.756	1.781	1.788	1.811	1.832	1.910	1.956
福建	1.031	0.947	0.998	1.063	1.095	1.112	1.131	1.191	1.190	1.267	1.315	1.304
江西	1.604	1.712	1.808	1.648	1.609	1.594	1.608	1.664	1.717	1.793	1.846	1.881
山东	0.915	0.867	0.861	0.883	0.859	0.844	0.845	0.872	0.888	0.868	0.855	0.750
河南	1.373	1.394	1.367	1.296	1.298	1.325	1.354	1.418	1.476	1.527	1.546	1.572
湖北	1.102	1.166	1.208	1.286	1.310	1.349	1.376	1.435	1.490	1.505	1.562	1.621

续　表

地区	年份											
	2008	2009	2010	2011	2012	2013	2014	2015	2016	2017	2018	2019
湖南	1.129	1.192	1.189	1.284	1.288	1.315	1.348	1.434	1.493	1.578	1.623	1.673
广东	0.484	0.453	0.443	0.436	0.405	0.406	0.418	0.438	0.444	0.474	0.495	0.522
广西	1.191	1.257	1.352	1.350	1.360	1.371	1.384	1.470	1.529	1.626	1.699	1.771
海南	1.107	1.197	1.253	1.394	1.511	1.582	1.586	1.598	1.664	1.718	1.432	1.238
重庆	1.524	1.499	1.496	1.422	1.337	1.301	1.302	1.343	1.347	1.364	1.387	1.388
四川	1.235	1.483	1.355	1.265	1.230	1.220	1.216	1.209	1.257	1.304	1.340	1.364
贵州	1.402	1.404	1.460	1.715	1.862	1.953	2.034	2.182	2.365	2.552	2.729	2.563
云南	1.485	1.505	1.492	1.455	1.488	1.546	1.555	1.645	1.794	1.950	2.013	2.036
西藏	2.183	2.044	2.029	1.989	2.111	2.251	2.338	2.500	2.777	3.164	3.208	2.925
陕西	1.508	1.550	1.571	1.618	1.672	1.703	1.690	1.659	1.716	1.841	1.890	1.842
甘肃	1.418	1.530	1.667	1.842	1.939	2.032	2.124	2.137	2.178	1.284	1.170	1.183
青海	1.416	1.518	1.529	1.883	2.010	2.080	2.176	2.211	2.234	2.321	2.340	2.330
宁夏	1.639	1.639	1.766	1.777	1.857	1.956	2.044	2.047	2.035	1.879	1.447	1.229
新疆	1.394	1.341	1.388	1.661	1.801	1.864	1.952	2.011	1.766	1.953	1.387	1.349

注：数据来源于模型测算，结果由作者整理得到。

表6-7　劳动投入相对扭曲系数

地区	年份											
	2008	2009	2010	2011	2012	2013	2014	2015	2016	2017	2018	2019
北京	1.525	1.628	1.681	1.673	1.697	1.503	1.531	1.607	1.662	1.739	1.798	1.752
天津	0.923	0.863	0.818	0.929	0.919	0.788	0.751	0.748	0.722	0.714	0.727	0.769
河北	0.771	0.763	0.766	0.746	0.794	0.713	0.722	0.723	0.730	0.623	0.657	0.689
山西	1.257	1.329	1.301	1.212	1.224	1.103	1.099	1.133	1.150	1.163	1.184	1.236
内蒙古	0.874	0.814	0.782	0.731	0.707	0.670	0.662	0.664	0.660	0.661	0.666	0.699
辽宁	1.062	1.015	0.985	0.996	0.982	0.958	0.939	0.924	0.932	0.902	0.901	0.911
吉林	1.048	1.013	0.979	0.906	0.868	0.876	0.872	0.870	0.875	0.862	0.820	0.846
黑龙江	1.527	1.467	1.392	1.274	1.222	1.036	1.015	1.008	1.010	1.004	0.997	0.912
上海	1.215	1.244	1.254	1.487	1.615	1.540	1.619	1.623	1.622	1.662	1.727	1.950
江苏	0.677	0.665	0.682	0.662	0.643	0.979	1.030	1.003	0.973	0.980	0.996	0.909
浙江	0.964	1.054	1.115	1.169	1.215	1.037	1.064	1.057	1.043	1.047	1.027	1.003
安徽	0.919	0.924	0.911	0.898	0.888	0.883	0.871	0.861	0.864	0.865	1.005	0.982
福建	1.072	1.069	1.096	1.163	1.167	0.978	0.971	0.985	0.994	1.006	1.065	0.961
江西	0.974	0.935	0.919	0.959	1.011	0.976	0.999	1.032	1.007	0.990	0.936	0.962

地区	年份											
	2008	2009	2010	2011	2012	2013	2014	2015	2016	2017	2018	2019
山东	0.861	0.851	0.857	0.861	0.866	0.846	0.820	0.810	0.802	0.797	0.775	0.747
河南	0.931	0.936	0.928	0.939	0.935	0.966	0.981	1.004	1.024	1.019	0.887	0.888
湖北	1.024	1.012	1.007	1.031	0.988	0.963	0.956	0.966	0.978	0.954	0.910	0.906
湖南	0.924	0.932	0.932	0.914	0.883	0.783	0.763	0.743	0.733	0.734	0.719	0.782
广东	0.940	0.972	1.000	1.021	1.038	1.330	1.329	1.325	1.343	1.363	1.417	1.479
广西	1.023	1.002	1.005	0.979	0.963	0.907	0.894	0.911	0.912	0.918	0.914	0.964
海南	1.200	1.202	1.159	1.098	1.113	1.024	1.040	1.042	1.059	1.074	1.095	1.137
重庆	1.026	0.996	0.993	1.095	1.055	0.986	0.983	0.969	0.943	0.924	0.918	0.884
四川	1.089	1.056	1.012	0.960	0.930	1.029	0.973	0.968	0.964	0.975	0.973	0.979
贵州	1.281	1.291	1.281	1.213	1.248	1.126	1.120	1.114	1.103	1.106	1.085	1.116
云南	1.215	1.208	1.214	1.174	1.218	1.091	1.062	1.054	1.062	1.064	1.080	0.920
西藏	1.088	1.090	1.114	1.052	1.063	1.076	1.092	1.104	1.025	1.071	1.190	1.430
陕西	1.095	1.069	1.053	1.011	0.978	0.998	0.998	1.000	1.007	1.013	0.988	1.014
甘肃	1.330	1.311	1.287	1.190	1.171	1.183	1.202	1.201	1.207	1.259	1.232	1.274
青海	1.048	1.111	1.092	1.124	1.065	0.922	0.892	0.892	0.902	0.917	0.926	0.997
宁夏	1.106	1.090	1.069	0.993	1.030	0.926	0.933	0.942	0.914	0.927	0.906	0.938
新疆	1.312	1.321	1.332	1.321	1.274	1.134	1.132	1.137	1.158	1.224	1.149	1.210

注：数据来源于模型测算，结果由作者整理得到。

（三）资源配置类型分析

为了进一步分析我国各省份的资源配置类型，本节对2008年和2019年两个年度各省份资本配置与劳动配置的类型进行相应划分，结果如表6-8所示。

（1）资本配置类型。2008年属于资本配置不足的有北京、上海、广东3个省区市，占全国比重的9.68%；属于资本配置合理的有天津、河北、山西、内蒙古、黑龙江、江苏、浙江、福建、山东、湖北、湖南、广西、海南、四川14个省区市，占全国比重的45.16%；属于资本配置过度的有辽宁、吉林、安徽、江西、河南、重庆、贵州、云南、西藏、陕西、甘肃、青海、宁夏、新疆14个省区市，占全国比重的45.16%。2019年属于资本配置不足的省份数量上升到9个，占全国比重的29.04%；资本配置合理的省份数量下降到6个，占全国比重的19.35%；资本配置过度的省份数量上升到16个，占全国比重的51.61%。这表明近年来我国资本资源并未得到合理分配，我国资源配置过度与资源配置不足的情况均较突出。具体来看，天津、山西、内蒙古、黑龙江、山东由配置合理转变为配置不足，河北、福建、湖北、湖南、广西、四川由配置合理转变为配置过度，辽宁由配置过度转变为配置不足，吉林、甘肃、宁夏由配置过度转变为配置合理。

（2）劳动配置类型。2008年属于劳动配置不足的有河北、江苏2个省份，占全国比重的6.45%；属于劳动配置合理的有天津、内蒙古、辽宁、吉林、上海、浙江、安徽、福建、江西、山东、河南、湖北、湖南、广东、广西、海南、重庆、西川、云南、西藏、陕西、青海、宁夏23个省区市，占全国比重的74.19%；属于劳动配置过度的有北京、山西、黑龙江、贵州、甘肃、新疆6个省区市，占全国比重的19.36%。2019年属于劳动配置不足的省份数量上升到5个，占全国比重的16.13%；劳动配置合理的省份数量下降到21个，占全国比重的67.74%；劳动配置过度的省份数量下降到5个，占全国比重的16.13%。这表明我国各省份的户籍制度开放程度依旧不高，人口不能有效流动，我国各地区劳动力工资差异并未缩小，各省份未能按照市场机制来配置劳动资源，各地区劳动配置并未得到有效改善。具体来看，江苏由配置不足转变为配置合理，天津、内蒙古、山东、湖南由配置合理转变为配置不足，上海、广东、西藏由配置合理转变为配置过度，山西、黑龙江、贵州、新疆由配置过度转变为配置合理。

表6-8　资源配置类型划分

配置类型	资本配置		劳动配置	
	2008年	2019年	2008年	2019年
配置不足	北京、上海、广东	北京、天津、山西、内蒙古、辽宁、黑龙江、上海、山东、广东	河北、江苏	天津、河北、内蒙古、山东、湖南
配置合理	天津、河北、山西、内蒙古、黑龙江、江苏、浙江、福建、山东、湖北、湖南、广西、海南、四川	吉林、江苏、浙江、海南、甘肃、宁夏	天津、内蒙古、辽宁、吉林、上海、浙江、安徽、福建、江西、山东、河南、湖北、湖南、广东、广西、海南、重庆、西川、云南、西藏、陕西、青海、宁夏	山西、辽宁、吉林、黑龙江、江苏、浙江、安徽、福建、江西、河南、湖北、广西、海南、重庆、西川、贵州、云南、陕西、青海、宁夏、新疆
配置过度	辽宁、吉林、安徽、江西、河南、重庆、贵州、云南、西藏、陕西、甘肃、青海、宁夏、新疆	河北、安徽、福建、江西、河南、湖北、湖南、广西、重庆、四川、贵州、云南、西藏、陕西、青海、新疆	北京、山西、黑龙江、贵州、甘肃、新疆	北京、上海、广东、西藏、甘肃

注：资料来源于模型测算，结果由作者整理得到。

第四节　要素市场化配置对经济高质量发展的影响分析

一、要素市场化配置对经济高质量发展的直接影响

（一）平稳性检验

面板数据若不平稳，会使得回归结果存在伪回归现象，此时需要对样本数据进行平稳性检验。平稳性检验有单整检验和协整检验两种，首先对数据进行单整检验，若原始序列单整检验结果不显著，则需进行差分单位根检验并进一步对变量的线性组合进行协整检验。进行平稳性检验的数据有经济高质量发展指数、要素市场化配置水平、基础设施建设、产业结构升级、财政收入、人力资本、环境规制、对外开放水平。

1.单位根检验

本书采用LLC检验、IPS检验、Fisher-ADF检验和Fisher-PP检验对面板数据进行检验，以判断数据是否存在单位根。

单位根检验模型如下：

$$y_{it} = \rho_i y_{i,t-1} + \beta_i X_{it}^{'} + \mu_{it} \tag{6-5}$$

其中，$i=1$，2，$\cdots$，N，表示截面个体；$t=1$，2，$\cdots$，T，表示观察时期；$X_{it}^{'}$表示外生变量。ρ_i是自回归系数，如果$|\rho_i|<1$，说明序列y_{it}是平稳序列，即不存在单位根；如果$|\rho_i|=1$，说明序列y_{it}是非平稳序列，即存在一个单位根。LLC检验方法假定ρ_i对于所有的i均满足$\rho_i=\rho$，即具有相同单位根。而IPS检验、Fisher-ADF检验和Fisher-PP检验则假定ρ_i对于所有的i不都相同，即具有不同单位根。四种方法的具体检验过程如下：

（1）LLC检验：

$$\Delta y_{it} = \alpha y_{i,t-1} + \sum_{j=1}^{p_j} \theta_{ij} \Delta y_{i,t-j} + \beta_i X_{it}^{'} + \mu_{it} \tag{6-6}$$

其中，$\alpha=\rho-1$，相应的原假设为$\alpha=0$，备择假设为$\alpha<0$。

具体步骤是：在确定滞后阶数p_j的条件下，将Δy_{it}和$y_{i,t-1}$分别作为被解释变量，对$\beta_i X_{it}^{'}$和$\sum_{j=1}^{p_j} \Delta y_{i,t-j}$进行回归，得到代理变量，分别为：

$$e_{it} = \Delta y_{it} + \sum_{j=1}^{p_j} \theta_{ij} \Delta y_{i,t-j} - \hat{\beta} X_{it}^{'} \tag{6-7}$$

$$v_{i,t-1} = y_{i,t-1} - \sum_{j=1}^{p_j} \theta_{ij}\Delta y_{i,t-j} - \hat{\beta}X_{it}^{'} \qquad (6-8)$$

将 e_{it} 和 $v_{i,t-1}$ 标准化后的变量进行如下回归:

$$\tilde{e}_{it} = \phi\tilde{v}_{i,t-1} + \eta_{it} \qquad (6-9)$$

LLC证明如下经过修正的 t_α^* 统计量服从标准的正态渐进分布。

$$t_\alpha^* = (t_\alpha - (N\overline{T})S_N\hat{\sigma}^2 se(\hat{\alpha})\mu_{m\overline{T}}^*) / \sigma_{m\overline{T}}^* \qquad (6-10)$$

在式（6-10）中， t_α 表示标准的 t 统计量， $\overline{T} = T - \sum_j p_j \Big/ N - 1$ ， S_N 表示长短期标准差的平均数， $\hat{\sigma}^2$ 表示误差项 η_{it} 的方差， $se(\hat{\alpha})$ 表示 $\hat{\alpha}$ 的标准差， $\mu_{m\overline{T}}^*$ 和 $\sigma_{m\overline{T}}^*$ 分别表示均值和标准差的调整项。

（2）IPS检验:

$$\Delta y_{it} = \alpha_i y_{i,t-1} + \sum_{j=1}^{p_j} \theta_{ij}\Delta y_{i,t-j} + \beta_i X_{it}^{'} + \mu_{it} \qquad (6-11)$$

其中，原假设为 $\alpha_i = 0$ ，备择假设为 $\alpha_i < 0$ ，通过构建 $Z_{\overline{t}}$ 统计量进行检验。

$$Z_{\overline{t}} = [\overline{t}_{(\hat{\alpha})} - E(\overline{t}_{(\hat{\alpha})})] \Big/ \sqrt{Var(\overline{t}_{(\hat{\alpha})})N} \qquad (6-12)$$

式（6-12）中， $\overline{t}_{(\hat{\alpha})} = (\sum_{i=1}^{N}\overline{t}_{(\hat{\alpha})}) \Big/ N$ ， $E(\overline{t}_{(\hat{\alpha})})$ 和 $Var(\overline{t}_{(\hat{\alpha})})$ 分别表示 $\overline{t}_{(\hat{\alpha})}$ 的期望和方差。

（3）Fisher-ADF检验和Fisher-PP检验

Fisher-ADF检验和Fisher-PP检验的原假设也是序列存在单位根，它们均是采用两种相同的检验方法，通过构建如下统计量进行检验。

$$P = -2\sum_{i=1}^{X}\log(p_i) \to \chi^2(2N) \qquad (6-13)$$

$$Z = \frac{1}{\sqrt{N}}\sum_{i=1}^{X}\Phi^{-1}(\pi_i) \to N(0,\ 1) \qquad (6-14)$$

在这里，假设 π 为每个相对应截面 i 进行单位根检验得到的 p 值， Φ^{-1} 为标准正态分布函数的反函数。

由表6-9的单位根检验结果可知，原始序列中部分变量的四种检验不是全部显著的，但经过一阶差分后所有变量均在5%的水平上显著，均拒绝了原始序列存在单位根的原假设，即所有数据经过一阶差分后均平稳，原始序列为一阶单整I（1）关系。

表6-9　单位根检验结果

变量	LLC	IPS	Fisher–ADF	Fisher–PP
EHD	−4.988*** (0.000)	−3.846*** (0.000)	2.065 (0.981)	−1.049 (0.147)
D_EHD	−7.915*** (0.000)	−7.881*** (0.000)	−2.863*** (0.002)	−13.463*** (0.000)
FM	−3.605*** (0.000)	−2.107** (0.018)	1.545 (0.939)	−0.433 (0.332)
D_FM	−14.306*** (0.000)	−8.213*** (0.000)	−8.245*** (0.000)	−12.821*** (0.000)
ICL	−24.742*** (0.000)	−2.041** (0.021)	−2.691*** (0.004)	−1.349* (0.089)
D_ICL	−15.053*** (0.000)	−5.523*** (0.000)	−3.298*** (0.000)	−5.180*** (0.000)
ISU	−1.483* (0.069)	−0.924 (0.178)	−0.969 (0.166)	1.315 (0.906)
D_ISU	−1.887** (0.030)	−3.531*** (0.000)	−1.744** (0.041)	−6.091*** (0.000)
FR	−8.907*** (0.000)	−0.898 (0.185)	−2.494*** (0.006)	2.346 (0.991)
D_FR	−14.654*** (0.000)	−5.179*** (0.000)	−5.317*** (0.000)	−3.359*** (0.000)
HC	−8.810*** (0.000)	−4.181*** (0.000)	−2.672*** (0.000)	−3.145*** (0.000)
D_HC	−10.494*** (0.000)	−7.249*** (0.000)	−4.490*** (0.000)	−11.392*** (0.000)
ER	0.069 (0.527)	−9.825*** (0.000)	1.654 (0.951)	−18.071*** (0.000)
D_ER	−4.447*** (0.000)	−11.194*** (0.000)	−6.630*** (0.000)	−32.948*** (0.000)
OPEN	−9.226*** (0.000)	−3.464*** (0.000)	−2.946*** (0.002)	−1.933** (0.027)
D_OPEN	−5.445*** (0.000)	−7.788*** (0.000)	−1.764** (0.039)	−11.807*** (0.000)

注：*、**和***分别代表检验系数对应的统计量在0.1、0.05和0.01的水平上具有显著性，括号里面的数字代表P值。

2.协整检验

上面已经验证所有变量均存在一阶单整关系，符合做协整检验时各变量必须存在同阶单整的条件，可以继续做协整检验。协整检验是用来检验变量间的长期均衡关系，通常面板数据的协整检验是基于残差进行的，可分为同质性协整检验〔包含Kao（1999）检验和Westerlund（2005）VR-g检验〕和异质性协整检验〔包含Pedroni（1999，2004）检验和Westerlund（2005）VR-g检验〕。本书主要运用Kao检验、Westerlund检验和Pedroni检验验证协整关系，结果如表6-10所示。由表6-10可知，Kao检验、Westerlund检验和Pedroni检验的统计量均显著拒绝了各回归变量不存在协整的原假设，即各回归变量之间存在协整关系，各变量可以直接用到各回归模型中。

表6-10 协整检验结果

检验内容	检验方法	检验结果
EHD与FM、ICL、ISU、FR、HC、ER、OPEN的协整关系	Kao检验	-2.904^{***} （0.002）
	Westerlund检验	5.212^{***} （0.000）
	Pedroni检验	9.018^{***} （0.000）

注：*、**和***分别代表检验系数对应的统计量在0.1、0.05和0.01的水平上具有显著性，括号里面的数字代表P值。

3.多重共线性检验

实证分析前还需要验证各个模型是否存在多重共线性问题，本书主要通过方差膨胀因子检验，由STATA16计算的方差膨胀因子如表6-11所示。经验上，当VIF<10时，模型不存在多重共线性，由表6-11可知各解释变量的VIF均小于10，故不存在多重共线性，可以继续进行计量建模。

表6-11 方差膨胀因子VIF计算结果

变量	VIF	1/VIF
FM	4.27	0.234
ICL	4.60	0.217
ISU	2.01	0.498
FR	8.69	0.115
HC	4.39	0.228
ER	1.68	0.595
OPEN	2.94	0.340

注：数据来源于模型测算，结果由作者整理得到。

（二）实证结果分析

1.内生性检验

本书采用固定效应模型进行回归分析，虽然在一定程度上能够控制时间效应和个体效应所带来的偏差，但是以要素市场化配置水平作为解释变量，可能存在内生性问题。因此，为提高研究结论的有效性和说服力需要进行内生性检验。

产权保护是推进要素市场化改革的重要因素（卢现祥，2020；洪银兴，2018），满足工具变量的相关假定，而产权保护制度的演进无法对经济高质量发展产生直接影响，故也满足外生性假定。因此，本书将各地区产权保护水平（PRP）作为工具变量检验内生性问题。参考冯根福等（2021）采用技术市场成交额占GDP的比重衡量产权保护水平。

本书主要采用两阶段最小二乘法对内生性问题进行讨论，回归结果如表6-12所示。内生性检验中，Durbin-Wu-Hausman统计量的结果为122.39，在1%的水平下拒绝了不存在内生性问题的原假设，而弱工具变量检验中Cragg-Donald Wald F统计量为39.824，大于10，即拒绝了存在弱工具变量问题的原假设，表明工具变量与内生变量之间具有较强的相关性。另外，工具变量数正好等于内生变量数，不存在过度识别问题。不难发现，第一阶段的回归结果列（1）中，工具变量的回归系数通过了1%水平下的显著性检验，表明工具变量与要素市场化配置水平之间的相关性是显著的。第二阶段的回归结果列（2）中，要素市场化配置水平的回归系数在1%水平上显著为正数，要素市场化配置水平对经济高质量发展具有促进作用，内生性问题的检验结果依然与前文保持一致，进一步增强了本书研究结论的可靠性。但是其回归系数1.580高于基准回归系数0.096，表明由于内生性问题的存在，要素市场化配置的影响作用变小，导致要素市场化配置水平对经济高质量发展的影响被严重低估。

表6-12　工具变量检验回归结果

变量	（1）	（2）
	FM	EHD
FM		1.580*** （0.307）
IV：PRP	1.041*** （0.165）	

变量	（1）	（2）
	FM	EHD
ICL	0.010 （0.008）	−0.056*** （0.013）
ISU	0.031*** （0.008）	−0.020 （0.021）
FR	0.099*** （0.009）	−0.116*** （0.035）
HC	−0.020*** （0.005）	0.022** （0.009）
ER	1.457** （0.571）	−2.154** （1.016）
OPEN	0.129*** （0.024）	−0.057 （0.051）
_cons	−0.509*** （0.103）	1.176*** （0.228）
Durbin−Wu−Hausman	122.39***	
Cragg−Donald Wald F	39.824***	
地区效应	Yes	Yes
时间效应	Yes	Yes
N	372	372
R^2	0.777	0.284

注：*、**和***分别代表回归系数对应的统计量在0.1、0.05和0.01的水平上具有显著性，括号里面的数字代表t统计量。

2.基准结果分析

由表6-13可知，要素市场化配置对经济高质量发展的影响为正，且通过了1%水平下的显著性检验，要素市场化配置水平每提升一个单位，经济高质量发展指数就可以提高0.096，这与理论机制部分的预期结果一致。要素市场化配置之所以会推动经济高质量发展，原因在于要素市场化改革有力地提升了资源配置效率与自主创新能力，有效地控制了政府对要素市场配置的干预程度。就控制变量方面，基础设施建设对经济高质量发展的影响在5%的水平下显著为正，这是因为随着基础设施建设的逐步完善，降低了交易成本，提升了人民生活水平，有利于增强市场活力。产业结构升级的回归系数为正，且在1%的水平下显著，可能的原因是适宜的产业结构提高了生产要素的资源配置效率与整个社会的生产效率，从而促进了经济高质量发展。财政收入的回归系数也在1%的水平下显著为正，可能原因在于财政收入缓解了收入不平等问题，进而促进了经济健康稳定发展。人力资本的回归系数为正，且在5%的水平下通过显著性检验，主要原因在于人力资本的知识技能和文化技术等水平的提升，促进了技术创新和产业结构升级，导致人力资本对经济高质量发展的推动作用更加强劲。环境规制的回归系数也在5%的水平下显著为正，可能是因为环境规制作为绿色发展的重要手段，有利于协调经济增长与环境保护之间的关系，避免了因环境规制强度过低造成的不可逆影响，也避免了因加大环境规制强度而对经济增长产生的抑制作用。对外开放水平的回归系数为负但不显著，表明对外开放并没有推动经济高质量发展，可能的原因是过度依赖外贸导致了对经济平衡发展的不利影响。

表6-13 基准回归结果

变量	EHD
FM	0.096^{***} （0.031）
ICL	0.054^{**} （0.022）
ISU	0.035^{***} （0.007）
FR	0.049^{***} （0.010）
HC	0.012^{**} （0.005）
ER	0.314^{**} （0.134）
OPEN	-0.010 （0.017）
_cons	-0.874^{***} （0.238）
地区效应	Yes
时间效应	Yes
N	372
R^2	0.635

注：*、**和***分别代表回归系数对应的统计量在0.1、0.05和0.01的水平上具有显著性，括号里面的数字代表t统计量。

3.异质性分析

为了考察要素市场化配置对经济高质量发展的影响是否存在地区差异，本书将总体样本划分成东部、中部和西部3个子样本分别进行回归，结果如表6-14所示。中部地区、西部地区要素市场化配置对经济高质量发展都具有显著的促进作用，并且分别通过了1%和5%水平下的显著性检验，而东部地区要素市场化配置对经济高质量发展的影响并不显著。原因可能是东部地区要素市场化配置程度相对较高，资源投入力度大，政府对要素市场配置的影响有所减弱，在一定程度上加快了要素市场化配置对经济高质量发展的影响。相比于西部地区，中部地区要素市场化配置对经济高质量发展的促进作用更大一些，这是因为中部地区要素市场化配置程度弱于东部地区，在资源投入、市场发展等方面也落后于东部地区，但是仍然远远领先于西部地区，再加上西部地区资源错配程度较高，导致西部地区要素市场化配置对经济高质量发展的促进作用最小。

表6-14　地区异质性分析结果

变量	东部	中部	西部
	EHD	EHD	EHD
FM	0.002 （0.053）	0.277*** （0.062）	0.126** （0.054）
ICL	0.035 （0.053）	0.032* （0.018）	0.124*** （0.024）
ISU	0.049*** （0.014）	−0.003 （0.007）	0.006 （0.008）
FR	0.041** （0.020）	0.026** （0.011）	0.008 （0.011）
HC	0.028* （0.016）	0.001 （0.006）	0.005 （0.004）
ER	0.648 （0.787）	−0.615 （0.587）	0.168* （0.093）
OPEN	−0.030 （0.035）	0.064 （0.050）	0.154*** （0.025）
_cons	−0.657 （0.561）	−0.444** （0.219）	−1.409*** （0.261）
地区效应	Yes	Yes	Yes
时间效应	Yes	Yes	Yes
N	132	96	144
R^2	0.692	0.914	0.773

　　注：*、**和***分别代表回归系数对应的统计量在0.1、0.05和0.01的水平上具有显著性，括号里面的数字代表t统计量。

　　要素市场化配置水平由土地市场化、劳动市场化、资本市场化、技术市场化和数据市场化五个维度构成。接下来，本书进一步实证检验五大要素市场的市场化配置对经济高质量发展的影响差异。表6-15直观表明，资本市场（CM）、技术市场（TM）和数据市场（DM）的市场化配置对经济高质量发展均具有促进作用，但是资本市场的促进作用更大，技术市场的促进作用次之，数据市场的促进作用最弱。而土地市场（LM）和劳动市场（BM）的市场化配置对经济高质量发展的影响并不显著。原因在于相比于资本市场、技术市场和数据市场，土地市场和劳动市场受到政府干预的程度更大，例如，土地市场方面，在城乡二元土地分割、土地利用计划管理下，市场在土地配置中未能起主导性作用，农地征收由政府定价，集体建设用地由市场定价，两种机制并行，产生新的不公平。劳动市场方面，政府通过户籍制度或者价格管制等方式阻碍劳动人员的自由流动，使得价格机制无法得到充分发挥，最终影响各地区对人才的选择。

表6-15　结构异质性分析结果

变量	土地市场化 EHD	劳动市场化 EHD	资本市场化 EHD	技术市场化 EHD	数据市场化 EHD
LM	−0.010 (0.020)				
BM		0.036 (0.032)			
CM			0.113*** (0.029)		
TM				0.111*** (0.029)	
DM					0.056** (0.027)
ICL	0.023 (0.021)	0.032 (0.021)	0.057*** (0.021)	0.055** (0.021)	0.039* (0.021)
ISU	0.031*** (0.007)	0.032*** (0.007)	0.034*** (0.006)	0.033*** (0.006)	0.034*** (0.007)
FR	0.054*** (0.010)	0.051*** (0.010)	0.046*** (0.009)	0.051*** (0.009)	0.052*** (0.009)
HC	0.013** (0.006)	0.013** (0.006)	0.013** (0.005)	0.011** (0.005)	0.013** (0.005)
ER	0.359*** (0.136)	0.347** (0.136)	0.305** (0.133)	0.310** (0.133)	0.319** (0.136)

变量	土地市场化	劳动市场化	资本市场化	技术市场化	数据市场化
	EHD	EHD	EHD	EHD	EHD
OPEN	-0.036^{**} （0.015）	-0.030^{*} （0.016）	-0.001 （0.017）	-0.002 （0.017）	-0.022 （0.017）
_cons	-0.528^{**} （0.224）	-0.619^{***} （0.225）	-0.913^{***} （0.232）	-0.884^{***} （0.230）	-0.712^{***} （0.230）
地区效应	Yes	Yes	Yes	Yes	Yes
时间效应	Yes	Yes	Yes	Yes	Yes
N	372	372	372	372	372
R^2	0.625	0.626	0.642	0.641	0.629

注：*、**和***分别代表回归系数对应的统计量在0.1、0.05和0.01的水平上具有显著性，括号里面的数字代表t统计量。

4.稳健性检验

基准回归结果表明要素市场化配置会显著促进经济高质量发展。为了检验上述模型结果的稳健性，进一步采用替换被解释变量、替换回归模型、缩小年份区间、缩小地区样本等方法进行稳健性检验，相关回归结果如表6-16所示。

表6-16　稳健性检验回归结果

变量	（1）	（2）	（3）	（4）
	LGDP	EHD	EHD	EHD
FM	0.279^{**} （0.121）	0.088^{***} （0.025）	0.092^{*} （0.055）	0.137^{***} （0.028）
ICL	0.190^{**} （0.087）	0.047^{**} （0.017）	0.112^{***} （0.034）	0.109^{***} （0.019）
ISU	-0.100^{***} （0.026）	0.033^{***} （0.005）	0.035^{***} （0.009）	0.017^{***} （0.006）
FR	0.434^{***} （0.037）	0.039^{***} （0.007）	0.050^{***} （0.016）	0.031^{***} （0.008）
HC	0.059^{***} （0.021）	0.012^{**} （0.004）	0.003 （0.007）	0.003 （0.005）
ER	0.464 （0.529）	0.265^{*} （0.106）	0.290 （0.363）	0.320^{***} （0.106）
OPEN	-0.038 （0.068）	-0.003 （0.012）	-0.022 （0.031）	0.014 （0.019）
_cons	3.506^{***} （0.939）	— —	-1.566^{***} （0.396）	-1.346^{***} （0.203）

变量	（1）	（2）	（3）	（4）
	LGDP	EHD	EHD	EHD
ρ		-0.571^{***} （0.123）		
λ		0.650^{***} （0.067）		
地区效应	Yes	Yes	Yes	Yes
时间效应	Yes	Yes	Yes	Yes
N	372	372	248	324
R^2	0.969	0.982	0.513	0.686

注：*、**和***分别代表回归系数对应的统计量在0.1、0.05和0.01的水平上具有显著性，括号里面的数字代表t统计量。

（1）替换被解释变量的模型估计。本书采用国内生产总值的自然对数（LGDP）替换经济高质量发展指数，列（1）给出了替换被解释变量后的回归结果。要素市场化配置水平的估计系数为0.279，通过了5%水平下的显著性检验，因此从另一个角度展示了要素市场化配置对经济发展的正向影响，也证明了前文的基准回归结果仍然成立，具有一定的稳健性。

（2）替换回归模型。为考察经济高质量发展的空间溢出效应以及要素市场化配置对相邻省份经济高质量发展的影响，本书利用空间面板模型加以验证。列（4）给出了空间计量模型的回归结果，空间回归系数在1%水平上显著为正数，表明经济高质量发展存在显著的空间溢出效应。另外，要素市场化配置对经济高质量发展具有一定的促进作用，这与不考虑空间效应的回归结果保持一致，再次证明了基准回归结果的成立。

（3）年份子区间模型估计。由于2008年的金融危机持续影响了中国的市场经济，对中国经济高质量发展产生了不可忽视的作用，可能会干扰实证结果，因此本书选择金融危机发生三年后数据，即保留2012—2019年样本。列（3）给出了缩小年份区间后的回归结果，可以看出，其模型估计结果也与原结果保持一致，即原结论具有较好的稳健性。

（4）缩小地区样本模型估计。考虑到直辖市可能存在一定特殊性，因此本书剔除直辖市样本进行模型估计。列（4）给出了剔除直辖市后的回归结果，发现结果依然显著，说明要素市场化配置对经济高质量发展的正向影响较为稳健。

因此，上述回归结果表明要素市场化配置会显著促进经济高质量发展，本书的研究结论具有较好的稳健性。

二、要素市场化配置对经济高质量发展的间接影响

基于前文的理论机制分析，要素市场化配置可以通过改善资源错配和提高自主创新能力促进经济高质量发展。即资源错配和自主创新能力是要素市场化配置促进经济高质量发展的两个中介变量，但还需要做进一步的实证检验分析。

（一）资源错配的中介效应检验

为了检验要素市场化配置水平是否会通过改善资源错配对经济高质量发展产生影响。本书参照屈小娥和刘柳（2021）的中介效应检验方法进行实证分析，构建如下回归方程模型：

$$EHD_{it} = c + \eta \times FM_{it} + \sum_{j=1}^{n} \gamma_j control_{jit} + \mu_i + \nu_t + \varepsilon_{it} \qquad （6-15）$$

$$KC_{it} = c + \phi \times FM_{it} + \theta \times FM_{it} \times FM_{it} + \sum_{j=1}^{n} \gamma_j control_{jit} + \mu_i + \nu_t + \varepsilon_{it} \qquad （6-16）$$

$$EHD_{it} = c + \gamma KC_{it} + \sum_{j=1}^{n} \gamma_j control_{jit} + \mu_i + \nu_t + \varepsilon_{it} \qquad （6-17）$$

其中，i 表示地区，t 表示时间，EHD_{it} 表示地区经济高质量发展水平，FM_{it} 表示地区要素市场化配置水平，$FM_{it} \times FM_{it}$ 表示地区要素市场化配置水平的平方项，$control$ 表示系列控制变量，KC_{it} 表示中介变量，本书以资本错配表示。μ_i 和 ν_t 分别表示地区固定效应和时间固定效应，ε_{it} 为随机扰动项。

表6-17显示了资本错配的中介效应回归结果。列（1）的估计结果与要素市场化配置对经济高质量发展直接影响的结果相同，要素市场化配置对经济高质量发展的影响系数为0.096，且在1%的水平下通过显著性检验，表明加快要素市场化进程能够有效促进经济高质量发展水平的提高。列（2）以资本错配作为被解释变量，要素市场化配置及其平方作为解释变量，估计结果显示，要素市场化配置对资本错配的回归系数在1%水平下显著为正，要素市场化配置的平方项对资本错配的回归系数在1%水平下显著为负，表明要素市场化配置对资本错配呈现出显著的倒"U"型非线性特征。要素市场化配置对地区资本错配倒"U"型影响的临界值为0.658，小于资本错配的平均值1.300，因此当前阶段下，要素市场化配置与资源错配具有显著的负相关关系。列（3）以经济高质量发展作为被解释变量，资本错配作为解释变量，估计结果显示，资本错配对经济高质量发展的回归系数在10%水平下显著

为负，表明资本错配与经济高质量发展之间同样具有显著的负向关系。以上分析可知，要素市场化配置显著改善了地区资本错配程度，而资本错配程度的改善有利于促进地区经济高质量发展。因此，要素市场化配置通过影响资源错配而影响地区经济高质量发展的渠道是存在的。

表6-17　资本错配的中介效应回归结果

变量	（1）EHD	（2）KC	（3）EHD
FM	0.096*** （0.031）	2.519*** （0.791）	
FM×FM		−1.915*** （0.656）	
KC			−0.009* （0.005）
ICL	0.054** （0.022）	0.354 （0.234）	0.027 （0.020）
ISU	0.035*** （0.007）	−0.168** （0.068）	0.029*** （0.007）
FR	0.049*** （0.010）	0.734*** （0.101）	0.060*** （0.010）
HC	0.012** （0.005）	0.078 （0.057）	0.014** （0.006）
ER	0.314** （0.134）	−3.624** （1.413）	0.337** （0.136）
OPEN	−0.010 （0.017）	0.002 （0.191）	−0.036** （0.015）
_cons	−0.874*** （0.238）	−8.350*** （2.541）	−0.606*** （0.219）
地区效应	Yes	Yes	Yes
时间效应	Yes	Yes	Yes
N	372	372	372
R^2	0.635	0.390	0.628

注：*、**和***分别代表回归系数对应的统计量在0.1、0.05和0.01的水平上具有显著性，括号里面的数字代表t统计量。

（二）自主创新能力的中介效应检验

为了检验要素市场化配置水平是否会通过提高自主创新能力对经济高质量发展

产生影响，本书参照温忠麟等（2004）提出的中介效应逐步检验方法进行实证分析，构建如下逐步回归方程模型：

$$EHD_{it} = c + \eta \times FM_{it} + \sum_{j=1}^{n} \gamma_j control_{jit} + \mu_i + \nu_t + \varepsilon_{it} \qquad （6\text{-}18）$$

$$IA_{it} = c + \phi \times FM_{it} + \sum_{j=1}^{n} \gamma_j control_{jit} + \mu_i + \nu_t + \varepsilon_{it} \qquad （6\text{-}19）$$

$$EHD_{it} = c + \varphi_1 FM_{it} + \varphi_2 IA_{it} + \sum_{j=1}^{n} \gamma_j control_{jit} + \mu_i + \nu_t + \varepsilon_{it} \qquad （6\text{-}20）$$

其中，i 表示地区，t 表示时间，EHD_{it} 表示地区经济高质量发展水平，FM_{it} 表示地区要素市场化配置水平，$control$ 表示系列控制变量，IA_{it} 表示中介变量，即自主创新能力，本书以人均发明专利授权数表示。μ_i 和 ν_t 分别表示地区固定效应和时间固定效应，ε_{it} 为随机扰动项。

对中介效应模型的估计结果进行检验，具体步骤如下：

第一步，判断系数 $\eta > 0$ 是否显著，若 $\eta > 0$ 不显著，则停止中介效应检验；若 $\eta > 0$ 通过显著性检验，则认为要素市场化配置水平对经济高质量发展存在促进作用，继续下一步检验。

第二步，如果 $\phi > 0$ 和 $\varphi_2 > 0$ 均通过显著性检验，则中介效应显著，进一步检验 φ_1。若 $\varphi_1 > 0$ 显著，表明要素市场化配置水平对经济高质量发展存在直接作用，为部分中介效应；若 $\varphi_1 > 0$ 不显著，表明要素市场化配置水平对经济高质量发展不存在直接作用，为完全中介效应。

第三步，如果 $\phi > 0$ 和 $\varphi_2 > 0$ 中至少有一个不显著，需要进一步采用 Sobel 检验，具体公式如下：

$$Sobel = \frac{\phi \varphi_2}{\sqrt{\phi^2 s_{\varphi_2} + \varphi_2^2 s_\phi}} \qquad （6\text{-}21）$$

其中，s_ϕ、s_{φ_2} 分别为系数 ϕ、φ_2 的标准误，此时公式计算出来的 Sobel 统计量服从非正态分布，概率分布见 MacKinnon 表。若 Sobel 检验显著，则中介效应显著，否则中介效应不显著。如果 $\phi > 0$ 和 $\varphi_2 > 0$ 均不显著，则判断终止，不存在中介效应。

第四步，当存在中介效应且 $\varphi_1 > 0$ 显著时，表明要素市场化配置水平对经济高质量发展的促进作用有一部分是通过中介变量 IA_{it} 实现的，此时中介效应占总效应的比重为 $(\eta - \varphi_1)/\eta$；当存在中介效应且 $\varphi_1 > 0$ 不显著时，中介效应占总效应的比重为 100%，也就是完全中介效应。整个检验程序如图6-2所示。

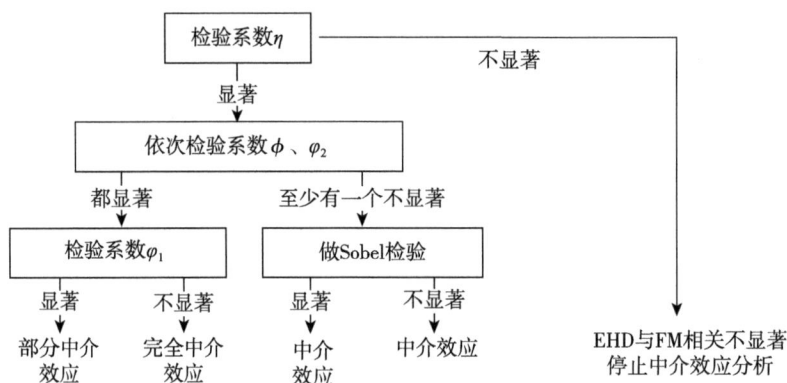

图6-2　中介效应检验过程

表6-18显示了自主创新能力的中介效应回归结果，列（1）的估计结果与要素市场化配置对经济高质量发展直接影响的结果相同，要素市场化配置对经济高质量发展的影响系数为0.096，且在1%的水平下通过显著性检验，表明加快要素市场化进程能够有效促进经济高质量发展水平的提高。列（2）是以自主创新能力作为被解释变量，估计结果显示，要素市场化配置对自主创新能力的回归系数在1%水平下显著为正，表明要素市场化配置与自主创新能力之间具有显著的正向关系。从列（3）的估计结果可以看出，在加入中介变量自主创新能力后，要素市场化配置对经济高质量发展的影响系数为0.054，小于总体效应的影响系数0.096，且在10%水平下显著为正，自主创新能力对经济高质量发展的影响系数为0.004，且在1%水平下显著为正，表明存在部分中介效应。

进一步地，虽然逐步检验回归系数法的操作流程简单易懂且结果可信度较强，但是该方法检验力较弱，因此本书采用Sobel检验和Bootstrap检验进一步对自主创新能力的中介效应进行验证。如表6-19所示，Sobel检验的Z统计量为3.420，P值为0。Bootstrap检验中直接效应与间接效应有偏校正的置信区间均未包含0值，因此通过检验。说明要素市场化配置通过提升自主创新能力来促进经济高质量发展的传导机制是稳健的。

表6-18　自主创新能力的中介效应回归结果

变量	（1）	（2）	（3）
	EHD	IA	EHD
FM	0.096*** （0.031）	10.569*** （1.708）	0.054* （0.032）

续　表

变量	（1）EHD	（2）IA	（3）EHD
IA			0.004^{***} （0.001）
ICL	0.054^{**} （0.022）	-3.198^{***} （1.223）	0.067^{***} （0.022）
ISU	0.035^{***} （0.007）	3.129^{***} （0.362）	0.023^{***} （0.007）
FR	0.049^{***} （0.010）	1.534^{***} （0.529）	0.042^{***} （0.009）
HC	0.012^{**} （0.005）	1.147^{***} （0.303）	0.008 （0.005）
ER	0.314^{**} （0.134）	-7.755 （7.464）	0.345^{***} （0.131）
OPEN	-0.010 （0.017）	-2.732^{***} （0.954）	0.001 （0.017）
_cons	-0.874^{***} （0.238）	14.312 （13.245）	-0.932^{***} （0.233）
地区效应	Yes	Yes	Yes
时间效应	Yes	Yes	Yes
N	372	372	372
R^2	0.635	0.625	0.654

注：*、**和***分别代表回归系数对应的统计量在0.1、0.05和0.01的水平上具有显著性，括号里面的数字代表t统计量。

表6-19　自主创新能力的中介效应检验

Sobel检验				
	系数	标准误	Z	P
Sobel	0.042	0.012	3.420	0.000
直接效应	0.054	0.032	1.692	0.091
间接效应	0.042	0.012	3.420	0.000
总效应	0.096	0.031	3.127	0.002
Bootstrap检验				
	观测系数	标准误	95%置信区间	
			下限	上限
bs 1	0.123	0.026	0.073	0.173
bs 2	0.110	0.028	0.056	0.164

注：数据来源于模型测算，结果由作者整理得到。

本章小结

本章首先对经济高质量发展现状与资源错配现状进行测算，然后利用2008—2019年31个省区市的面板数据，构建固定效应模型和中介效应模型，实证考察了要素市场化配置对经济高质量发展的直接影响以及自主创新能力和资源配置效率起到的间接影响。

首先，通过对经济高质量发展的测算发现：（1）我国经济高质量发展指数呈现上升趋势，历年平均值为0.078，年均增长率达到1.692%。（2）三大地区中，东部地区最高，中部地区居中，西部地区较为靠后。（3）分省份看，北京和上海的经济高质量发展指数排名稳居我国前两名，河北、湖南、河南、重庆、宁夏等省份经济高质量发展指数的全国排名提升较为明显，天津、浙江、海南、山东、安徽、江西、四川、贵州等省份经济高质量发展指数的全国排名稍有提升，其余省份经济高质量发展指数的全国排名呈下降趋势。

其次，通过对资源错配的测算发现：（1）各省份之间资本投入的错配程度高于劳动投入的错配程度。（2）在观察期内，资本投入相对扭曲系数的离散程度大于劳动投入相对扭曲系数的离散程度。（3）对于资本投入相对扭曲系数而言，多数地区倾向于资源配置过度。对于劳动投入相对扭曲系数而言，多数地区由资源配置过度向资源配置不足转变。（4）从总体上来说我国各省份间的资源错配情况呈现扩张趋势。

最后，通过分析要素市场化配置对经济高质量发展的影响可以发现：要素市场化配置对经济高质量发展具有显著的促进作用，而基础设施建设、产业结构升级、财政收入、人力资本、环境规制对经济高质量发展具有正向影响，对外开放水平具有负向影响，并且通过内生性与稳健性检验。同时，要素市场化配置可以通过提高自主创新能力和改善资源错配来促进经济高质量发展。

第七章
研究结论与政策建议

第一节　研究结论

本书结合生产要素理论、市场经济理论、资源配置理论等相关理论，在了解我国政府与市场关系的历史演变过程、分析我国各要素市场发展现状的基础上，基于中国31个省区市2008—2019年的样本数据，从土地市场化、劳动市场化、资本市场化、技术市场化和数据市场化五个层面构建评价指标体系，采用主、客观赋权方法组合的形式确立指标的权重，对我国要素市场化配置水平进行动态综合评价，并对要素市场化配置水平的差异特征、演进特征和收敛特征进行深入分析。随后，利用耦合协调模型探究要素市场中土地、劳动、资本、技术和数据等五大子系统的内在联系，采用随机森林算法，对外部环境中的变量进行重要性排序，选取较为重要的变量构建决策树，进一步揭示我国要素市场发展的优化路径。最后，构建面板固定效应模型、中介效应模型，多维度验证要素市场化配置对经济高质量发展的促进作用及其影响机制。理论与实证相结合，文本主要得出如下结论。

从要素市场化配置水平的测算结果来看，要素市场化配置水平除表现出一定的时序变化特征外，还具有明显的空间特征：（1）基于全国的视角，我国要素市场化配置水平保持着逐年增长的良好势头，年增长率为6.539%。但是仍处于较低水平，全国平均水平仅为0.229。（2）基于三大区域的视角，三大区域存在空间发展不平衡性，要素市场化配置水平从高到低依次为东部地区、中部地区、西部地区；与此同时，东部地区的增长率也高于中、西部地区，三大地区的差异正逐步扩大。（3）基于省域发展的视角，广东、江苏、北京等东部省份的要素市场化配置水平历年平均值都超过40%，居前三名。而青海、西藏等西部省份的要素市场化配置水平历年平均值不足10%，居最后两名。要素市场化配置水平历年平均值位于全国平均水平以上的省份有11个，其中8个在东部地区。要素市场化配置水平历年加权综合值位于全国平均水平以下的省份有20个，其中11个在西部地区。这也从侧面反映出我国要素市场化程度总体上表现出东高西低的态势。（4）基于指标维度的视角，我国五大要素市场也存在较大差异，其中，土地市场化配置指数呈下降趋势；劳动市场化配置指数和资本市场化配置指数高于总指数，但增速较低；技术市场化配置指数和数据市场化配置指数低于总指数，但增速最快。

通过分析要素市场化配置水平的差异特征、演进特征和收敛特征可以发现：（1）2008—2019年要素市场化配置水平区域差异呈现上升态势。东部地区要素市场化配置水平差异是造成地区内总体差异的主要原因。要素市场化配置水平的地区间差异也有所增大，并且主要来源于东部—西部、中部—西部。数据市场化差异、技术市场化差异是全国和东部区域要素市场化配置水平结构差异的主要原因。影响中部地区要素市场化配置水平结构差异的主要来源不断变化，2008—2011年结构差异主要来源于劳动市场化差异和土地市场化差异，2012年以后主要来源于技术市场化差异和数据市场化差异。西部区域的要素市场化配置水平差异大多来自土地市场化差异、技术市场化差异和数据市场化差异。（2）由Kernel密度估计可知，全国及三大区域的要素市场化配置水平均呈上升态势，其分布延展性呈现一定的拓宽趋势，两极化趋势持续突出。从要素市场化配置水平的空间转移特征来看，不考虑相邻省份的影响时，要素市场化配置水平的不同类型之间较为稳定，存在"俱乐部趋同"现象。类型转移均发生在相邻类型之间，难以实现"跳跃式"转移。比较不同类型之间转移的概率发现，高水平俱乐部趋同规模存在扩大趋势。考虑相邻省份的影响时，相邻省份要素市场化配置水平越低，本地要素市场化配置水平的流动性越差。（3）仅西部区域的要素市场化配置水平存在σ收敛。在不考虑空间效应时，全国及三大区域的要素市场化配置均存在绝对β收敛和条件β收敛。将空间效应纳入模型后，除全国层面外，东部、中部和西部区域的要素市场化配置存在绝对β收敛。除西部地区外，全国、东部和中部区域的要素市场化配置存在条件β收敛。

通过对要素市场化配置水平的指标协调度和地区协调度进行测算，以及对外部环境中的变量进行重要性排序可以发现：（1）2008—2019年我国各省份五大要素市场子系统指标协调度整体处于中等偏下水平，并且在不同地区、不同省份之间存在着十分明显的差异。具体来说，三大地区中，东部地区要素市场化配置系统指标协调度领先于中部和西部地区。31个省区市中，五大要素市场子系统指标协调度最高的省份为广东，然后是江苏、北京、浙江等省区市。从变化趋势来看，全国各省区市五大要素市场子系统指标协调度总体呈现上升趋势。从分布情况来看，2008年并没有处于初级协调状态及以上的省份。2019年，全国31个省区市中29个省区市的发展状态均有所提升，指标协调度覆盖优质协调至严重失调等九种类型。2008—2019年我国东部、中部、西部三大地区要素市场化配置的区域协调度分布同要素市场化配置的指标协调度类似，均呈现东部>中部>西部的空间分布特征，三大地区的区域协调度属于初级协调类型和勉强协调类型。2008—2019年，三大地区的区域协调度均出现持续上升的变化趋势，但是中部地区的上升幅度大于东部和西部地区。（2）通过对影响要素市场耦合协调度的外部环境变量进行重要性排序发现，排在前五名的变量分别为GDP（x1）、非公有制单位职工数占职工总数比重（x25）、固定资产投资总额（x4）、每十万人高等学校在校学生数（x10）以及城市工业用地（x5），且在不同地区和不同时期存在一定的异质性。（3）利用偏效应曲线具体分析了GDP（x1）、非公有制单位职工数占职工总数比重（x25）、固定资产投资总额（x4）、每十万人高等学校在校学生数（x10）这四个指标对要素市场耦合协调度的影响。我国应进一步提高国内生产总值，促进经济增长；加大非公有制单位职工数占职工总数的比重，注重激发市场活力；扩大在校学生数，重视人才培养；调整对各省份固定资产的投资，实现资源合理配置。

通过对经济高质量发展现状与资源错配现状的测算，以及要素市场化配置对经济高质量发展的影响机制的考察发现：（1）我国经济高质量发展指数呈现上升趋势。三大地区中，东部地区最高，中部地区居中，西部地区较为靠后。分省份看，北京和上海的经济高质量发展指数排名稳居我国前两名，河北、湖南、河南、重庆、宁夏等省份经济高质量发展指数的全国排名提升较为明显，天津、浙江、海南、山东、安徽、江西、四川、贵州等省份经济高质量发展指数的全国排名稍有提升，其余省份经济高质量发展指数的全国排名呈下降趋势。（2）各省份之间资本投入的错配程度高于劳动投入的错配程度。在观察期内，资本投入相对扭曲系数的离散程度大于劳动投入相对扭曲系数的离散程度。对于资本投入相对扭曲系数而言，多数地区倾向于资源配置过度。对于劳动投入相对扭曲系数而言，多数地区由资源配置过度向资源配置不足转变。从总体上来说我国各省份间的资源错配情况呈现扩张趋势。（3）要素市场化配置对经济高质量发展具有显著的促进作用，而基础设施建设、产业结构升级、财政收入、人力资本、环境规制对经济高质量发展具有正向影响，对外开放水平具有负向影响，并且通过内生性与稳健性检验。同时，要素市场化配置可以通过提高自主创新能力和改善资源错配来促进经济高质量发展。

第二节　政策建议

一、完善各类要素市场

推进要素市场化配置，不仅需要扩大要素市场化配置的范围，加快整个要素市场的发展，还需要根据各要素的不同属性和不同的市场化程度，分类施策。

对土地市场的改革。一是深化土地制度改革，深入推进产权明晰化和城乡土地市场一体化。二是逐步建立城乡统一的建设用地市场，提高城市土地开发效率，允许农村集体经营性建设用地的转让、租赁和购买。三是明确农村宅基地、农村集体经营性建设用地和农村家庭承包土地等不同类型土地的所有权和产权。四是消除行政权力对土地转让、土地租赁和抵押的干预，让各类市场主体都能依法依规进行土地产权交易。

对劳动市场的改革。一是着力消除劳动力转移的城乡和区域障碍，加快劳动力市场发展。二是逐步取消城乡二元户籍制度，不断推进城乡基本公共服务均等化，缩小城乡、区域间基本公共服务差距。三是加快现代就业和劳动培训体系建设，完善劳动力市场信息交流，加强技能型人才培养，减少行业间劳动力交流的市场摩擦。

对资本市场的改革。一是着力完善金融市场风险评估机制，加快利率市场化进程，在完善风险评估机制的基础上，确保市场资金价格真实反映资金供求和项目、投资主体的风险。二是加强对违约时政府救助的法律约束。逐步提高直接贷款的比重，确保资金供求是融资成本的真正决定因素。三是扩大服务贸易开放，建立适合区域发展的管理制度，引导资本合理有序地跨境流动。

对技术市场的改革。一是完善科技成果转移转化机制，确保人力、财力、基础设施等资源助力科技成果转化。二是加强知识产权保护的制度保障，缩短知识产权案件的审理周期。三是构建科技创新人才库体系，增强战略科技人员的活力，完善技术转移中介机构的培训体系，使技术市场的供需对接。

对数据市场的改革。一是建立健全数据要素市场化的法律法规体系。二是制定保护数据隐私的法律，确保数据要素市场的安全有序运行。建立统一规范的数据共享和管理制度，有条件、有秩序地放开政府数据要素资源。三是发展数据评估机构和数据交换场所，建立有序的、适合数据要素市场运作的环境。

二、规范政府工作职能

政府应在市场化进程中发挥总指挥的作用，应以更加稳定和高效的方式提高经济发展的质量。因此，可以从以下六个方面来规范政府职能。

一是减少行政资源的配置。政府干预可能造成市场的一些扭曲，影响各种要素的自由流动和市场的公平竞争。对于快速发展的东部地区来说，更应该进一步减少政府干预，把重点放在提高发展的质量和效益上。对于经济发展相对缓慢的中西部地区，要着力发展和深化政府的政策支持，真正发挥促进效益的作用。二是进一步完善经济政策体系，确保各类企业依法平等使用生产要素。竞争政策应该是所有经济政策的基础，加强对公平竞争的控制，有利于从选择性产业政策向功能性产业政策过渡，防止各种财政补贴和税收优惠要素的配置扭曲。三是加强市场监管，解决市场失灵问题。对生产要素加强价格监管，完善政府定价的成本监审方法，确保相关要素的价格真正反映要素使用的社会成本。增强监管的独立性，确保监管决策不受其他政府部门和各种利益集团的干扰和影响。四是加强产权保护和信用体系建设，夯实要素市场有效运行的基础。明确要素市场的责、权、利，形成稳定的市场预期，防止要素市场出现较大波动。加强对知识产权的保护，对技术市场进行适当激励。加强企业信用评价和评价结果的应用，为资本价格的形成发挥积极作用。五是简化经营审批程序，严格查处商业寻租等不当行为，降低制度性交易成本，为中小企业提供激励和发展机会。六是建立长期、科学、合理的评价机制。各地在追求经济效益和企业规模的同时，更要避免出现只追求短期效益的情况，因为短期行为会浪费大量的劳动力和资金，不会带来经济的长期健康发展。

三、优化外部相关环境

（一）推进产业结构升级

产业结构的转型升级与高质量发展密不可分。我们必须坚持正确的转型升级理念，对症下药，促进经济高质量发展。对此，我们应从以下两个方面着手。

一是为产业结构转型升级创造良好环境。出台更多中长期、稳定、有计划、有目标的产业扶持政策，实现产业政策制定和实施的长期性和可持续性。注重跨区域产业政策制定和支持举措的平衡，加大对东北等欠发达地区的金融和财政政策支持力度，帮助企业最大限度地降低成本。二是加大对传统产业的改造力度。首先，大力发展现代农业，巩固农业的基础地位。继续实施农业供给侧结构性改革，增强农业综合实力。其次，加快推进新型工业化。坚持走新型工业化道路，提高工业基础设施和基础建设能力。最后，提高第三产业在国民经济中的比重。加强第三产业特别是服务业的发展，加强对劳动力的吸收能力，提高就业率。

（二）加强教育投资

为加大人力资本投入，提高劳动者平均受教育年限，应从以下三个方面着手。

一是促进各类教育的稳定发展，确保义务教育的全面普及，降低人力资本在初等教育中的比重，大力推进普通高中教育的普及，提高平均学习年限。二是坚持高等教育培养高端人才的原则，注重"高端"人才的培养，不断提高"高端"人才的质量，逐步增加"高端"人才的数量。三是实现产业与教育人力资本的动态对应。由于中西部地区的教育人力资本结构变化不大，应根据自身的产业资源和产业发展情况，重点培养符合区域产业结构需要的专业人才，解决区域产业结构需要与不同层次教育人力资本之间的动态匹配问题。虽然东部地区的高等教育人力资本结构比较发达，但要重点防范和解决与高等教育人力资本不匹配的问题。积极鼓励优质人力资本在生产部门间转移，鼓励教育人力资本在区域间的互补流动，合理引导相对过剩的优质人力资本从东部向中西部转移，进一步促进经济高质量发展。

（三）加大外资引进力度

加大外资利用程度，可以有效降低资源错配程度，实现资源配置的效率最大化。为了更好地吸引外资，我们需要从两个方面着手。

一是加强对外国投资者权益的保护，积极对外宣传，组建招商队伍。地方政府应继续优化当地的商业环境，提高外国企业在市场中的平等地位，加强对外国企业的合法权益保护，为外国投资创造良好的营商环境。加大城市的宣传力度，焕发外资企业的投资热情。此外，实施差异化的外资引进政策，对一些领域，特别是国内和国外产业差距较大的领域给予更多的政策支持和关注，缩小本地和国外产业的差距。二是通过互惠互利的政策支持吸引外资。通过吸引外资企业到大陆各地区、各产业部门，形成本地企业与外资企业相互竞争、共同发展的新模式，提高要素市场的竞争程度，提高资源配置效率。通过中外企业调研交流会和产业发展研讨会，国内厂商可以学习国外企业的优势和长处，弥补自身的不足，提高生产效率。此外，引进外资还可以促进当地的技术升级，提高行业人才的培训技能，提升行业的整体发展水平。

（四）加速环境保护

良好的生态环境是经济高质量发展的条件之一，要形成环境保护和经济高质量发展的双赢局面，应从以下两个方面着手。

一是要让公众认识到环境保护对提高生活质量、促进经济高质量发展的重要性。宣传部门要制作环保公益宣传片，并通过新闻媒体平台广泛传播，鼓励街道社区和企业定期开展资源节约和环境保护宣传，积极学习贯彻中央关于生态文明建设的文件精神，推动环境保护理念落实到人民生活的各个方面。二是要完善环境监管的制度建设，提高环境政策实施的有效性。环境法规的有效实施需要法律法规的支持和引导，特别是对生态环境脆弱地区和污染地区，需要制定更有针对性的法律法规来加强环境保护。地方政府应在中国整体环境监管的基础上逐步完善环境监管政策，因地制宜、因时制宜地制定差异化的环境监管政策。地方政府应明确其权力和责任，加强对环境监管和处罚的承诺。地方政府应制定环境法规和标准，对政府机构和有影响力的干部建立有针对性的环境治理和保护绩效问责制度，明确不同部门职责，避免在面对环境问题时"踢皮球"现象的发生。

四、推进相关配套改革

除了完善与要素市场有关的各种政策和体制机制外，以市场为导向的要素配置还需要配套改革，以解决中国经济体制中的深层次问题，消除扭曲要素市场的各种体制障碍。

一是改革国有企业，使其成为平等参与要素市场的微观主体。完善国有企业的治理，促进国有企业的市场化决策，减少各级政府对国有企业和民营企业的不平等待遇，确保国有企业成为市场经济中的实质性参与者，并通过竞争和其他市场手段平等获得要素资源。

二是通过税制改革，改变部分省份对土地财政的依赖和土地市场的扭曲。改革地方政府集土地管理与土地经营于一身的行政体制，改变地方政府在土地市场上既当"裁判员"又当"运动员"的管理体制，将土地经营职能从政府中分离出来，突破地方政府对土地市场的制约，削弱地方政府对土地市场的影响。

三是通过生态环境体制改革，将资源环境要素的外部性内部化，包括明确资源环境领域的产权，改革资源环境税费制度，建立资源环境交易制度，完善资源环境利益分享机制，使资源环境要素的价格充分反映市场供求关系、资源稀缺程度、生态环境破坏成本和修复效益。

附 录

附录A：本书所涉及的表

表A-1 国有建设用地按供地方式分类

单位：公顷

年份	划拨用地	出让用地	租赁用地	其他供地
2009	122 287.53	220 813.90	9 030.02	9 517.30
2010	138 267.34	293 717.81	552.57	23.69
2011	257 208.58	335 085.17	842.49	148.33
2012	377 133.53	332 432.34	1 700.12	15.31
2013	373 275.34	374 804.03	2 728.75	27.36
2014	369 833.12	277 346.32	814.18	2.30
2015	314 535.83	224 885.95	838.80	66.71
2016	313 212.79	211 850.82	6 091.38	2.30
2017	386 976.62	230 898.62	2 088.46	282.22

表A-2 国有建设用地按用地类型分类

单位：公顷

年份	工矿仓储用地	商服用地	住宅用地	其他用地
2009	141 486.49	27 570.86	81 548.17	111 043.23
2010	153 977.63	38 905.15	115 272.54	124 406.10
2011	191 314.46	42 629.68	126 452.89	232 887.54
2012	207 194.53	50 939.34	114 664.56	338 482.89
2013	213 520.95	67 042.26	141 966.60	328 305.67
2014	149 556.13	50 216.74	104 499.35	343 723.70
2015	127 269.96	36 949.57	83 782.66	292 325.10
2016	123 088.56	35 146.78	74 539.39	298 405.98
2017	125 196.94	32 094.49	87 087.28	375 867.21

表A-3 国有建设用地出让成交价款

年份	招拍挂		协议	
	出让面积/公顷	成交价款/亿元	出让面积/公顷	成交价款/亿元
2009	187 219.64	16 295.59	33 594.25	883.94
2010	259 510.87	26 363.42	34 206.94	1 101.06
2011	304 968.34	30 818.27	30 116.83	1 307.81
2012	301 629.53	26 653.43	30 802.81	1 388.85
2013	346 184.62	42 109.50	28 619.41	1 635.79
2014	256 539.25	32 765.15	20 807.31	1 612.22
2015	207 330.28	29 755.50	17 555.67	1 465.14
2016	194 959.16	35 113.66	16 891.66	1 348.02
2017	213 366.73	50 507.45	17 531.89	1 477.03

表A-4 2008—2019年全国就业人员年龄划分

单位：万人

年份	年龄										
	16~19岁	20~24岁	25~29岁	30~34岁	35~39岁	40~44岁	45~49岁	50~54岁	55~59岁	60~64岁	65岁及以上
2008	2 628	6 480	7 333	8 066	10 845	11 304	8 145	8 016	6 044	3 320	3 384
2009	2 442	6 967	7 263	7 787	10 657	11 319	9 015	7 411	6 194	3 460	3 314
2010	2 457	8 437	8 460	8 409	10 457	11 211	9 254	6 096	5 642	3 049	2 634
2011	1 869	8 320	8 579	8 856	10 180	11 568	9 883	5 246	5 671	3 121	2 903
2012	1 539	7 643	8 566	9 301	9 235	11 657	10 082	5 682	5 755	3 661	3 131
2013	1 504	7 192	8 835	9 376	8 727	11 374	9 960	6 374	5 848	3 902	3 210
2014	1 374	6 642	9 544	9 162	8 475	10 994	10 002	7 253	5 421	4 199	3 283
2015	1 220	6 154	9 986	9 419	8 653	11 296	9 918	7 902	4 800	3 879	3 093
2016	1 056	5 743	9 824	9 752	8 599	11 197	9 687	8 500	4 421	4 008	3 458
2017	955	5 445	9 532	10 184	8 851	10 574	9 904	8 582	4 410	3 904	3 716
2018	909	5 153	9 170	10 534	8 866	10 155	9 852	8 791	4 623	3 713	4 016
2019	754	4 980	9 129	10 487	8 827	8 676	10 336	8 827	5 809	3 471	4 150

表A-5　2008—2019年全国就业人员受教育程度划分

单位：万人

年份	未上过学	小学	初中	高中	大学专科	大学本科	研究生
2008	4 004.89	20 704.54	36 044.03	9 596.63	3 324.82	1 737.97	151.13
2009	3 639.74	19 942.76	36 928.24	9 705.98	3 563.92	1 895.70	151.66
2010	2 587.57	18 189.10	37 139.24	10 578.60	4 566.30	2 815.89	228.32
2011	1 523.92	14 934.42	37 107.45	12 724.73	5 790.90	3 733.60	380.98
2012	1 525.08	14 488.26	36 830.68	13 039.43	6 100.32	3 965.21	305.02
2013	1 449.72	14 115.69	36 548.18	13 047.47	6 561.89	4 196.56	381.51
2014	1 374.28	13 895.52	35 654.98	13 132.03	7 100.46	4 809.99	381.75
2015	2 136.96	13 584.96	33 046.56	14 271.84	7 021.44	5 724.00	534.24
2016	1 982.37	13 342.88	33 014.09	14 105.33	7 319.52	5 870.87	609.96
2017	1 749.33	12 853.80	33 009.17	14 603.14	7 149.45	6 084.64	608.46
2018	1 742.99	12 428.25	32 662.04	14 474.36	7 350.85	6 441.47	682.04
2019	1 659.83	11 845.18	30 631.48	14 108.59	9 053.64	7 318.36	829.92

表A-6　2008—2019年社会融资规模

单位：亿元

年份	社会融资规模	直接融资规模	间接融资规模
2008	69 802	8 847	59 458
2009	139 104	15 717	120 957
2010	140 191	16 849	120 265
2011	128 286	18 035	105 694
2012	157 631	25 059	127 383
2013	173 169	20 330	146 390
2014	158 761	28 679	124 403
2015	154 063	36 978	112 044
2016	178 159	42 441	129 665
2017	261 536	15 003	174 040
2018	224 920	29 924	123 131
2019	256 735	36 863	149 941

表 A-7 2008—2019 年保费收入

单位：亿元

年份	全国	财产险	寿险	健康险	意外险
2008	9 784.10	2 336.71	6 658.37	585.46	203.56
2009	11 137.30	2 875.83	7 457.44	573.98	230.05
2010	13 574.21	3 895.64	8 829.64	573.57	275.36
2011	14 339.25	4 617.82	8 695.59	691.72	334.12
2012	15 487.93	5 330.93	8 908.06	862.76	386.18
2013	17 222.24	6 212.26	9 425.14	1 123.50	461.34
2014	20 234.81	7 203.37	10 901.69	1 587.18	542.57
2015	24 282.52	7 994.97	13 241.52	2 410.47	635.56
2016	30 959.10	8 724.50	17 442.21	4 042.50	749.89
2017	36 581.01	9 834.66	21 455.57	4 389.46	901.32
2018	38 013.62	10 770.08	20 722.86	5 445.13	1 075.55
2019	42 644.80	11 649.50	23 676.84	6 111.87	1 206.58

表 A-8 分类型 R&D 人员全时当量

年份	基础研究 R&D 人员全时当量		应用研究 R&D 人员全时当量		试验发展 R&D 人员全时当量	
	总量/万人年	占比/%	总量/万人年	占比/%	总量/万人年	占比/%
2008	15.40	7.83	28.94	14.72	152.20	77.44
2009	16.46	7.18	31.53	13.76	181.14	79.05
2010	17.37	6.80	33.56	13.14	204.46	80.06
2011	19.32	6.70	35.28	12.24	233.73	81.06
2012	21.22	6.53	38.38	11.82	265.09	81.65
2013	22.32	6.32	39.56	11.20	291.40	82.48
2014	23.54	6.34	40.70	10.97	306.82	82.69
2015	25.32	6.73	43.04	11.45	307.53	81.81
2016	27.47	7.08	43.89	11.32	316.44	81.60
2017	29.01	7.19	48.96	12.14	325.39	80.67
2018	30.50	6.96	53.88	12.30	353.77	80.74
2019	39.20	8.16	61.54	12.82	379.37	79.02

表A-9　分类型R&D经费内部支出

年份	基础研究 R&D经费内部支出		应用研究 R&D经费内部支出		试验发展 R&D经费内部支出	
	总量/亿元	占比/%	总量/亿元	占比/%	总量/亿元	占比/%
2008	220.82	4.78	575.16	12.46	3 820.04	82.76
2009	270.29	4.66	730.79	12.60	4 801.03	82.75
2010	324.49	4.59	893.79	12.66	5 844.30	82.75
2011	411.81	4.74	1 028.39	11.84	7 246.81	83.42
2012	498.81	4.84	1 161.97	11.28	8 637.63	83.87
2013	554.95	4.68	1 269.12	10.71	10 022.53	84.60
2014	613.54	4.71	1 398.53	10.74	11 003.56	84.54
2015	716.12	5.05	1 528.64	10.79	11 925.12	84.16
2016	822.89	5.25	1 610.49	10.27	13 243.36	84.48
2017	975.49	5.54	1 849.21	10.50	14 781.63	83.96
2018	1 090.37	5.54	2 190.87	11.13	16 396.69	83.33
2019	1 335.57	6.03	2 498.46	11.28	18 310.55	82.69

表A-10　2008—2019年31个省区市要素市场化配置水平总指数排名及年均增长率

地区	年份												年均增长率/%
	2008	2009	2010	2011	2012	2013	2014	2015	2016	2017	2018	2019	
北京	2	2	2	3	3	3	3	3	3	3	3	3	7.01
天津	10	9	11	10	9	10	12	12	14	16	17	17	3.65
河北	21	17	15	15	15	14	15	16	15	13	13	13	9.03
山西	24	22	21	21	20	18	20	19	19	19	19	19	7.09
内蒙古	26	24	23	22	21	22	21	20	24	24	20	25	6.69
辽宁	8	8	7	7	7	7	7	8	9	12	15	16	2.41
吉林	16	18	19	20	22	21	19	22	21	22	23	21	4.00
黑龙江	15	20	18	18	19	20	22	21	20	20	21	20	3.77
上海	4	4	4	5	5	6	6	6	6	6	6	6	5.30
江苏	3	3	3	2	2	2	2	2	2	2	2	2	8.46
浙江	5	5	5	4	6	5	4	4	4	4	4	4	8.97
安徽	17	15	14	16	14	15	14	15	10	10	11	10	8.30
福建	6	7	10	8	8	9	11	14	11	11	10	11	3.76
江西	19	21	20	19	18	19	18	18	18	18	18	18	7.37
山东	7	6	6	6	4	4	5	5	5	5	5	5	7.42
河南	13	12	13	13	10	8	8	7	7	8	9	9	7.33

地区	年份												年均增长率/%
	2008	2009	2010	2011	2012	2013	2014	2015	2016	2017	2018	2019	
湖北	12	10	8	9	12	12	9	9	8	9	8	8	7.51
湖南	14	16	16	12	13	13	16	11	16	14	12	12	7.43
广东	1	1	1	1	1	1	1	1	1	1	1	1	9.89
广西	23	23	22	23	23	23	24	23	22	21	24	23	5.84
海南	18	14	27	29	28	28	28	28	28	27	29	29	−1.68
重庆	11	11	9	14	16	16	13	13	12	15	14	14	4.45
四川	9	13	12	11	11	11	10	10	13	7	7	7	5.79
贵州	27	27	29	25	27	27	27	24	26	23	22	22	10.32
云南	20	25	24	24	25	24	23	25	23	25	25	24	4.82
西藏	31	31	31	31	31	31	31	31	31	31	31	30	3.00
陕西	22	19	17	17	17	17	17	17	17	17	16	15	8.18
甘肃	29	29	25	27	26	26	26	26	27	28	28	28	6.54
青海	30	30	30	30	30	30	30	30	30	30	30	31	2.56
宁夏	25	26	26	28	29	29	29	29	29	29	27	27	3.46
新疆	28	28	28	26	24	25	25	27	25	26	26	26	9.08

表A-11　2008—2019年31个省区市土地市场化配置水平指数排名及年均增长率

地区	年份												年均增长率/%
	2008	2009	2010	2011	2012	2013	2014	2015	2016	2017	2018	2019	
北京	21	22	24	26	29	29	29	29	29	22	24	24	−1.12
天津	10	13	17	19	21	17	24	25	23	27	25	23	−4.40
河北	23	15	13	9	6	7	7	8	5	6	4	4	3.49
山西	26	21	28	23	24	23	23	24	15	24	21	22	1.42
内蒙古	22	19	14	14	16	15	13	14	11	14	12	13	0.74
辽宁	1	2	1	1	1	3	1	4	7	8	9	9	−6.98
吉林	24	18	20	18	17	20	5	19	27	28	26	26	−1.05
黑龙江	20	16	19	15	13	18	27	18	18	19	19	14	0.36
上海	7	12	6	16	18	16	10	13	14	16	16	17	−5.52
江苏	5	4	4	2	2	1	3	3	2	2	1	2	−2.03
浙江	11	7	7	6	5	4	6	7	6	3	3	1	1.64
安徽	12	9	11	12	7	9	8	5	4	4	5	5	−0.60
福建	6	11	10	10	19	10	15	21	22	15	22	20	−6.11
江西	14	14	16	13	9	11	14	9	8	10	13	12	−1.97

地区	年份												年均增长率/%
	2008	2009	2010	2011	2012	2013	2014	2015	2016	2017	2018	2019	
山东	8	3	3	3	3	2	2	2	1	1	2	3	-0.35
河南	15	10	12	17	8	6	9	6	10	9	7	6	-0.01
湖北	13	8	2	5	12	12	11	10	25	12	11	11	-1.36
湖南	19	25	18	4	4	5	17	11	9	11	10	10	0.97
广东	9	5	9	11	14	13	12	15	12	7	8	8	-1.95
广西	16	23	21	22	27	28	22	22	19	26	23	25	-2.40
海南	2	1	22	21	11	27	21	16	17	23	27	28	-9.79
重庆	4	6	5	8	15	8	4	1	3	5	6	7	-4.30
四川	3	17	8	7	10	14	16	17	16	21	20	21	-7.59
贵州	27	28	29	24	20	25	18	12	13	13	14	15	3.12
云南	17	26	27	25	28	19	19	28	26	25	29	27	-2.82
西藏	30	31	31	31	31	31	30	31	31	31	31	31	1.89
陕西	25	24	26	27	23	21	25	20	21	17	15	18	0.60
甘肃	28	29	25	28	26	24	28	23	28	29	28	29	1.21
青海	31	27	15	30	30	30	31	30	30	30	30	30	3.77
宁夏	18	20	23	20	22	26	20	27	24	18	18	19	-0.65
新疆	29	30	30	29	25	22	26	26	20	20	17	16	3.79

表A-12 2008—2019年31个省区市劳动市场化配置水平指数排名及年均增长率

地区	年份												年均增长率/%
	2008	2009	2010	2011	2012	2013	2014	2015	2016	2017	2018	2019	
北京	1	2	3	3	3	4	4	4	4	4	4	3	3.18
天津	15	13	13	16	14	10	14	10	12	11	14	17	4.69
河北	14	10	9	9	12	14	10	13	9	10	10	11	5.87
山西	22	20	21	20	19	20	23	21	21	21	19	21	5.25
内蒙古	28	24	22	22	25	25	8	6	24	26	26	26	6.55
辽宁	19	15	10	10	9	9	11	19	15	20	21	22	4.52
吉林	23	23	24	24	26	22	25	24	25	25	25	24	4.79
黑龙江	2	22	19	21	20	24	24	25	23	24	24	23	-2.36
上海	16	6	6	5	6	6	6	8	7	7	7	7	8.17
江苏	5	3	4	4	4	3	2	2	2	2	2	2	5.99
浙江	7	5	5	6	5	5	5	5	5	5	5	5	5.77
安徽	12	11	11	12	11	12	12	11	10	9	9	9	5.56

地区	年份												年均增长率/%
	2008	2009	2010	2011	2012	2013	2014	2015	2016	2017	2018	2019	
福建	18	14	16	14	10	15	15	14	14	14	15	13	5.87
江西	17	16	18	11	15	16	17	16	16	16	13	14	5.16
山东	4	4	2	2	2	2	3	3	3	3	3	4	4.79
河南	8	7	7	7	7	7	7	7	6	6	6	6	5.17
湖北	10	12	15	17	17	13	13	12	11	12	11	10	4.86
湖南	11	9	14	13	16	17	18	17	18	15	12	12	4.71
广东	3	1	1	1	1	1	1	1	1	1	1	1	7.48
广西	20	19	17	19	21	19	21	20	22	19	20	19	5.15
海南	31	30	27	30	30	28	28	26	27	27	29	29	9.92
重庆	27	18	20	18	18	18	19	18	17	18	18	20	8.56
四川	9	8	8	8	8	8	9	9	8	8	8	8	4.54
贵州	24	25	31	27	29	27	27	28	26	22	22	25	6.30
云南	6	21	23	26	23	21	20	22	20	17	17	16	0.79
西藏	21	29	30	29	28	31	30	30	29	31	30	30	1.93
陕西	13	17	12	15	13	11	16	15	13	13	16	15	4.90
甘肃	30	31	26	25	24	26	26	27	28	28	27	27	8.27
青海	25	26	29	28	27	29	29	29	30	29	28	28	5.25
宁夏	26	28	28	31	31	30	31	31	31	30	31	31	3.29
新疆	29	27	25	23	22	23	22	23	19	23	23	18	10.43

表A-13　2008—2019年31个省区市资本市场化配置水平指数排名及年均增长率

地区	年份												年均增长率/%
	2008	2009	2010	2011	2012	2013	2014	2015	2016	2017	2018	2019	
北京	1	1	1	1	1	1	1	1	1	2	2	2	6.23
天津	15	14	16	15	15	18	13	15	14	17	19	21	3.00
河北	9	8	9	8	7	9	9	10	9	9	11	11	4.44
山西	24	19	14	14	14	15	19	17	18	18	17	17	4.70
内蒙古	14	17	17	17	19	23	24	28	26	24	21	26	1.24
辽宁	12	10	10	12	12	13	11	7	10	13	16	19	2.96
吉林	25	21	20	20	22	10	21	19	21	21	22	25	3.62
黑龙江	23	18	15	16	16	17	17	16	17	20	20	18	4.42
上海	2	3	3	3	3	5	4	3	4	4	5	5	5.25
江苏	5	4	4	4	4	3	3	4	3	3	3	3	7.76

地区	年份												年均增长率/%
	2008	2009	2010	2011	2012	2013	2014	2015	2016	2017	2018	2019	
浙江	4	5	5	5	6	6	5	5	5	5	4	4	6.88
安徽	10	12	12	13	13	16	14	13	11	11	13	13	4.20
福建	8	9	8	9	10	11	12	12	13	12	9	9	4.94
江西	18	15	18	19	18	21	20	21	19	19	18	16	4.10
山东	6	6	6	6	5	4	6	6	6	6	6	6	4.88
河南	7	7	7	7	8	8	8	8	8	8	8	8	4.55
湖北	11	11	13	11	11	12	10	11	12	10	10	10	4.99
湖南	13	16	19	18	17	19	18	14	15	14	12	12	4.78
广东	3	2	2	2	2	2	2	2	2	1	1	1	10.13
广西	22	24	25	25	24	25	26	27	25	23	23	23	3.43
海南	29	29	29	29	29	29	28	26	27	26	27	30	−2.78
重庆	17	20	22	22	21	20	16	20	16	16	15	15	4.04
四川	16	13	11	10	9	7	7	9	7	7	7	7	6.47
贵州	28	28	28	26	27	27	27	24	23	25	25	20	5.37
云南	19	23	24	24	23	22	25	25	28	27	26	24	2.98
西藏	31	31	31	31	31	31	31	31	31	31	31	29	3.43
陕西	21	22	21	21	20	14	15	18	20	15	14	14	5.02
甘肃	27	27	26	27	26	26	22	22	24	29	29	28	−1.04
青海	30	30	30	30	30	30	30	30	30	30	30	31	−4.77
宁夏	20	25	27	28	28	28	29	29	29	28	28	27	0.60
新疆	26	26	23	23	25	24	23	23	22	22	24	22	4.09

表A-14　2008—2019年31个省区市技术市场化配置水平指数排名及年均增长率

地区	年份												年均增长率/%
	2008	2009	2010	2011	2012	2013	2014	2015	2016	2017	2018	2019	
北京	1	1	1	1	1	1	1	1	1	1	1	1	7.55
天津	6	7	8	7	7	7	7	7	7	7	7	7	5.64
河北	25	22	21	19	19	19	19	19	19	18	18	18	11.01
山西	20	20	20	20	21	17	18	20	21	17	17	20	7.02
内蒙古	29	25	25	27	18	21	24	24	25	23	20	22	11.62
辽宁	13	13	12	11	13	11	14	16	11	11	12	16	5.17
吉林	5	10	11	15	20	26	22	21	20	21	21	19	0.52
黑龙江	16	18	17	17	17	18	17	17	17	20	22	21	5.45

地区	年份												年均增长率/%
	2008	2009	2010	2011	2012	2013	2014	2015	2016	2017	2018	2019	
上海	2	2	2	4	4	4	4	5	5	5	5	5	6.95
江苏	4	4	3	2	2	2	2	2	2	3	3	3	11.65
浙江	9	6	5	5	5	5	5	4	4	4	4	4	11.62
安徽	23	17	15	14	11	10	11	10	12	12	11	10	13.58
福建	3	3	14	12	12	14	13	14	13	15	16	15	0.38
江西	22	21	24	23	22	22	20	18	18	19	19	17	10.22
山东	12	8	7	6	6	6	6	6	6	6	6	6	9.39
河南	15	16	16	16	15	13	12	13	15	16	15	14	8.87
湖北	14	11	9	9	8	8	8	8	8	8	8	8	9.37
湖南	10	12	10	10	9	9	9	9	10	9	9	9	7.29
广东	7	5	4	3	3	3	3	3	3	2	2	2	13.83
广西	21	19	19	21	24	23	25	25	23	24	25	25	3.84
海南	28	31	28	28	28	20	26	28	30	29	29	28	2.85
重庆	8	9	6	8	10	12	10	11	9	10	10	12	3.62
四川	11	14	18	18	16	16	16	15	16	13	13	11	6.72
贵州	27	27	22	22	27	25	27	26	26	26	23	23	9.57
云南	30	26	26	25	26	28	23	23	22	22	24	24	10.06
西藏	17	29	31	31	31	31	31	31	31	31	31	31	−7.20
陕西	18	15	13	13	14	15	15	12	14	14	14	13	9.54
甘肃	26	23	23	24	23	24	21	22	24	25	28	26	5.45
青海	19	28	30	29	30	30	30	30	29	28	27	30	−3.72
宁夏	24	24	27	26	25	27	28	27	27	27	26	27	3.27
新疆	31	30	29	30	29	29	29	29	28	30	30	29	3.57

表 A-15 2008—2019 年 31 个省区市数据市场化配置水平指数排名及年均增长率

地区	年份												年均增长率/%
	2008	2009	2010	2011	2012	2013	2014	2015	2016	2017	2018	2019	
北京	4	3	4	4	3	3	4	4	4	4	4	4	11.75
天津	9	9	10	10	11	14	16	19	21	20	23	23	7.95
河北	17	15	13	14	13	12	12	13	12	12	11	12	21.02
山西	12	12	14	16	17	17	18	17	20	18	19	19	12.75
内蒙古	19	19	19	20	21	21	23	24	25	23	25	25	16.70
辽宁	8	8	8	8	7	7	7	9	11	11	13	13	11.48

地区	年份												年均增长率/%
	2008	2009	2010	2011	2012	2013	2014	2015	2016	2017	2018	2019	
吉林	18	18	21	21	23	23	24	25	17	26	26	22	16.39
黑龙江	20	21	22	23	24	24	22	23	24	21	24	24	16.99
上海	3	4	5	5	5	5	6	6	6	7	8	7	7.44
江苏	2	2	2	2	2	2	2	2	2	2	2	2	11.69
浙江	5	5	3	3	4	4	3	3	3	3	3	3	13.09
安徽	23	22	18	18	18	18	17	15	15	13	12	11	26.86
福建	7	7	7	7	8	8	8	7	7	8	7	8	14.53
江西	28	26	23	19	19	19	19	18	18	17	17	17	31.04
山东	6	6	6	6	6	6	5	5	5	5	5	5	16.23
河南	14	13	15	12	10	10	11	11	8	9	10	10	21.21
湖北	10	11	11	11	12	11	10	12	9	10	9	9	17.41
湖南	16	17	17	15	15	15	14	10	16	16	14	15	20.05
广东	1	1	1	1	1	1	1	1	1	1	1	1	10.55
广西	25	24	24	24	22	22	20	20	22	19	18	18	26.61
海南	22	23	25	25	26	27	27	28	28	28	29	28	15.20
重庆	15	16	16	17	16	16	15	16	13	14	16	16	19.57
四川	11	10	9	9	9	9	9	8	10	6	6	6	21.22
贵州	31	31	30	29	29	26	26	26	26	22	21	21	52.65
云南	26	27	27	27	25	25	25	22	19	24	20	20	26.36
西藏	30	30	31	31	31	31	31	31	31	31	31	31	21.48
陕西	13	14	12	13	14	13	13	14	14	15	15	14	17.45
甘肃	27	28	28	30	30	29	28	27	27	27	27	27	23.51
青海	24	25	26	26	27	28	29	29	30	30	30	30	14.77
宁夏	29	29	29	28	28	30	30	30	29	29	28	29	24.47
新疆	21	20	20	22	20	20	21	21	23	25	22	26	17.05

表A-16　2008—2019年31个省区市经济高质量发展指数排名及年均增长率

地区	年份												年均增长率/%
	2008	2009	2010	2011	2012	2013	2014	2015	2016	2017	2018	2019	
北京	1	1	1	1	1	1	1	1	1	1	1	1	1.22
天津	4	5	5	5	5	5	4	5	3	4	4	3	2.16
河北	26	25	21	23	28	28	26	29	26	27	26	21	-0.08

地区	年份												年均增长率/%
	2008	2009	2010	2011	2012	2013	2014	2015	2016	2017	2018	2019	
山西	21	22	24	24	21	19	20	24	19	26	22	23	−0.71
内蒙古	24	19	22	21	22	23	22	26	24	21	27	26	−1.54
辽宁	8	7	7	8	7	8	10	12	11	11	9	9	−0.15
吉林	13	13	15	16	20	16	17	18	20	20	21	18	−0.81
黑龙江	15	15	18	18	18	15	19	22	23	24	24	22	−1.50
上海	2	2	2	2	2	2	2	2	2	2	2	2	0.41
江苏	5	4	4	3	3	3	3	4	5	5	6	6	−0.19
浙江	6	6	6	6	6	6	6	6	6	7	5	5	1.29
安徽	16	17	13	14	14	14	14	11	12	12	12	15	1.69
福建	7	9	8	9	8	7	9	7	8	9	8	8	−0.18
江西	19	18	16	17	16	18	16	16	15	15	14	14	2.70
山东	11	12	12	11	10	13	12	13	14	14	16	10	1.06
河南	29	29	28	29	26	24	23	20	18	19	19	20	1.14
湖北	14	14	17	15	17	17	15	17	16	16	15	16	1.43
湖南	28	21	25	25	25	25	25	19	21	18	18	19	0.98
广东	3	3	3	4	4	4	5	3	4	3	3	4	1.49
广西	25	27	26	27	24	26	24	23	25	28	25	25	−0.85
海南	9	10	10	7	11	12	13	14	7	6	7	7	3.38
重庆	18	16	14	13	12	10	8	8	10	8	10	12	2.75
四川	12	11	11	10	9	9	7	10	13	13	13	11	1.45
贵州	31	31	31	31	31	31	31	31	30	31	31	29	0.84
云南	22	26	20	28	23	29	28	30	29	30	28	30	−2.12
西藏	30	30	30	19	27	22	30	21	31	25	20	31	−1.21
陕西	10	8	9	12	13	11	11	9	9	10	11	13	0.11
甘肃	20	28	23	22	15	21	27	28	27	23	23	24	−0.75
青海	23	23	29	30	30	30	29	27	28	29	29	28	−1.73
宁夏	27	24	19	26	29	27	21	15	17	17	17	17	1.37
新疆	17	20	27	20	19	20	18	25	22	22	30	27	−2.34

附录B：本书所涉及的图

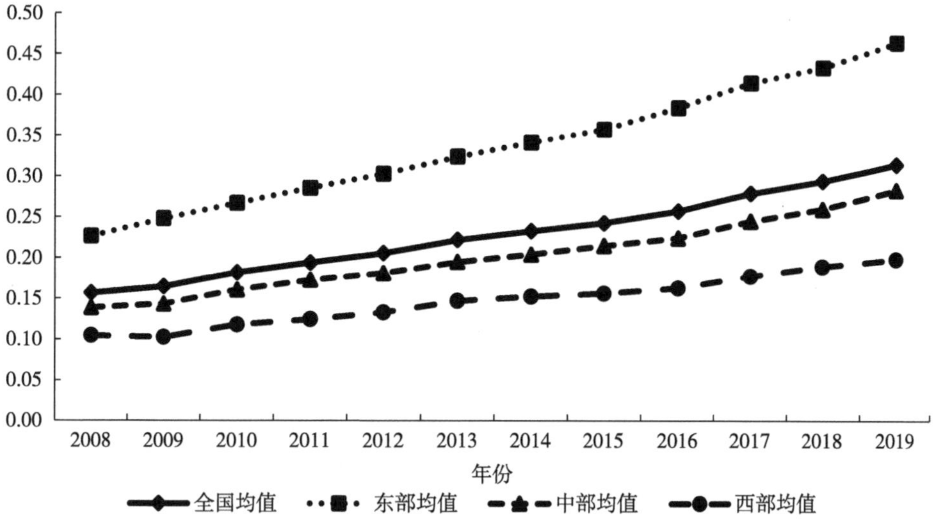

图B-1　2008—2019年全国及三大区域要素市场化配置水平总指数变化趋势

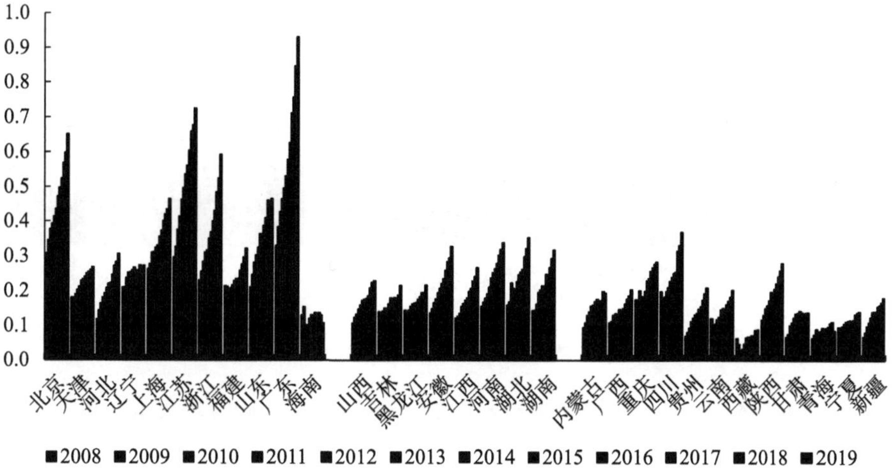

图B-2　2008—2019年31个省区市要素市场化配置水平总指数变化趋势

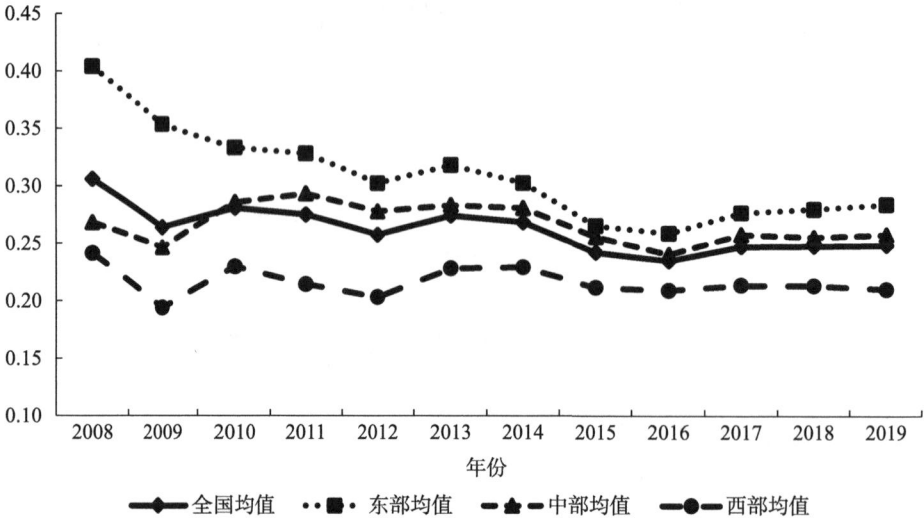

图B-3　2008—2019年全国及三大区域土地市场化配置水平指数变化趋势

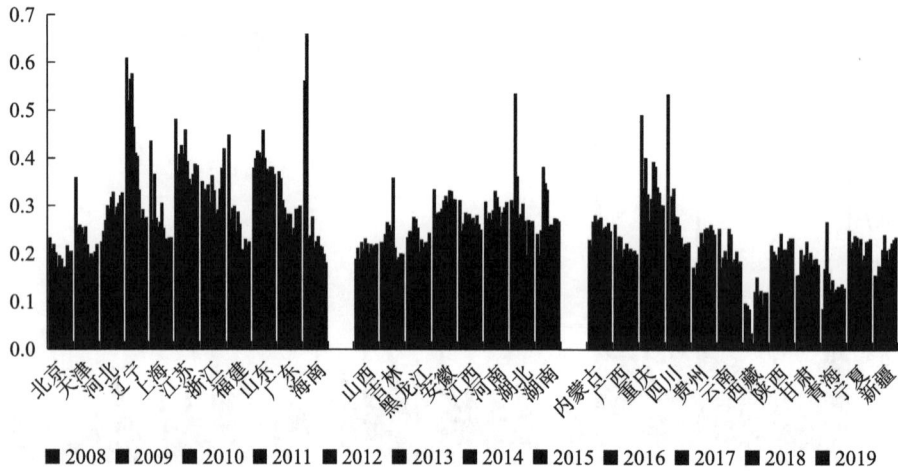

图B-4　2008—2019年31个省区市土地市场化配置水平指数变化趋势

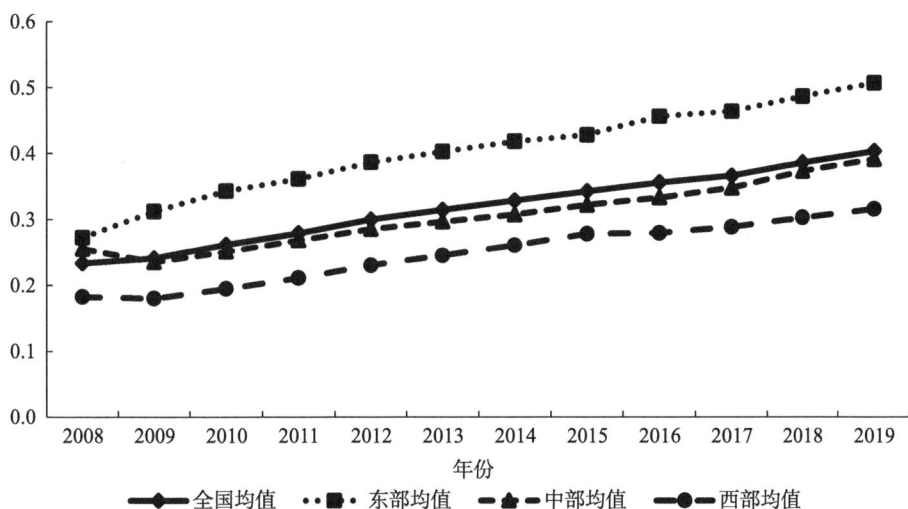

图 B-5　2008—2019 年全国及三大区域劳动市场化配置水平指数变化趋势

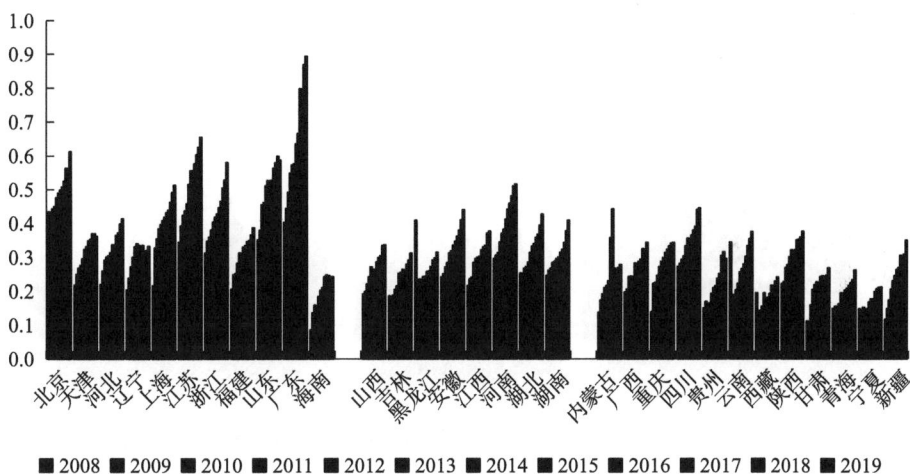

图 B-6　2008—2019 年 31 个省区市劳动市场化配置水平指数变化趋势

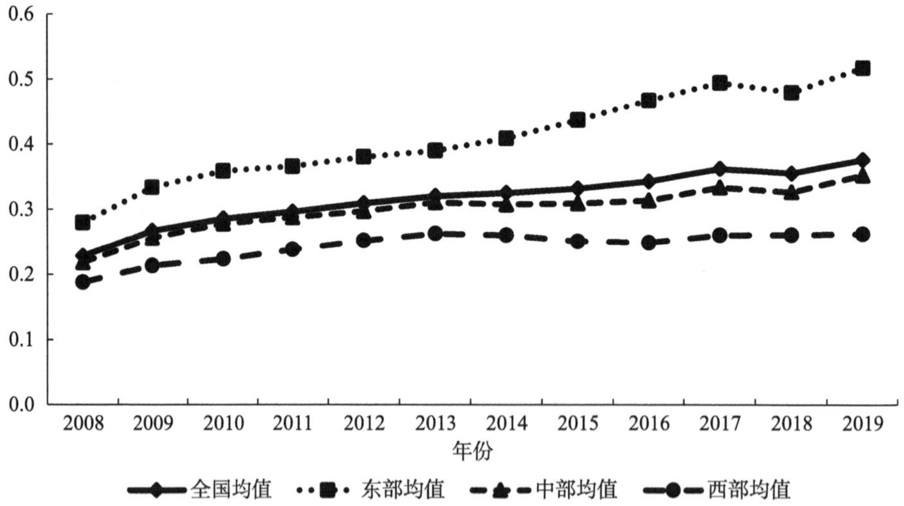

图B-7 2008—2019年全国及三大区域资本市场化配置水平指数变化趋势

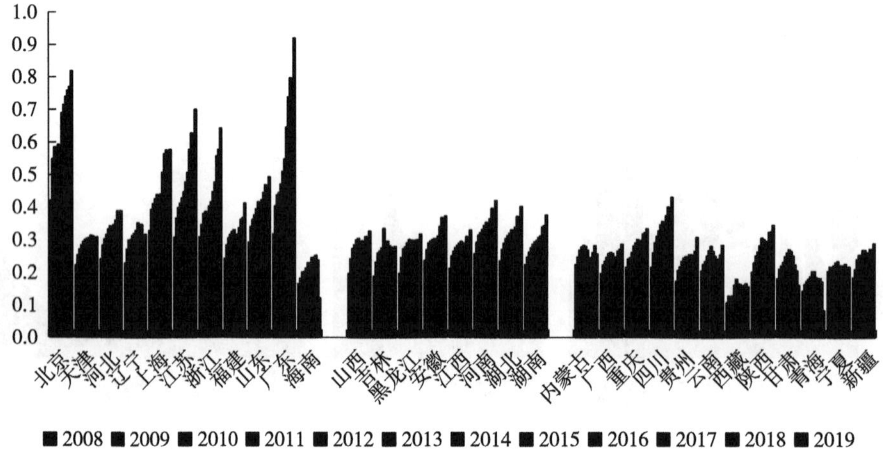

图B-8 2008—2019年31个省区市资本市场化配置水平指数变化趋势

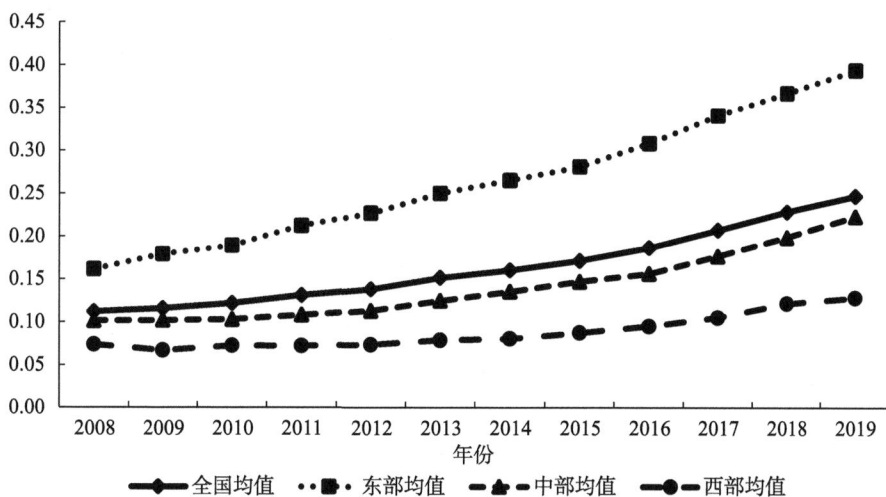

图 B-9　2008—2019年全国及三大区域技术市场化配置水平指数变化趋势

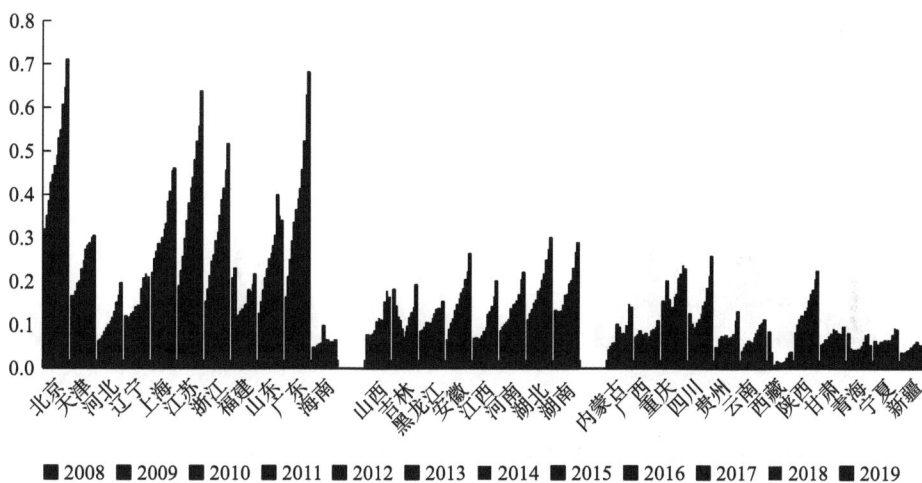

图 B-10　2008—2019年31个省区市技术市场化配置水平指数变化趋势

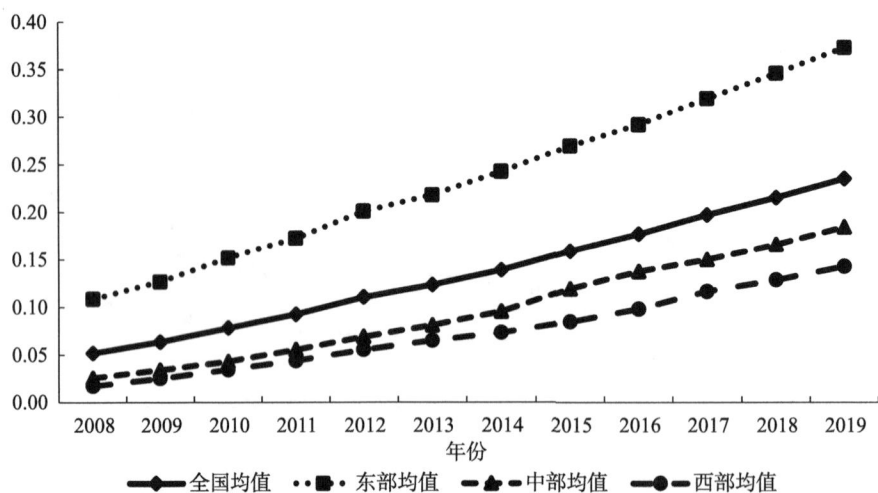

图B-11　2008—2019年全国及三大区域数据市场化配置水平指数变化趋势

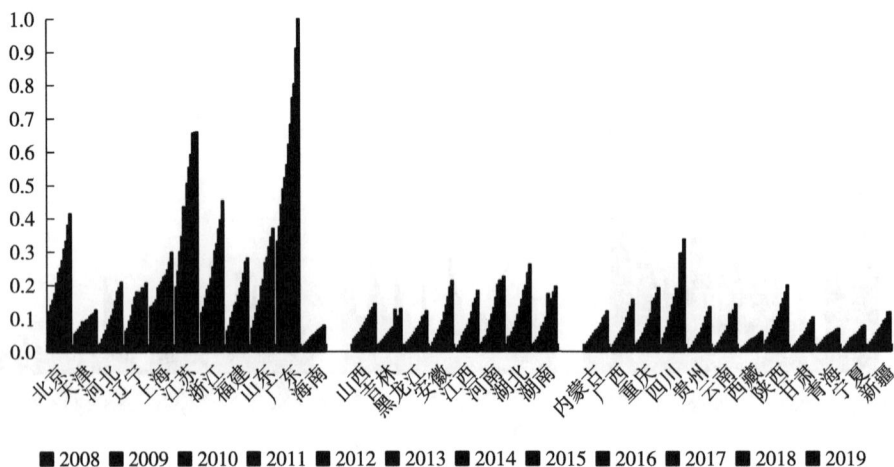

图B-12　2008—2019年31个省区市数据市场化配置水平指数变化趋势

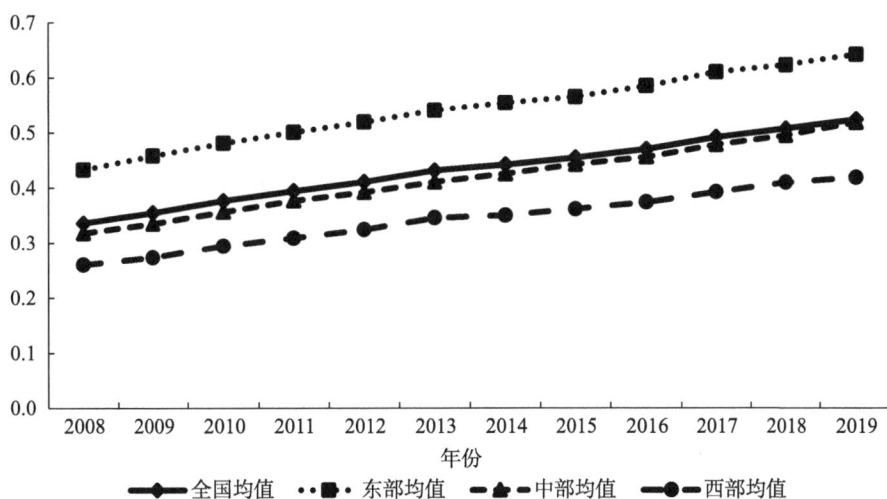

图B-13　2008—2019年全国及三大区域耦合协调度变化趋势

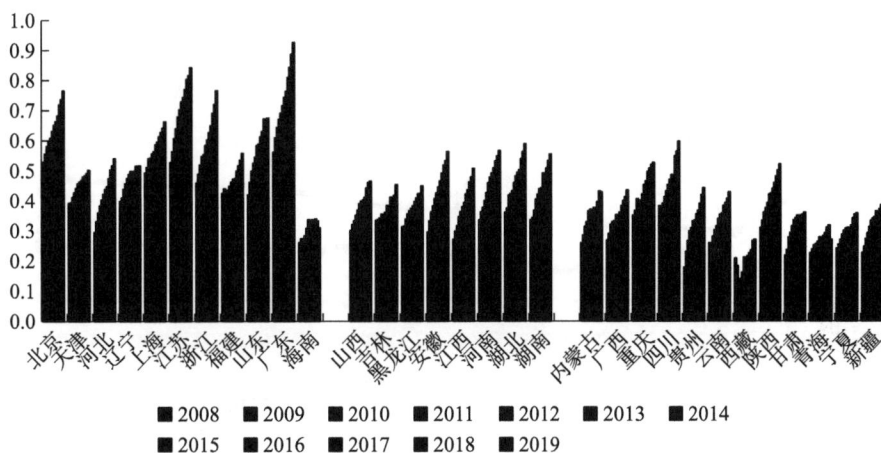

图B-14　2008—2019年31个省区市耦合协调度变化趋势

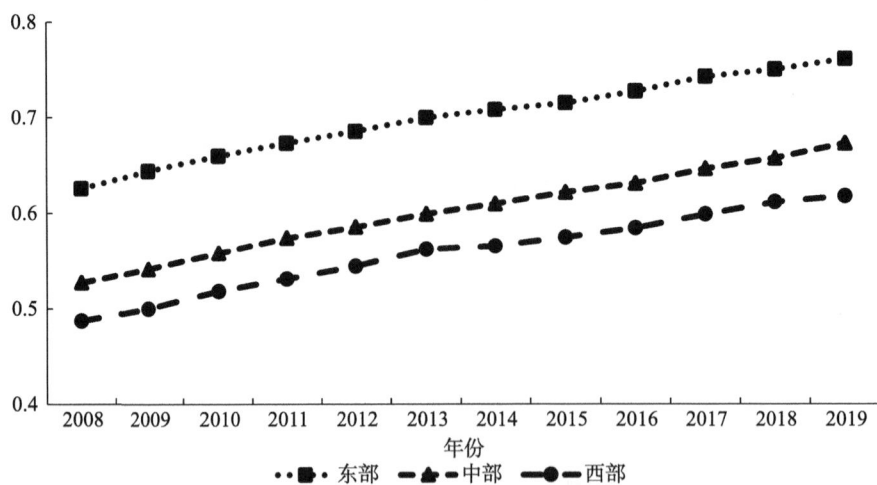

图 B-15　2008—2019 年三大地区区域协调度变化趋势

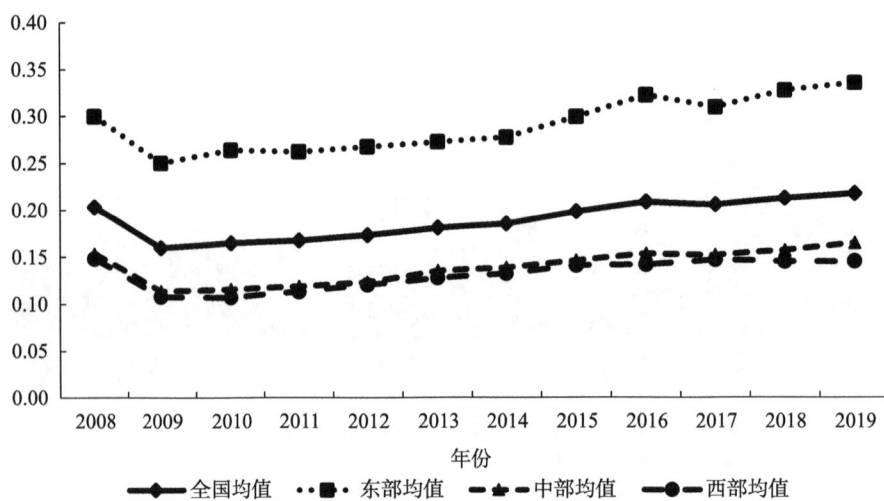

图 B-16　2008—2019 年全国及三大区域经济高质量发展指数变化趋势

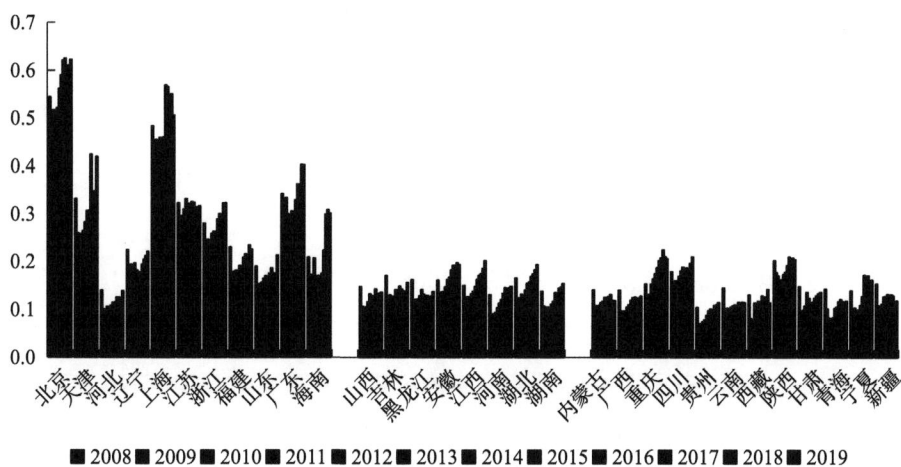

图 B-17　2008—2019年31个省区市经济高质量发展指数变化趋势

参考文献

[1] 白俊红，刘宇英. 金融市场化与企业技术创新：机制与证据[J]. 经济管理，2021，43（4）：39-54.

[2] 北京师范大学经济与资源管理研究院. 2008中国市场经济发展报告[M]. 北京：北京师范大学出版社，2010.

[3] 曹桃云，陈敏琼. 基于学生化极差分布的随机森林变量选择研究[J]. 统计与信息论坛，2021，36（8）：15-22.

[4] 曹玉书，楼东玮. 资源错配、结构变迁与中国经济转型[J]. 中国工业经济，2012（10）：5-18.

[5] 查华超，裴平. 中国金融市场化水平及测度[J]. 经济与管理研究，2016，37（10）：22-30.

[6] 常修泽，高明华. 中国国民经济市场化的推进程度及发展思路[J]. 经济研究，1998（11）：49-56.

[7] 陈国文. 论要素产权保护的法律需求与供给[J]. 兰州大学学报（社会科学版），2020，48（6）：61-68.

[8] 陈诗一，刘文杰. 要素市场化配置与经济高质量发展[J]. 财经问题研究，2021（9）：3-11.

[9] 陈诗一，徐颜玉. 从要素市场化看供给侧改革的中长期实践路径：基于随机前沿模型增长核算的分析[J]. 经济理论与经济管理，2017（11）：19-27.

[10] 陈述云，吴小钢. 我国地区经济市场化程度的比较研究[J]. 数量经济技术经济研究，1995（1）：48-53.

[11] 陈长石，刘晨晖. 金融市场化对地区发展不平衡异质性影响研究[J]. 统计研究，2016，33（4）：44-49.

[12] 陈宗胜. 中国经济体制市场化进程研究[M]. 上海：上海人民出版社，1999.

[13] 程砚秋. 基于区间相似度和序列比对的群组G1评价方法[J]. 中国管理科学，2015，23（S1）：204-210.

[14] 储雪俭，钱赛楠. 基于耦合协调度和灰色关联度的中国物流业与金融业协调发展研究[J]. 工业技术经济，2019，38（7）：93-100.

[15] 崔楷. 要素市场化配置下国企混合所有制改革的创新驱动路径[J]. 经济体制改

革，2021（3）：108-114.

[16] 崔新蕾，赵燕霞.中国土地市场化程度非均衡发展及收敛性研究 [J]. 中国农业资源与区划，2021，42（9）：72-80.

[17] 崔占峰，辛德嵩.深化土地要素市场化改革推动经济高质量发展 [J]. 经济问题，2021（11）：1-9.

[18] 戴魁早，刘友金.市场化改革能推进产业技术进步吗？：中国高技术产业的经验证据 [J]. 金融研究，2020（2）：71-90.

[19] 邓晰隆，陈娟，叶进.农村生产要素市场化程度测度方法及实证研究：以四川省苍溪县为例 [J]. 农村经济，2008（9）：50-54.

[20] 邓晰隆，陈娟.农村土地要素市场化测度的实证研究 [J]. 商业研究，2009（10）：131-134.

[21] 邓翔，李德山，李双强，等.价格扭曲、资源错配与全要素生产率 [J]. 软科学，2017，31（9）：25-29.

[22] 董洪梅，张曙霄，董大朋.政府主导与市场化对东北地区产业结构升级的影响：基于地级及以上城市面板数据的实证分析 [J]. 云南财经大学学报，2019，35（10）：57-65.

[23] 董晓宇，郝灵艳.中国市场化进程的定量研究：改革开放30年市场化指数的测度 [J]. 当代经济管理，2010，32（6）：8-13.

[24] 杜鑫.市场化对中国城乡收入差距的影响：基于省级面板数据的经验分析 [J]. 北京工商大学学报（社会科学版），2018，33（1）：19-32.

[25] 樊纲，王小鲁，马光荣.中国市场化进程对经济增长的贡献 [J]. 经济研究，2011，46（9）：4-16.

[26] 樊纲，王小鲁，张立文，等.中国各地区市场化相对进程报告 [J]. 经济研究，2003（3）：9-18，89.

[27] 樊纲，王小鲁.中国市场化指数 [M]. 北京：经济科学出版社，2007.

[28] 范欣，唐永.区域优惠政策、市场化与区域经济增长 [J]. 学习与探索，2019（11）：114-122.

[29] 范欣.新时代要素市场化配置改革：内在逻辑、基本原则与制度保障 [J]. 马克思主义与现实，2021（1）：166-172.

[30] 方军雄.市场化进程与资本配置效率的改善 [J]. 经济研究，2006（5）：50-61.

[31] 冯根福，郑明波，温军，等.究竟哪些因素决定了中国企业的技术创新：基

于九大中文经济学权威期刊和A股上市公司数据的再实证[J]. 中国工业经济，2021（1）：17-35.

[32] 冯英杰，钟水映，赵家羚，等. 市场化程度、资源错配与企业全要素生产率[J]. 西南民族大学学报（人文社科版），2020，41（5）：100-112.

[33] 傅晓霞，吴利学. 制度变迁对中国经济增长贡献的实证分析[J]. 南开经济研究，2002（4）：70-75.

[34] 高翔，黄建忠. 对外开放程度、市场化进程与中国省级政府效率：基于Malmquist-Luenberger指数的实证研究[J]. 国际经贸探索，2017，33（10）：19-35.

[35] 龚广祥，吴清华，高思涵. 土地市场化对区域技术创新的影响及作用机制[J]. 城市问题，2020（3）：68-78.

[36] 顾海兵. 中国经济市场化程度："九五"估计与"十五"预测[J]. 经济学动态，1999（4）：14-17.

[37] 顾海兵. 中国经济市场化程度的最新估计与预测[J]. 管理世界，1997（2）：53-56.

[38] 郭兆晖. 以要素市场化配置改革推进供给侧结构性改革：基于机制设计理论分析浙江省海宁市实践[J]. 学习与探索，2020（6）：94-99.

[39] 国家发展改革委宏观经济研究院课题组，刘翔峰. 健全要素由市场评价贡献、按贡献决定报酬机制研究[J]. 宏观经济研究，2021（9）：5-23，85.

[40] 韩磊. 改革开放以来要素市场化改革政策演进、制度阻力及未来走向[J]. 经济体制改革，2020（2）：17-23.

[41] 何维达，付瑶，陈琴. 产业结构变迁对经济增长质量的影响[J]. 统计与决策，2020，36（19）：101-105.

[42] 何小钢，陈锦玲，罗奇，等. 市场化机制能否缓解产能过剩：基于企业治理视角[J]. 产业经济研究，2021（5）：26-39.

[43] 何玉长，王伟. 数据要素市场化的理论阐释[J]. 当代经济研究，2021（4）：33-44.

[44] 贺灵，付丽娜. 创新要素协同、市场化改革与制造业高质量发展[J]. 财经理论与实践，2021，42（6）：126-131.

[45] 洪银兴. 论市场对资源配置起决定性作用后的政府作用[J]. 经济研究，2014，49（1）：14-16.

[46] 洪银兴. 实现要素市场化配置的改革[J]. 经济学家，2020（2）：5-14.

[47] 洪银兴. 市场化导向的政府和市场关系改革40年[J]. 政治经济学评论，2018，9（6）：28-38.

[48] 洪银兴.完善产权制度和要素市场化配置机制研究[J].中国工业经济，2018（6）：5-14.

[49] 黄赜琳，秦淑悦.市场一体化对消费升级的影响：基于"量"与"质"的双重考察[J].中国人口科学，2021（5）：18-31，126.

[50] 姜巍.市场化改革、对外开放与中国区域经济增长[J].广东社会科学，2019（2）：28-39.

[51] 蒋海，张小林，陈创练.利率市场化进程中商业银行的资本缓冲行为[J].中国工业经济，2018（11）：61-78.

[52] 金昌东，张宝雷，康洁铭.经济高质量发展水平及其耦合协调性研究：基于山东省17地市面板数据[J].生态经济，2021，37（7）：65-72.

[53] 金碚.关于"高质量发展"的经济学研究[J].中国工业经济，2018（4）：5-18.

[54] 金玉国.宏观制度变迁对转型时期中国经济增长的贡献[J].财经科学，2001（2）：24-28.

[55] 孔祥智，周振.我国农村要素市场化配置改革历程、基本经验与深化路径[J].改革，2020（7）：27-38.

[56] 孔艳芳，刘建旭，赵忠秀.数据要素市场化配置研究：内涵解构、运行机理与实践路径[J].经济学家，2021（11）：24-32.

[57] 李娟，吴群，刘红，等.城市土地市场成熟度及评价指标体系研究：以南京市为例[J].资源科学，2007（4）：187-192.

[58] 李明珊，孙晓华，孙瑞.要素市场化、结构调整与经济效率[J].管理评论，2019，31（5）：40-52.

[59] 李尚蒲，罗必良.中国城乡土地市场化：估算与比较[J].南方经济，2016（4）：24-36.

[60] 李松龄.土地要素市场化配置改革的制度安排与理论认识[J].湖南社会科学，2021（2）：62-70.

[61] 李婉红，李娜.自然资源禀赋、市场化配置与产业结构转型：来自116个资源型城市的经验证据[J].现代经济探讨，2021（8）：52-63.

[62] 刘金山，何炜.我国利率市场化进程测度：观照发达国家[J].改革，2014（10）：20-27.

[63] 刘精明，朱美静.经济发展、市场化与收入不平等：基于地区截面数据的实证分析[J].东南大学学报（哲学社会科学版），2020，22（1）：101-114，147-148.

[64] 刘俊海.论要素市场化配置的法治保障体系[J].兰州大学学报（社会科学版），
    2020，48（5）：28-38.

[65] 刘翔峰，刘强.要素市场化配置改革研究[J].宏观经济研究，2019（12）：34-47，166.

[66] 刘雅婕，熊艳艳，姚先国.要素市场化改革对资源错配的影响[J].统计与决策，
    2021，37（11）：139-142.

[67] 刘毅，申洪.中国金融市场化的度量分析[J].财经研究，2002（9）：39-46.

[68] 刘志成.要素市场化配置的主要障碍与改革对策[J].经济纵横，2019（3）：93-101.

[69] 卢现祥，王素素.要素市场化配置程度测度、区域差异分解与动态演进：基于
    中国省际面板数据的实证研究[J].南方经济，2021（1）：37-63.

[70] 卢现祥.高质量发展的体制制度基础与结构性改革[J].社会科学战线，2020
    （5）：61-67.

[71] 卢现祥.论产权制度、要素市场与高质量发展[J].经济纵横，2020（1）：65-73，2.

[72] 卢中原，胡鞍钢.市场化改革对我国经济运行的影响[J].经济研究，1993（12）：
    49-55.

[73] 聂辉华，贾瑞雪.中国制造业企业生产率与资源误置[J].世界经济，2011，34
    （7）：27-42.

[74] 彭青青，李宏彬，施新政，等.中国市场化过程中城镇女性劳动参与率变化趋
    势[J].金融研究，2017（6）：33-49.

[75] 戚聿东，刘欢欢.数字经济下数据的生产要素属性及其市场化配置机制研究[J].
    经济纵横，2020（11）：63-76，2.

[76] 钱龙，叶俊焘.要素市场化如何影响城乡收入差距：基于省级面板数据的实证
    分析[J].中国农业大学学报，2017，22（7）：210-220.

[77] 钱文荣，朱嘉晔，钱龙，等.中国农村土地要素市场化改革探源[J].农业经济问
    题，2021（2）：4-14.

[78] 钱忠好，牟燕.中国土地市场化水平：测度及分析[J].管理世界，2012（7）：67-
    75，95.

[79] 屈小娥，刘柳.环境分权对经济高质量发展的影响研究[J].统计研究，2021，38
    （3）：16-29.

[80] 任栋，曹改改，龙思瑞.基于人类发展指数框架的中国各地社会发展协调度分
    析[J].数量经济技术经济研究，2021，38（6）：88-106.

[81] 任晓瑜，冯忠江，王琪，等.河北省土地市场化水平时空格局演变及影响因素

分析 [J]. 干旱区资源与环境，2020，34（3）：56-63.

[82] 荣晨. 土地要素市场化改革：进展、障碍、建议 [J]. 宏观经济管理，2019（8）：25-31，38.

[83] 荣健欣，王大中. 前沿经济理论视野下的数据要素研究进展 [J]. 南方经济，2021（11）：18-43.

[84] 沈萍，刘子嘉. 市场化水平、诉讼风险与企业绩效 [J]. 投资研究，2020，39（12）：136-153.

[85] 苏明政，张庆君. 市场化进程、金融摩擦与全要素生产率：基于动态一般均衡模型的分析 [J]. 广东财经大学学报，2017，32（5）：4-11.

[86] 宿玉海，王韧. 利率市场化程度与商业银行风险：基于中国银行业的实证研究 [J]. 宏观经济研究，2017（4）：24-34.

[87] 孙博文，谢贤君，张政. 技术市场如何影响绿色全要素生产率？：基于OECD绿色增长战略视角研究 [J]. 当代经济管理，2020，42（8）：18-27.

[88] 孙嘉舸，王满. 竞争战略、地区要素市场化水平与费用粘性 [J]. 财经问题研究，2019（1）：105-113.

[89] 孙建军，孙楠. 利率市场化与企业全要素生产率：一项基于中国人民银行取消贷款利率上限的准自然实验 [J]. 产经评论，2020，11（3）：78-93.

[90] 孙文凯，赵忠，单爽，等. 中国劳动力市场化指数构建与检验 [J]. 经济学（季刊），2020，19（4）：1515-1536.

[91] 孙湘湘，周小亮，黄亮雄. 资本市场发展与产业结构升级 [J]. 产业经济评论，2018（6）：86-104.

[92] 孙晓华，李明珊. 我国市场化进程的地区差异：2001—2011年 [J]. 改革，2014（6）：59-66.

[93] 孙莹，鲍新中. 一种基于方差最大化的组合赋权评价方法及其应用 [J]. 中国管理科学，2011，19（6）：141-148.

[94] 谭荣. 探析中国土地要素市场化的治理结构 [J]. 国际经济评论，2021（2）：36-53，5.

[95] 唐安宝，李康康，管方圆. FDI、基础设施投入与经济高质量发展 [J]. 金融与经济，2020（4）：60-67，74.

[96] 唐为. 要素市场一体化与城市群经济的发展：基于微观企业数据的分析 [J]. 经济学（季刊），2021，21（1）：1-22.

[97] 陶雄华，陈明珏.中国利率市场化的进程测度与改革指向[J].中南财经政法大学学报，2013（3）：74-79，160.

[98] 王斌会，伍桑妮.环境规制、绿色技术创新与经济高质量发展的影响研究[J].工业技术经济，2022，41（10）：143-151.

[99] 王帆，陶媛婷.利率市场化程度、审计师声誉与银行风险管理[J].南京审计大学学报，2020，17（5）：29-39.

[100] 王静.中国劳动力市场监测指标体系的构建[J].首都经济贸易大学学报，2010（1）：29-39.

[101] 王克强，李国祥，刘红梅.工业用地减量化、经济高质量发展与地方财政收入[J].财政研究，2019（9）：33-46，61.

[102] 王良健，黄露鸶，弓文.中国土地市场化程度及其影响因素分析[J].中国土地科学，2011，25（8）：35-41.

[103] 王林辉，袁礼.资本错配会诱发全要素生产率损失吗[J].统计研究，2014，31（8）：11-18.

[104] 王青，陈志刚，叶依广，等.中国土地市场化进程的时空特征分析[J].资源科学，2007（1）：43-47.

[105] 王舒军，彭建刚.中国利率市场化进程测度及效果研究：基于银行信贷渠道的实证分析[J].金融经济学研究，2014，29（6）：75-85.

[106] 王思琛，任保平.新经济背景下我国高标准市场体系建设：理论机理、基本架构与实现路径[J].经济体制改革，2021（5）：20-26.

[107] 王雅莉，宋月明.中国省级区域的市场化进程测度及其发展效应分析[J].学习与实践，2016（3）：19-27，2.

[108] 王亚晨，张合林.城乡互动下农村土地市场化与脱贫效应[J].统计与决策，2021，37（21）：85-88.

[109] 王阳.劳动力要素市场化配置改革与经济发展效率：以劳动力要素城乡配置变化为例[J].经济纵横，2020（7）：67-76.

[110] 王烨，孙慧倩，吴婷，等.人力资本禀赋、市场化程度与员工持股计划选择[J].华东经济管理，2018，32（12）：133-142.

[111] 温忠麟，张雷，侯杰泰，等.中介效应检验程序及其应用[J].心理学报，2004（5）：614-620.

[112] 吴刚，魏修建，解芳.区域对外开放、全要素生产率与经济高质量发展[J].经济

问题，2022（4）：108-115.
[113] 吴郁玲，曲福田，金晶. 中国开发区土地市场化发育程度研究：以江苏省为例[J]. 中国土地科学，2008（1）：48-54.
[114] 谢思全，张灿，贺京同. 我国的技术市场及其发育进程[J]. 科研管理，1998（5）：54-62.
[115] 谢贤君，王晓芳，任晓刚. 市场化对绿色全要素生产率的影响[J]. 北京理工大学学报（社会科学版），2021，23（1）：67-78.
[116] 徐朝阳，白艳，王韡. 要素市场化改革与供需结构错配[J]. 经济研究，2020，55（2）：20-35.
[117] 徐戈，张科. 基于随机森林模型的房产价格评估[J]. 统计与决策，2014（17）：22-25.
[118] 徐敏，姜勇. 中国产业结构升级能缩小城乡消费差距吗?[J]. 数量经济技术经济研究，2015，32（3）：3-21.
[119] 徐鹏杰，王宁，杨乐晴. 要素市场化配置、政府治理现代化与产业转型升级[J]. 经济体制改革，2020（5）：86-92.
[120] 徐长玉. 中国劳动力市场化程度评估[J]. 江汉论坛，2008（5）：35-41.
[121] 徐寿波. 生产要素六元理论[J]. 北京交通大学学报（社会科学版），2006（3）：15-19.
[122] 许实，王庆日，谭永忠，等. 中国土地市场化程度的时空差异特征研究[J]. 中国土地科学，2012，26（12）：27-34.
[123] 鄢杰. 我国市场化进程测度指标体系构建[J]. 统计与决策，2007（23）：69-71.
[124] 杨东. 数据要素市场化重塑政府治理模式[J]. 人民论坛，2020（34）：60-62.
[125] 杨肃昌，范国华. 农业要素市场化对农村生态环境质量的影响效应[J]. 华南农业大学学报（社会科学版），2021，20（4）：12-23.
[126] 杨勇，李忠民. 供给侧结构性改革背景下的要素市场化与工业全要素生产率：基于31个地区的实证分析[J]. 经济问题探索，2017（2）：31-38.
[127] 叶祥松，刘敬. 政府支持、技术市场发展与科技创新效率[J]. 经济学动态，2018（7）：67-81.
[128] 易莹莹，宋锡文. 我国流动人口健康影响因素重要性的研究：基于随机森林模型实证分析[J]. 西北人口，2020，41（4）：15-26.
[129] 于新亮，张文瑞，郭文光，等. 养老保险制度统一与劳动要素市场化配置：基

于公私部门养老金并轨改革的实证研究 [J]. 中国工业经济，2021（1）：36-55.

[130] 俞林，赵俊红，霍伟东 . 推进数据要素市场化配置 促进经济高质量发展 [J]. 宏观经济管理，2021（10）：48-54.

[131] 袁晓玲，张江洋，赵志华 . 能源、资本与产出三重扭曲对中国制造业全要素生产率的影响 [J]. 陕西师范大学学报（哲学社会科学版），2016，45（1）：126-138.

[132] 袁志刚，解栋栋 . 中国劳动力错配对 TFP 的影响分析 [J]. 经济研究，2011，46（7）：4-17.

[133] 曾卓然 . 市场化进程下二元经济结构对城乡居民收入差距的影响分析 [J]. 经济问题探索，2019（12）：102-111.

[134] 张宝文，王西，韩磊 . 金融市场化对区域创新能力的非线性影响研究 [J]. 经济问题探索，2021（7）：71-87.

[135] 张峰，殷西乐，丁思琪 . 市场化改革与企业创新：基于制度性交易成本的解释 [J]. 山西财经大学学报，2021，43（4）：32-46.

[136] 张红霞，李家琦，李育哲 . 产业协同集聚促进经济高质量发展的机制研究：非线性关系、创新效率路径与人力资本的调节作用 [J]. 西部论坛，2022，32（4）：73-88.

[137] 张建顺，匡浩宇 . "放管服" 改革与纳税人满意度：施策重点与优化路径：基于机器学习方法 [J]. 公共管理学报，2021，18（4）：46-62，169.

[138] 张江雪 . 我国技术市场发展程度的测度 [J]. 科研管理，2010，31（5）：79-86，147.

[139] 张琳，黎小明，刘冰洁，等 . 土地要素市场化配置能否促进工业结构优化？：基于微观土地交易数据的分析 [J]. 中国土地科学，2018，32（6）：23-31.

[140] 张世贵 . 城乡要素市场化配置的协同机理与改革路径 [J]. 中州学刊，2020（11）：70-76.

[141] 张世伟，韩笑 . 我国市场化水平对最低工资就业效应的影响 [J]. 当代经济研究，2019（11）：78-84.

[142] 张世伟，张娟 . 市场化、劳动合同与农民工劳动报酬 [J]. 财经科学，2018（6）：121-132.

[143] 张续 . 不同市场化水平条件下环境规制的经济效应研究 [J]. 经贸实践，2017（9）：4-6.

[144] 张原，薛青梅.我国利率市场化进程的统计测度[J].统计与决策，2016（11）：154-157.

[145] 赵珂，石小平，曲福田.我国土地市场发育程度测算与实证研究：以东、中、西部为例[J].经济地理，2008（5）：821-825.

[146] 赵茂，杨洋，刘大鹏.中国金融市场化指数的度量研究[J].统计与决策，2019，35（10）：149-152.

[147] 赵彦云，李静萍.中国市场化水平测度、分析与预测[J].中国人民大学学报，2000（4）：32-37.

[148] 中国人民大学"完善要素市场化配置实施路径和政策举措"课题组，陈彦斌，王兆瑞，等.要素市场化配置的共性问题与改革总体思路[J].改革，2020（7）：5-16.

[149] 钟腾，吴卫星，玛西高娃.金融市场化、农村资金外流与城乡收入差距[J].南开经济研究，2020（4）：144-164.

[150] 周天勇.要素配置市场化改革 释放经济增长潜能的定量估计[J].财经问题研究，2020（7）：14-31.

[151] 周业安，赵坚毅.我国金融市场化的测度、市场化过程和经济增长[J].金融研究，2005（4）：68-78.

[152] 朱沛华，李军林.市场化进程、经济波动与地方金融风险[J].改革，2019（6）：63-72.

[153] 朱顺林.资本要素市场化改革、对外直接投资与技术创新绩效[J].经济体制改革，2020（1）：149-155.

[154] 庄晓玖.中国金融市场化指数的构建[J].金融研究，2007（11）：180-190.

[155] 庄旭东，王仁曾.市场化进程、数字化转型与区域创新能力：理论分析与经验证据[J].科技进步与对策，2022，39（7）：44-52.

[156] ABIAD A, MODY A. Financial reform: what shakes it? what shapes it?[J]. American Economic Review, 2005, 95（1）: 66-88.

[157] AOKI S. A simple accounting framework for the effect of resource misallocation on aggregate productivity[J]. Journal of the Japanese and International Economies, 2012, 26（4）: 473-494.

[158] BANDIERA O, CAPRIO G, HONOHAN P, et al. Does financial reform raise or reduce saving?[J]. Review of Economics and statistics, 2000, 82（2）: 239-263.

[159] BANERJEE A V, MOLL B. Why does misallocation persist? [J]. American Economic Journal: Macroeconomics, 2010, 2（1）: 189-206.

[160] BARBIER E B. Links between economic liberalization and rural resource degradation in the developing regions[J]. Agricultural Economics, 2000, 23（3）: 299-310.

[161] BRANDT L, TOMBE T, ZHU X. Factor market distortions across time, space and sectors in China[J]. Review of Economic Dynamics, 2013, 16（1）: 39-58.

[162] CHAMARBAGWALA R. Economic liberalization and wage inequality in India[J]. World Development, 2006, 34（12）: 1997-2015.

[163] CHAUDHURI S. How and how far to liberalize a developing economy with informal sector and factor market distortions[J]. Journal of International Trade & Economic Development, 2003, 12（4）: 403-428.

[164] FAN G, WANG X, MA G. The Contribution of Marketization to China's Economic Growth[J]. Economic Research Journal, 2011（2）: 4-14.

[165] FUJITA M, HU D. Regional disparity in China 1985–1994: the effects of globalization and economic liberalization[J]. The annals of regional science, 2001, 35: 3-37.

[166] GONG Q, LIU H, SHEN H. The development of regional factor market, state holding and cost stickiness[J]. China Acc. Rev, 2010, 4: 431-446.

[167] HSIEH C T, KLENOW P J. Misallocation and manufacturing TFP in China and India[J]. The Quarterly Journal of Economics, 2009, 124（4）: 1403-1448.

[168] KAIRE J. Compensating autocratic elites: how international demands for economic liberalization can lead to more repressive dictatorships[J]. International Studies Quarterly, 2019, 63（2）: 394-405.

[169] LANG F P. Impact of factor-market integration on supply, demand and trade: a neoclassical analysis[C]. Physica-Verlag HD, 1995: 3-21.

[170] LEMAY S A, MCMAHON D, BATCHELOR J, et al. Factor market rivalry, factor market myopia, and strategic blind spots: the case of the truck driver labor market[J]. Journal of transportation management, 2020, 31（1）: 4.

[171] MAGEE S P. Factor market distortions, production, distribution, and the pure theory of international trade[J]. Quarterly Journal of Economics, 1971, 85（4）:

623-643.

[172] MEGGINSON W L, NETTER J M. From state to market: a survey of empirical studies on privatization[J]. Journal of Economic Literature, 2001, 39（2）: 321-389.

[173] MIDRIGAN V, XU D Y. Finance and misallocation: evidence from plant-level data[J]. American Economic Review, 2014, 104（2）: 422-458.

[174] OLUWATOBI S O. Innovation-driven economic development model: a way to enable competitiveness in nigeria[J]. Angewandte Chemie International Edition, 2014, 49（2）: 256-9.

[175] OSLINGTON P. Factor market linkages in a global economy[J]. Economics Letters, 2002, 76（1）: 85-93.

[176] OTSUKA K. Efficiency and equity effects of land markets[J]. Handbook of Agricultural Economics, 2007, 3: 2671-2703.

[177] PETERS M. Heterogeneous markups, growth, and endogenous misallocation[J]. Econometrica, 2020, 88（5）: 2037-2073.

[178] PONCET S. A fragmented China: measure and determinants of Chinese domestic market disintegration[J]. Review of International Economics, 2005, 13（3）: 409-430.

[179] RESTUCCIA D, ROGERSON R. Misallocation and productivity[J]. Review of Economic Dynamics, 2013, 16（1）: 1-10.

[180] RESTUCCIA D, ROGERSON R. Policy distortions and aggregate productivity with heterogeneous establishments[J]. Review of Economic Dynamics, 2008, 11（4）: 707-720.

[181] ROBERTS K M. The mobilization of opposition to economic liberalization[J]. Annual Review of Political Science, 2008, 11: 327-349.

[182] RYZHENKOV M. Resource misallocation and manufacturing productivity: the case of Ukraine[J]. Journal of Comparative Economics, 2016, 44（1）: 41-55.

[183] SCHWIETERMAN M, MILLER J. Factor market rivalry: toward an integrated understanding of firm action[J]. Transportation Journal, 2016, 55（2）: 97-123.

[184] SHAW, EDWARD S. Financial deepening in economic development[M]. New York: Oxford University Press, 1973.

[185] STOCKMAN A C. The order of economic liberalization: lessons from Chile and Argentina: a comment[J]. Carnegie-Rochester Conference Series on Public Policy, 1982, 17: 199-201.

[186] WURGLER J. Financial markets and the allocation of capital[J]. Journal of Financial Economics, 2001, 58(1): 187-214.